Elmar Brähler, Corinne Adler (Hg.) Quantitative Einzelfallanalysen und qualitative Verfahren

Die Methode der quantitativen Einzelfallanalyse ist als die strengste Prüfung von Theorien anzusehen, da man mit einem Fall eine Theorie widerlegen kann. Qualitativ orientierte Forschung bezieht subjektive Bedeutungen und lebensgeschichtliche Zusammenhänge stärker als quantitativ orientierte Forschung ein und bietet sich u.a. an, um aus empirischen Daten Theorien entwickeln zu können.

Reihe »Forschung psychosozial«

Elmar Brähler,
Corinne Adler (Hg.)

Quantitative Einzelfallanalysen und qualitative Verfahren

Psychosozial-Verlag

Bibliografische Information der Deutschen Nationalbibliothek
Die Deutsche Nationalbibliothek verzeichnet diese Publikation in der Deutschen Nationalbibliografie; detaillierte bibliografische Daten sind im Internet über <http://dnb.d-nb.de> abrufbar.

E-Mail: info@psychosozial-verlag.de
www.psychosozial-verlag.de

vervielfältigt oder verbreitet werden.
ISBN 3-930096-40-4

Inhaltsverzeichnis

Vorwort

Die Abteilung für Medizinische Psychologie und Medizinische Soziologie der Universität Leipzig hat am 5.12.1994 in Zusammenarbeit mit dem Forschungsverbund Public Health Sachsen einen Workshop mit dem Thema *Quantitative Einzelfallanalysen und Qualitative Verfahren in der Gesundheitsforschung* veranstaltet. Mit der vorliegenden Veröffentlichung der Beiträge in Buchform sollen die Referate Interessierten zugänglich gemacht und die Methodendiskussion innerhalb der Public Health Forschung sowie in nahestehenden Disziplinen angeregt werden.

Der Forschungsverbund Public Health Sachsen nahm als einer von fünf in Deutschland durch das Bundesministerium für Bildung, Wissenschaft, Forschung und Technologie und das Bundesministerium für Gesundheit geförderten Forschungsverbünde Public Health im April 1994 seine Arbeit auf. Ziel der Einrichtung der Forschungsverbünde ist es, Strukturen für diesen Wissenschaftsbereich in der Bundesrepublik zu schaffen und die Disziplin weiter zu entwickeln. Zu den beteiligten Institutionen des Forschungsverbundes in Sachsen zählen neben der Technischen Universität Dresden und der Universität Leipzig der Freistaat Sachsen mit dem Deutschen Hygiene-Museum. Derzeit werden in 14 Einzelprojekten, die drei Projektbereichen zugeordnet sind, Public Health relevante Themen bearbeitet. Die hier gewonnenen Erkenntnisse und Erfahrungen kommen der Lehre im Postgraduiertenstudiengang Public Health an der TU in Dresden zugute.

Neben der inhaltlichen Bearbeitung von gesundheitswissenschafllichen Fragestellungen bilden der Transfer in die Praxis sowie die Weiterentwicklung der methodischen Kompetenz Schwerpunkte der Verbundarbeit. Eine Sicherung und Verbesserung der gesundheitswissenschaftlichen Forschung, die an methodische Kenntnisse gebunden ist, wird durch das Querschnittsprojekt *Methodenentwicklung und Evaluation* geleistet sowie thematisch in Workshops aufgegriffen. Während der erste Workshop des sächsischen Forschungsverbundes Public Health *Methodische Ansätze in der Public Health Forschung* allgemeinen und übergreifenden methodischen Konzepten gewidmet war, wurden im zweiten Workshop das Thema *Quantitative Einzelfallanalysen und Qualitative Verfahren in der Gesundheitsforschung* aufgegriffen und vertieft. Die angesprochenen methodischen Verfahren werden im vorliegenden Buch praxisnah dargestellt, diskutiert und damit einem weiten Kreis von im Bereich Public Health arbeitenden Wissenschaftlern und Hochschullehrern präsentiert.

Prof. Dr. Dr. W. Kirch
Sprecher des Forschungsverbundes Public Health Sachsen

Einleitung

Der erste Abschnitt des Buches widmet sich der quantitativen Einzelfallanalyse. Hört man den Terminus Einzelfallanalysen denkt man zuerst an Fallstudien, wie sie z.B. von Ebbinghaus durchgeführt worden oder an Kasuistiken im Bereich der Medizin ("Ein Fall von ..."), in denen Einzelfälle sehr genau beobachtet und ausführlich beschrieben werden. Wie aufschlußreich und befruchtend für die weitere Forschung und klinische Praxis dieses Vorgehen auch sein mag, eine statistische Hypothesenprüfung erlaubt es nicht. Die Verwendung statistischer Methoden darf jedoch nicht dazu dienen, Einzelfallanalysen lediglich den ihr anhaftenden Eindruck der Unwissenschaftlichkeit zu verringern, sondern sie dienen der Hypothesenprüfung. Nachdem bereits in den fünfziger Jahren die Grundlagen für quantitative Einzelfallanalysen entwickelt wurden, fanden sie erst in den 70er Eingang in die psychologische Forschung, wobei es sich vor allem um statistische Methoden der Veränderungsmessung handelt.
Die Methode der quantitativen Einzelfallanalyse ist insofern als die strengste Prüfung von Theorien anzusehen, da man mit einem Fall eine Theorie widerlegen kann. Allerdings sind Er-gebnisse, die am Einzelfall gewonnen wurden, nicht unmittelbar verallgemeinerbar.
Trotz dieser Einschränkungen muß immer gesehen werden, daß gruppenbezogene Forschungsergebnisse nur sehr bedingt in die klinisch-psychologische Praxis, d.h. auf den konkreten Einzelfall übertragen werden können. Bei gruppenstatistischen Daten bleiben außer-dem durch die Mittelung von Ergebnissen wertvolle Informationen unbeachtet.
Ziel des Beitrages von Strauß ist es, einige wissenschaftstheoretische und statistische Grundlagen der quantitativen Einzelfallforschung zu klären. Der Autor bezieht sich in seiner Darstellung auf Einzelfallanalysen, die dem Prinzip der wiederholten Messung folgen und zur Prüfung von Veränderungs- und Verlaufshypothesen dienen. Strauß gibt einen Überblick über die heute verfügbaren Methoden zur Einzelfallanalyse und geht schließlich ausführlicher auf die Zeitreihenanalyse und die Sequenz- bzw. Interaktionsanalyse ein.
Schmitz argumentiert in seinem Betrag für den Einsatz der Zeitreihenanalyse als einer geeig-neten Methode zur Prozeßanalyse, mit der die Form einer Entwicklungskurve bestimmt und verschiedene meßtheoretische und statistische Probleme der Veränderungsmessung und der Meßwiederholung vermieden werden können. Die Zeitreihenanalyse erlaubt die statistische Analyse von Einzelfällen, den statistischen Vergleich von Einzelfällen und die Kombination von Einzelfall- und Querschnittsanalyse, was Schmitz als Forschungsstrategie besonders emp-fiehlt. Da mit Hilfe der Zeitreihenanalyse hervorragend die intraindividuelle Variabilität bestimmt werden kann, eignet sie sich zur Interventionsprüfung im Einzelfall. Schließlich geht Schmitz auf Formen der

Beschreibung von Zeitreihen ein, erläutert Grundbegriffe der Zeitreihenanalyse, stellt ausführlich die Zeitreihenanalyse und die Interventionsanalyse anhand von Beispielen vor.

Ackermann und MitarbeiterInnen veranschaulichen quantitative Einzelfallanalysen anhand von Anwendungsbeispielen uni- und mulitvariater Zeitreihenanalysen nach dem ARIMA-Modell. Mit Zeitreihenanalysen nach dem ARIMA-Modell können Prozeßverläufe beschrieben werden, sie ermöglichen Aussagen über die Entwicklung eines Systems sowie über die Abfolge von Systemzuständen. Das ARIMA-Interventionsmodell erlaubt die einzelfallbezogene Überprüfung von Therapiemaßnahmen sowie die differenzierte Beschreibung von Einzelfallverläufen. Ack-ermann und MitarbeiterInnen sehen künftige Anwendungsmöglichkeiten von Zeitreihenanalysen vor allem bei forschungsbezogenen Fragestellungen und zur Qualitätssicherung.

Über qualitative Verfahren, die im zweiten Abschnitt dieses Buches behandelt werden, exi-stieren bereits zahlreiche Veröffentlichungen, so daß hier vor allem Möglichkeiten der An-wendung im Bereich der Gesundheits- und Public-Health-Forschung interessieren sollen. Qualitativ orientierte Forschung kann stärker als quantitativ orientierte Forschung subjektive Bedeutungen und lebensgeschichtliche Zusammenhänge einbeziehen. Die Datenerhebung erfolgt offener und läßt so eine explorative Forschungsstrategie zu. Wenn also über einen Gegenstand wenig bekannt ist, bietet sich ein qualitatives Vorgehen an, um aus empirischen Daten Theorien entwickeln zu können.

Nach einem inflationären Einsatz von Fragebogen in der Forschung besinnt man sich schon seit längerem wieder auf die Interviewmethode. Kaum eine psychologische Untersuchung kommt inzwischen ohne qualitative Interviews aus. Inwieweit die spezifischen Möglichkeiten und Vorzüge qualitativer Forschung dann tatsächlich genutzt werden, variiert allerdings recht stark.

Was qualitative Forschung heißen kann, was sie von der quantitativen Forschung unterscheidet, was aber auch Verbindungen sind, wird in dem Beitrag von Faltermaier diskutiert. Falter-maier plädiert dafür, die Stärke der beiden methodischen Zugänge miteinander zu verbinden, was allerdings verlange, Kommunikationsstörungen zwischen den VertreterInnen der bei den Forschungstraditionen zu überwinden. Der Autor betont, daß beide methodische Orientierungen notwendig und wissenschaftlich legitim seien und die Wahl der Methode durch die Gegenstände bestimmt sei.

Faltermaier stellt die Gegenstände einer ätiologisch orientierten Sozialforschung aus einer historischen Perspektive und deren Anforderungen an Erhebungsmethoden dar und leitet daraus die Notwendigkeit eines breiten Einsatzes qualitativer Verfahren ab. Er gibt einen Überblick über qualitative Ansätze und Methoden zur Datenerhebung (Interview, Beobachtung) und Auswertung in der Gesundheitsforschung. Gerade qualitative Forschung könne ein besseres Verstehen der psychosozialen Dimensionen in der Gesundheitspraxis fördern.

Zum gegenwärtigen Stand der qualitativen Forschung äußert Mayring, daß eine Vielzahl unterschiedlicher qualitativ orientierter Ansätze in den Human- und Sozialwissenschaften angewandt wird. Ein lange Zeit vorherrschendes Schulendenken in der qualitativen Forschung scheint überwunden zu sein, so daß die Methoden für breitere AnwenderInnenkreise leichter erlernbar und damit einsetzbar sind. Als Kriterien für den Einsatz betrachtet Mayring die Angemessenheit für die Fragestellung und der Forschungsgegenstand. Nach einer langen Phase des weitgehenden gegenseitigen Ignorierens wird nun verstärkt nach Integrationsmöglichkei-ten qualitativer und quantitativer Ansätze gesucht. Mayring stellt qualitativ orientierte Fallanalysen, die qualitative Evaluationsforschung, Struktur-Lege-Verfahren zur Rekonstruktion Sub-jektiver Theorien und die Qualitative Inhaltsanalyse vor.
Eine der für die Gesundheitsforschung relevanten qualitativen Methoden ist die strukturale Analyse biographischer Texte, die von Fischer-Rosenthal und Rosenthal entwickelt wurde. Zu Beginn des Beitrages wird der Frage nachgegangen, was Gesundheitssoziologen eigent-lich an Biographien interessiert. Es wird das den Ausführungen zugrundeliegende Verständnis des Zusammenhangs von Biographie und Krankheit bzw. Gesundheit dargelegt. Fischer-Rosenthal stellt im zweiten Teil seines Beitrages das methodische Modell einer strukturalen biographischen Fallanalyse mit den einzelnen Arbeitsschritten sehr detalliert an einem Beispiel dar.

Wir hoffen, daß das vorliegende Buch zur Bereicherung des Methodenrepertoires der Lese-rinnen und Leser beitragen kann.

Corinne Adler Elmar Brähler

Leipzig, im Januar 1996

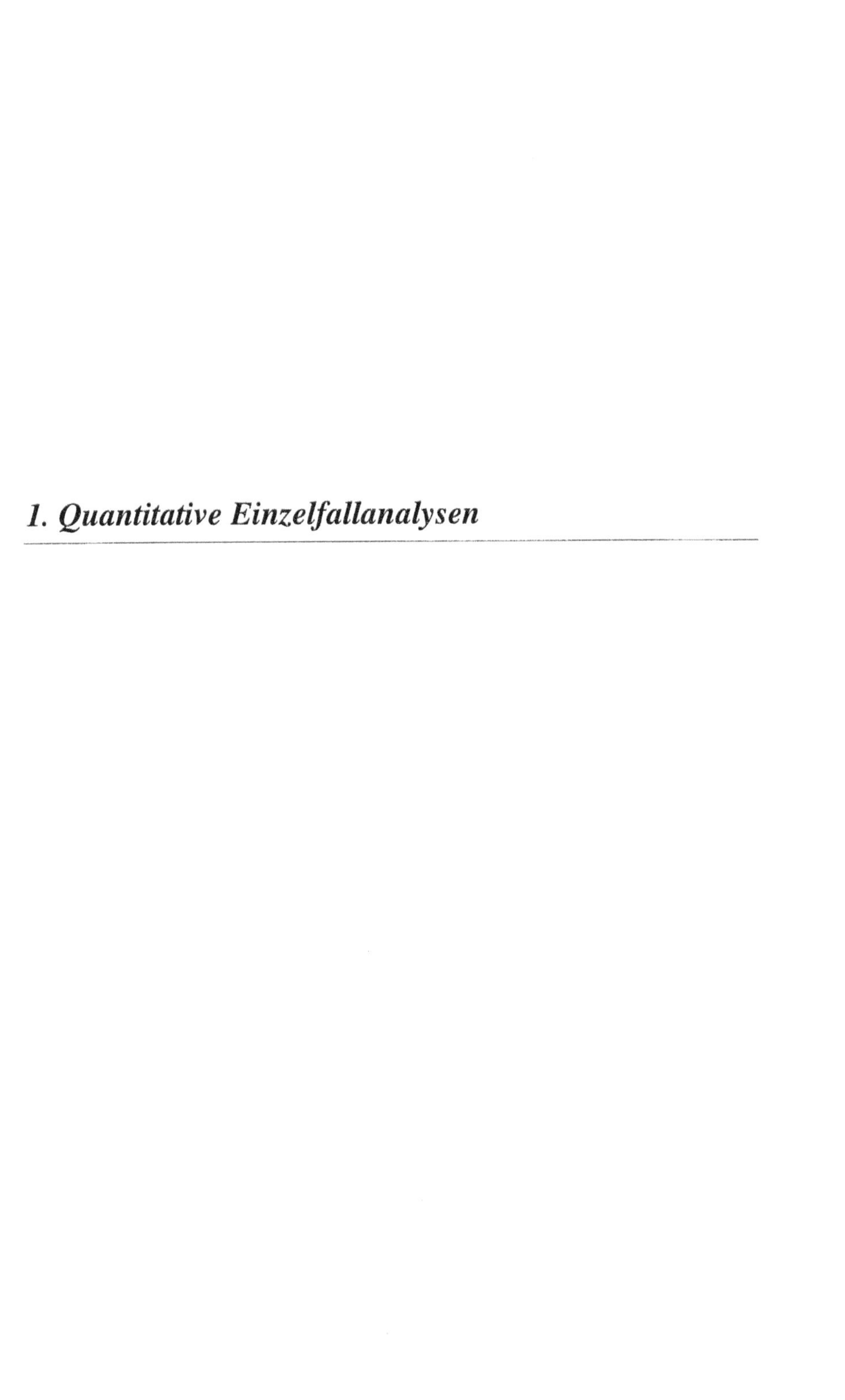

1. Quantitative Einzelfallanalysen

Bernhard Strauß

Quantitative Einzelfallanalysen - Grundlagen und Möglichkeiten

Tradition der Einzelfallforschung in der Psychologie

Ohne eine Vielzahl von Fallstudien in allen möglichen Bereichen der Psychologie, von der allgemeinen Psychologie (z. B. Ebbinghaus 1885) über die Entwicklungspsychologie (z. B. Stern 1921) bis zur klinischen Psychologie (z. B. Jones 1924) wäre der gegenwärtige Stand psychologischer Forschung und Theoriebildung wahrscheinlich nicht denkbar. Im Sinne von Sorgatz (1979) würde man viele dieser Einzelfallstudien als „nichtmessend" bezeichnen, d.h. daß Einzelfälle sorgfältig beobachtet und beschrieben wurden, ohne daß dabei psychologische Meßverfahren zur Anwendung kamen. Wesentliche Grundlagen für die hier zur Debatte stehende *quantitative Einzelfallforschung* wurden in den 50er und 60er Jahren formuliert: Shapiro (1957, 1961), Chassan (1960, 1967) oder Zubin (1950) gelten mittlerweile als die „Pioniere der Einzelfallstatistik" (Huber 1977), deren Verdienst es war zu verdeutlichen, daß Strategien der quantitativen Einzelfallanalyse durchaus gleichberechtigte Untersuchungsansätze in der psychologischen, insbesondere in der klinischen Forschung darstellen. Außerdem wurden von diesen Autoren erste Ansätze zur zufallskritischen Absicherung von Einzelfallergebnissen vorgeschlagen.
In der Tradition der erwähnten Pioniere wurde insbesondere von einigen Vertretern der deutschsprachigen Psychologie der Ansatz der kontrollierten Fallstudie bzw. Einzelfallanalyse weiter vertreten und propagiert (z. B. Fahrenberg 1968; Dahme 1977; Huber 1973, 1977, 1978; Petermann u. Hehl 1979; Revenstorf 1979; Keeser 1979), wobei v. a. statistische Methoden der Veränderungsmessung, allen voran die Zeitreihenanalyse (vgl. Abschn. „Zeitreihenanalyse im Einzelfall") für die psychologische Forschung „entdeckt" wurden. Zwischenzeitlich ist die Euphorie, die von einigen der Autoren in diesem Kontext vermittelt wurde, deutlich verklungen und das Interesse an einzelfallorientierten Untersuchungsstrategien unter Verwendung statistischer Methoden reduziert. Eine Ausnahme bildet vielleicht lediglich die Psychotherapieforschung, die erst in jüngster Zeit eine Renaissance von Einzelfallstudien erlebte (z. B. Grawe 1988). Auch wenn diese Ansätze durchaus Eingang in das Methodeninventar der Psychologie gefunden haben, gehören sie bis heute keineswegs zum Standard (vgl. Schmitz 1987, 1988). Auf die Gründe hierfür wird in den folgenden Abschnitten noch eingegangen.

Ziel dieses Beitrags ist es zunächst, einige wissenschaftstheoretische und statistische Grundlagen der quantitativen Einzelfallforschung zu klären. Es folgt ein Überblick über die heute verfügbaren Methoden zur Einzelfallanalyse mit Verweisen auf Anwendungsbeispiele. Zwei methodische Ansätze sollen etwas ausführlicher dargestellt werden:

1) die Zeitreihenanalyse und ihre Anwendung im Einzelfall sowie
2) Methoden der Sequenz- bzw. Interaktionsanalyse, da diese wahrscheinlich auch in Zukunft die größte Bedeutung in der psychologischen Forschung haben werden.

Die quantitative Einzelfallforschung umfaßt auch die psychometrische Einzelfalldiagnostik, wie sie von Huber (1973) ausführlich dargestellt wurde. Auf diesen Ansatz wird hier nicht weiter eingegangen. Den nachfolgenden Ausführungen ist die von Petermann u. Hehl (1979) formulierte Definition der Einzelfallanalyse zugrunde gelegt mit der zusätzlichen Charakteristik einer *wiederholten Messung* und dem Ziel einer Prüfung von Veränderungs- oder Verlaufsstrukturhypothesen (vgl. Schmitz 1987):

> Die Einzelfallanalyse stellt die Betrachtung einer einzelnen Untersuchungseinheit dar, die zum Zwecke einer diagnostischen und/oder therapeutischen Entscheidung im klinischen Bereich untersucht werden kann. Als Untersuchungseinheit kann im konkreten Fall eine Person, eine Gruppe, eine soziale Organisation, eine Gesellschaft, eine Kultur stehen, sofern diese als in sich gleichzubehandelnde Einheiten anzusehen sind (Petermann u. Hehl 1979, S.3).

Grundlagen der quantitativen Einzelfallforschung

Wissenschaftstheoretische Grundlagen

Wohl am ausführlichsten hat sich Westmeyer (1979) mit den wissenschaftstheoretischen Grundlagen der Einzelfallforschung befaßt, mit dem speziellen Aspekt der Strenge der Hypothesenprüfung beispielsweise Leichsenring (1987). Westmeyer unterscheidet mehrere Hypothesenarten, nämlich singuläre Hypothesen, pseudosinguläre (idiographische) Hypothesen, unbestimmte Existenzhypothesen, bestimmte (lokalisierende) Existenzhypothesen, quasiuniverselle Hypothesen, beschränkt und unbeschränkt universelle Hypothesen sowie Aggregathypothesen. Letztere beziehen sich nicht auf einzelne Elemente einer Population oder anderer Einheiten, statt dessen werden diesen Einheiten insge-

samt bestimmte Merkmale zugeschrieben, wie Verteilungsfunktionen etc. Eine von Westmeyers Schlußfolgerungen ist, daß zur Prüfung aller Hypothesen, bei denen Aussagen über einzelne Individuen getroffen werden sollen, die Analyse des Einzelfalls die adäquate Vorgehensweise ist und Einzelfallanalysen nur dann nicht angezeigt sind, wenn Aggregathypothesen geprüft werden. Leichsenring folgert, daß die „Methode der Einzelfallanalyse die strengstmögliche Prüfung aller Hypothesenarten mit Ausnahme von quasiuniversellen und Aggregathypothesen erlaubt" (Leichsenring 1987, S.105).
Die wissenschaftstheoretischen Überlegungen zur Einzelfallanalyse machen letztendlich deutlich, daß die Einzelfallforschung keineswegs „in Konkurrenz" zum Gruppenexperiment stehen muß. Wichtig ist allerdings dabei, die Generalisierbarkeit beider Strategien vor Augen zu haben. Westmeyer merkt an, daß „Einzelfalluntersuchungen ... in ihrer Bedeutung für die psychologische Forschung ... häufig unterschätzt werden, .. man ihnen andererseits doch in mancher Beziehung mehr zutraut, als sie wirklich zu leisten vermögen" (Westenmeyer 1979, S.23). Umgekehrt ist auch bei der Generalisierung von Gruppenergebnissen auf einzelne Fälle Vorsicht geboten, wie dies beispielsweise von Kordy (1982) gezeigt wurde. Kordy, der sich mit der vermeintlichen Dichotomie von Gruppenstatistik und Einzelfallforschung ausführlicher befaßte, stellt klar, daß „eine Erklärung für einen Einzelfall zunächst auch nur für diesen gilt", andererseits das Besondere im individuellen Fall nur besonders sei im Vergleich zu anderen Fällen.

Indikation zur Einzelfallanalyse

Einige Autoren, wie z. B. Huber (1978), haben versucht, die Indikationen für die Einzelfallforschung zu systematisieren. Huber unterschied folgende Indikationen: Erkundungsstudien, Identifikation individueller Parameter, individuelle Therapiekontrolle, Analyse seltener Phänomene, Untersuchung heterogener Stichproben und „ansteckender" Effekte (bei nicht gegebener Unabhängigkeit von einzelnen Personen), die Unmöglichkeit zufälliger Stichprobenauswahl sowie extrem lange Längsschnittstudien. An dieser Aufstellung zeigt sich, daß die Einzelfallstudie keineswegs als Standardmethode aufgefaßt wird, sondern eher „Sachzwänge" die Wahl einer einzelfallorientierten Strategie bestimmen. Im Gegensatz dazu vertritt Westmeyer die Meinung, daß methodische Aspekte eher sekundär sein sollten bei der Wahl der Forschungsstrategie, statt dessen „inhaltliche Fragen nach den Erkenntniszielen, auf die Einzelfall- und Gruppenexperimente im Rahmen der Forschung gerichtet sind" (Westmeyer 1979, S.19), ausschlaggebend sein müssen.

Statistik im Einzelfall?

Die Einführung statistischer Prüfmethoden in die Einzelfallforschung mag wohl auch darin begründet sein, daß der oben erwähnten „nichtmessenden“ Einzelfallanalyse bzw. rein deskriptiven oder visuellen Analysen von Einzelfalldaten eine „Aura der Unwissenschaftlichkeit“ anhaftet (vgl. Edgar u. Billingsley 1974; Huber 1984). So gesehen käme den statistischen Methoden lediglich eine Alibifunktion zu. Von den Kritikern der Anwendung statistischer Verfahren im Einzelfall, allen voran Krauth (1980, 1986), wurde auf die damit verbundene Problematik hingewiesen. Auch Kordy (1988) bemängelt, daß offenbar durch die Verwendung der Statistik über Wissenschaftlichkeit oder Unwissenschaftlichkeit entschieden wird und somit die „Einzelfallstatistik“ dazu dienen müsse, die Fallstudie der Aura der Unwissenschaftlichkeit zu entheben. Grundsätzlich ist die Frage zu stellen, ob es Statistik im Einzelfall überhaupt geben kann bzw. worauf sich Einzelfallstatistik bezieht. Krauth befaßte sich ausführlich mit dieser Frage und nennt aus der Sicht des Statistikers zwei grundlegende Probleme von Einzelfallanalysen: *Erstens* sind Einzelfallstudien Quasi-Experimente, „bei denen auch mit noch so komplexen statistischen Verfahren u. U. nicht vorhandene Effekte nachgewiesen bzw. vorhandene Effekte nicht gefunden werden, ohne daß man eine sichere Möglichkeit hat, die Wahrscheinlichkeit für solche Fehler zu kontrollieren“ (Krauth 1986, S. 20). Einzelfallanalysen ermöglichen also keine sicheren Schlußfolgerungen wie ein klassisches Experiment. Zur Bewältigung der Interpretationsschwierigkeiten von Einzelfallstudien schlägt Krauth selbst vor, durch zusätzliche Untersuchungen und Replikationen von Fallstudien möglichst viele Alternativerklärungen auszuschließen. *Zweitens* muß berücksichtigt werden, daß die Abhängigkeit der Messungen im Einzelfall schwerwiegende statistische Probleme mit sich bringt. In der klassischen Inferenzstatistik wird davon ausgegangen, daß die Beobachtungen Zufallsvariablen sind, die unabhängig und identisch verteilt sind, wobei es wesentlich ist, Zufallsstichproben aus einer unendlichen Population zu ziehen. In Einzelfallstudien dagegen bezieht sich die Statistik auf abhängige Beobachtungen mit einer Zeitstruktur; die zugrundeliegende Stichprobe ist keine echte Zufallsstichprobe, sondern eine a priori festgelegte Stichprobe (d. h. bestimmte Zeitabschnitte). Nach Krauth (1986) führt jeder neue Meßwert im Einzelfall zu einem neuen Abhängigkeitsparameter (während im Fall der echten Zufallsstichprobe mit zunehmender Größe der Stichprobe die Modellparameterzahl konstant bleibt). Wie noch gezeigt werden wird, liegen einige statistische Methoden zur Einzelfallanalyse vor, die mit Hilfe von Kunstgriffen (wie z. B. der „Filterung“ einer Beobachtungsreihe und damit der Voranname einer bestimmten Abhängigkeitsstruktur, der Miteinbeziehung der Möglichkeit, daß sich ein der Beobachtung zugrundeliegender Prozeß verändert, etc.) versuchen, einzelne Probleme zu bewältigen. Sicher ist aber Krauth beizupflichten, daß die

Schätzgenauigkeit im Einzelfall eingeschränkt ist, viele Verfahren nicht robust genug sind gegenüber falschen Modellidentifikationen und die Interpretierbarkeit von Einzelfallergebnissen begrenzt bleiben muß. Die Auffassung, wonach man wegen der Fülle an Problemen am besten auf die Anwendung von Einzelfallstudien und statistischer Methoden im Einzelfall verzichten solle, ist aus der Sicht eines Methodikers vielleicht nachvollziehbar, mit der Forschungspraxis, speziell im klinischen Bereich, aber schwer zu vereinbaren. Eher ist es wichtig, sich die deutlichen Einschränkungen einzelfallstatistischer Methoden permanent zu vergegenwärtigen und bei der Interpretation und Generalisierung (s. oben) zu berücksichtigen. Dann können bestimmte Methoden im Einzelfall als Mittel zur exploratorischen Datenanalyse und zur Deskription durchaus von großem Nutzen sein (im Sinne einer „verständigen Beschreibung des gegenwärtigen und vergangenen Zustands" eines beobachteten Prozesses; Menges 1982, S. 349) und weiterhin zu einer Fortentwicklung psychologischer Theorien speziell im klinischen Feld beitragen.

Meßprobleme in Einzelfallverlaufsstudien

Mehrere Autoren haben sich theoretisch mit Meßproblemen im Einzelfall (z. B. Sorgatz 1979) und mit den Anforderungen befaßt, die an Instrumente gestellt werden müssen, die sich für die Mehrfachvorgabe im Einzelfall eignen (z. B. Krauth 1983; Köhler 1986). Sieht man von den sehr umfangreichen Studien der Gruppe um Fahrenberg ab (Fahrenberg et al.1977 a,b ; Zimmermann 1979), gibt es bisher kaum Versuche, ein brauchbares Methodeninventar empirisch zu prüfen bzw. zu entwickeln. Die Kriterien hierfür sind überdies nicht eindeutig. In der Praxis der Einzelfallforschung bedient man sich demgemäß vorwiegend gängiger ökonomischer Skalen (z. B. der Befindlichkeitsskala) oder einfacher Methoden der Selbst- und Fremdeinschätzung, wie visueller Analogskalen, deren eher negativer Ruf nach den Ergebnissen von Fähndrich u. Linden (1982) nicht unbedingt gerechtfertigt ist. Becker (1988) hat kürzlich einen gelungenen Versuch beschrieben, Skalen der Eigenschaftswörterliste auf ihre Tauglichkeit in Verlaufsstudien mit vielfachen Erhebungen der Befindlichkeit zu überprüfen und auf der Basis der Ergebnisse ein ökonomisches Instrument entwickelt. Die Anwendung ähnlicher Strategien bei Methoden zur Erfassung anderer Merkmale oder Merkmalsbereiche wäre für die Zukunft sicherlich nützlich.

Die in den vorangegangenen Abschnitten verdeutlichten Probleme mögen erklären, weshalb die quantitative Einzelfallforschung sich bisher wenig durchsetzen konnte, wenn man von einigen wenigen spezifischen psychologischen Teildisziplinen, wie der Psychotherapieforschung, einmal absieht. Tatsächlich ist die „Anzahl der theoretischen Arbeiten über dieses Gebiet weit größer ... als die Anzahl der Publikationen über deren konkrete Anwendungen. Dieses könnte deshalb Erstaunen hervorrufen, weil es zumindest auf den ersten Blick so scheint, als ob man Einzelfallstudien mit weit geringerem Aufwand planen und durchführen kann als klassische Experimente" (Krauth 1986, S.17). Diese Vermutung ist keinesfalls korrekt, zumindest wenn man Zeitreihenstudien im Einzelfall plant und durchführt, die schon wegen der Vielzahl notwendiger Erhebungszeitpunkte einen großen Aufwand bei der Datenerhebung und -analyse mit sich bringen. Dies hat wahrscheinlich mit dazu beigetragen, daß die von Huber (z. B. 1977, 1984) stetig wiederholten Forderungen an Einzelfallstudien, nämlich eine Standardisierung der Erhebungsmethoden, die Absicherung der internen Validität, die Berücksichtigung einer zufallskritischen Absicherung von Befunden bei der Versuchsplanung und die Replikation der Studien, bisher nicht erfüllt worden sind. Anders als noch in den 70er Jahren sind allerdings mittlerweile notwendige Voraussetzungen für die Realisierung quantitativer Einzelfalluntersuchungen vorhanden, z. B. verständliche Darstellungen spezifischer Auswertungsstrategien (einschließlich der dazu notwendigen Software), mehr oder weniger überzeugende Anwendungsbeispiele, aber auch die durchaus nötigen kritischen Bewertungen einzelner Methoden. Im folgenden soll ein kurzer Überblick über gängige Ansätze quantitativer Einzelfallforschung erfolgen, bevor ausgewählte Methoden etwas detaillierter dargestellt werden.

Überblick über Methoden der quantitativen Einzelfallforschung

Die wahrscheinlich geläufigsten statistischen Methoden der Einzelfallanalyse sind :

- nichtparametrische Tests (z. B. Lienert 1978),
- P- und O-Faktorenanalysen (Cattell 1966),
- Einzelfallvarianzanalysen (z. B. Shine u. Bower 1971),
- DEL-Analyse (Petermann 1982),
- Randomisierungstests (Edgington 1980),
- Markov-Analysen (z. B. Gottman u. Notarius,1978) und andere Verfahren zur Sequenzanalyse,
- verschiedene parametrische Zeitreihenanalysen (z. B. Box u. Jenkins 1976; Gottman 1981).

Zu den ersten statistischen Einzelfallstudien gehörten korrelationsstatistische Studien, die auf Cattells Ansatz der P- und O-Analyse basieren (s. z. B. Cattell et al. 1947; Cattell 1963, 1966). Bei der P-Analyse werden die Kovarianzen, die sich bei einer Person zwischen verschiedenen Variablen über die Zeit ergeben, faktorisiert, woraus sich eine Zusammenfassung derjenigen Variablen ergibt, die sich in ihrem zeitlichen Verlauf ähneln. Diese Methodik wurde mehrfach erwei-

tert und modifiziert (z. B. Cattell u. Scheier 1961). Durch die Abhängigkeit der Daten entstehen statistische Probleme, die von Cattell selbst, aber auch von anderen Autoren mehrfach diskutiert wurden (z. B. Holtzman 1962), letztendlich aber nicht befriedigend gelöst sind (vgl. Huber 1984, der meint, daß intraindividuelle Korrelationsanalysen am Problem der Meßwertabhängigkeit *gescheitert* seien). Dies gilt partiell auch für die O-Analyse, bei der Korrelationen zwischen Situationen über eine Reihe von Merkmalen, die bei einer Person erhoben wurden, faktorisiert werden. Beispiele für die P-Technik finden sich bei Mefferd et al. (1960) und Czogalik u. Hettinger (1985) und für die O-Analyse z. B. bei Edvardson u. Vegelius (1981).
Ähnlich wie die genannten korrelationsstatistischen Verfahren gehen die Einzelfallvarianzanalyse, diverse nichtparametrische Tests (diskutiert bei Lienert 1978) und die DEL-Analyse, welche eine Übertragung eines speziellen Kontingenztafelverfahrens auf den Einzelfall durch Petermann (1982) darstellt, von einer Unabhängigkeit der Meßwerte aus. Diese Voraussetzung ist auch aufgrund empirischer Befunde in der Einzelfallanalyse nicht zu rechtfertigen. Dementsprechend wurde für alle genannten Methoden bereits mehrfach gezeigt, daß sie für die Anwendung im Einzelfall eigentlich untauglich sind bzw. zu fehlerhaften Ergebnissen führen (Übersicht bei Krauth 1986).
Randomisierungstests (Edgington 1980) galten eine Zeit lang als vielversprechende Methode für die Einzelfallanalyse, zumal sie im Gegensatz zu den bisher genannten Verfahren eine Abhängigkeit der Beobachtung annehmen. Bei dieser Methode werden per Zufall a priori bestimmte „treatments" einzelnen Beobachtungsabschnitten zugewiesen (nach Festlegung der Gesamtzahl der Beobachtungsperioden und deren Dauer). Durch dieses Vorgehen wird aus einer Vielzahl theoretisch möglicher Designs eines ausgewählt. Um zu prüfen, ob die Veränderung in einer Variablen von einer bestimmten Behandlungsphase abhängt, werden Prüfstatistiken für alle möglichen Phasenpermutationen bestimmt und getestet, ob Veränderungen im tatsächlichen Design überzufällig von Veränderungen, die sich aus anderen Designs ergeben hätten, abweichen. Ein Anwendungsbeispiel dieser Methode wurde von Wolfrum et al. (1985) beschrieben. Ein möglicher Transfer- oder Carry-over-Effekt von einer Phase zur anderen ließe sich in randomisierten Versuchsplänen u. U. durch die Wahl ausreichend langer Phasen in den Griff bekommen. Problematischer ist der immense Aufwand (sowohl bei der Planung als auch bei der statistischen Auswertung) und die - auch aus ethischen Gründen - begrenzte Anwendbarkeit im klinischen Feld, da hier Behandlungen in einer wirklich zufälligen Folge angewandt werden müßten. Diese Einschränkungen haben wahrscheinlich dazu geführt, daß eine breitere Anwendung der Methode bisher nicht zu beobachten war.
Methoden, die ebenfalls *keine* Unabhängigkeit der Beobachtungen voraussetzen bzw. die Abhängigkeit speziell berücksichtigen, sind die Markov-Kettenanalyse und die Zeitreihenanalyse, speziell jene nach dem Ansatz von Box u. Jenkins

(1976). Beide Methoden werden von allen „einzelfallstatistischen" Methoden bislang wahrscheinlich am meisten angewandt und scheinen (unter Berücksichtigung der oben genannten Einschränkungen) auch am aussagekräftigsten zu sein. Einige Grundlagen der Methoden und konkrete Anwendungsbeispiele sollen deshalb Gegenstand der folgenden Abschnitte sein.

Zeitreihenanalyse im Einzelfall

In einer Arbeit über „statistische Modelle zur Untersuchung von Veränderungen im Einzelfall" schrieb Holtzman: „Wegen dieser Blickrichtung auf das einzelne Individuum oder System ist der Bereich der Zeitreihenanalyse, die für die Ökonometrie, Demographie, Meteorologie, Fernmeldetechnik und eine Reihe weiterer Wissenschaften von so großer Bedeutung ist, ein schnell wachsender Zweig der Statistik, den Psychologen sorgfältig studieren sollten" (Holtzman 1963, S.155-156). Tatsächlich ist die Zeitreihenstatistik schon deshalb von besonderem Interesse für quantitative Einzelfallstudien in der Psychologie, da sie von allen Verfahren mit Abstand am weitesten entwickelt und flexibel anwendbar ist. Es dauerte eine ganze Weile, bis Psychologen den Versuch unternahmen, die Methode der Zeitreihenanalyse anzuwenden. Die wahrscheinlich ersten, die dies in großem Rahmen praktizierten, dürften Glass et al. (1975) gewesen sein, die den möglichen Einsatz der Zeitreihenstatistik in ihrem Buch „Design and Analysis of Time Series Experiments" demonstrierten. Es gibt mittlerweile eine Fülle verschiedener zeitreihenstatistischer Ansätze, die theoretisch für psychologische Studien in Frage kommen (vgl. Gregson 1984); durchgesetzt hat sich vornehmlich der von Box u. Jenkins (1976) beschriebene Analyseansatz. Herauszuheben von den anderen Methoden sind verschiedene Verfahren der Kurvenanpassung bzw. Transformation (Anwendungsbeispiel bei Möller et al. 1987) und die Analyse von Zeitreihen im Frequenzbereich, etwa mittels der aus der Nachrichtentechnik entlehnten Spektralanalyse (s. dazu Gottman 1981; Schmitz 1987; Anwendungsbeispiel bei Kruse u. Gottman 1982).

Ausgangspunkt der Methode von Box u. Jenkins ist eine allgemeine Klasse von Modellen für die stochastische Abhängigkeit eines beobachteten Prozesses (Zeitreihe). Es handelt sich dabei um die sog. ARIMA-Modelle (ARIMA = autoregressiv, integriert, Moving-Average). Mit dem autoregressiven Teil des Modells wird spezifiziert, inwieweit ein beobachteter Wert von vorausgehenden Werten abhängig ist, mit dem integrierten Teil der Grad, in dem Zufallseinflüsse in den Prozeß integriert (im Sinne von summiert) werden, mit dem Moving-average-Anteil schließlich die Abhängigkeit eines beobachteten Wertes von vorangegangenen „Zufallsschocks" (vgl. Übersicht auf S. 251). Das Modell beschreibt insgesamt die serielle Abhängigkeit in einer beobachteten Zeitreihe. Durch die Bestimmung von Modellparametern ist es möglich, die

beobachtete Reihe in eine Folge vermeintlich unabhängiger Werte zu transformieren („filtern"). Dies schafft dann die Voraussetzung zur Anwendung herkömmlicher statistischer Verfahren bzw. zur Erweiterung des Modells um andere Komponenten, mit denen beispielsweise Effekte von Interventionen auf den beobachteten Prozeß oder Einflüsse von Kovariaten beschrieben werden können (vgl. z. B. Box u. Tiao 1975; Tiao u. Tsay 1981). Grundlegend bei diesem Modell ist die Annahme, daß ein Meßwert zum Zeitpunkt t von einer endlichen Zahl von Zufallsschocks bzw. vorausgehenden Meßwerten abhängt und daß der zugrundelegende Prozeß konstant bleibt. Damit wäre durch ein ARIMA-Modell eine große Klasse von Zeitreihen hinreichend gut zu beschreiben, wobei selbstverständlich eine ausreichende Zahl von Meßzeitpunkten notwendig ist, um das Modell überhaupt bestimmen zu können. Dies und die erwähnten Vorannahmen sind beispielsweise von Krauth (1986) als Kritik der Methode ins Feld geführt worden, ebenso die Restriktion der Anwendung von Zeitreihenanalysen nach dem Ansatz von Box u. Jenkins auf nicht diskret verteilte Variablen und äquidistante Meßzeitpunkte. Wie ein Blick auf die Anwendungsbeispiele der Zeitreihenanalyse zeigt, gibt es dennoch zahlreiche Bereiche in der psychologischen Forschung, in denen das Verfahren zur Deskription sinnvoll ist (vgl. Tabelle 1; Schmitz 1987,1988). Die Anwendungsbeispiele haben auch belegt, daß bei psychologischen Variablen in der Regel relativ einfache ARIMA-Modelle identifiziert werden können und somit die Anzahl der zu schätzenden Parameter gering bleibt. Dies gilt allerdings nicht für die multivariate Extension des Modells (vgl. Tabelle 1), dessen Anwendung in der Regel nicht empfohlen werden kann.
Eine ausführlichere Darstellung der mathematisch-statistischen Grundlagen der Zeitreihenanalyse würde den Rahmen dieser Arbeit sprengen. Zwischenzeitlich gibt es zahlreiche Monographien, in denen die Methoden der Zeitreihenanalyse nach dem ARIMA-Modell (auch mit Bezug auf deren Anwendung in den Sozialwissenschaften) verständlich dargestellt sind (z. B. Glass et al. 1975; Gottman 1981; McLeary u. Hay 1981; Gregson 1984; in deutscher Sprache Petermann u. Hehl 1979; Revenstorf 1979; Appelt u. Strauß 1985; Schlittgen u. Streitberg 1984; Strauß 1986; Schmitz 1987, 1988).
Die Anwendung der Methode ist, wie erwähnt, restringiert auf längere Beobachtungsreihen (Box u. Jenkins, 1976, nennen als Faustregel 50 Meßzeitpunkte), wobei die Meßzeitpunkte gleiche Abstände voneinander haben müssen. Psychologische Anwendungen beziehen sich sowohl auf subjektive Beurteilungen der Stimmung und Befindlichkeit (z.B. Strauß 1986), psychophysiologische Daten (z.B. Stemmler 1984; Freyberger et al. 1989) oder Verhaltensdaten (z.B. Schmitz 1988). In Tabelle 1 sind verschiedene Anwendungsmöglichkeiten der Zeitreihenanalyse zusammengefaßt, basierend auf einer Klassifikation von Schmitz (1987), die ergänzt wurde durch Hinweise auf Anwendungsbeispiele aus dem Bereich der psychologischen Forschung. Die Zusammenstellung zeigt die Flexibilität der Methode. Im univariaten Fall bietet

die Zeitreihenanalyse Möglichkeiten zur Prozeßbeschreibung und zur Identifikation von Prozeßparametern, Periodiken, Trends und Clustern (d. h. unterscheidbaren Abschnitten eines Prozesses). Die Extension des ARIMA-Modells zum Interventionsmodell ermöglicht es, Veränderungen innerhalb eines beobachtbaren Prozesses infolge kurzfristiger, punktueller, aber auch langfristiger Einflüsse („Interventionen") modellhaft zu beschreiben. Die bi- und multivariate Erweiterung des Modells schließlich bietet die Möglichkeit der Untersuchung zeitlicher Kovariationen mehrerer, synchron beobachteter Prozesse und damit der „Lead-lag-Struktur". Damit läßt sich determinieren, ob Veränderungen in einer Komponente des Systems Veränderungen in anderen Komponenten vorausgehen, nachfolgen oder zeitsynchron auftreten. Wie erwähnt ist die Anwendung multivariater Zeitreihenmodelle erheblich problematischer als die univariater Ansätze, weswegen bislang auch kaum Anwendungen der Methode vorliegen.

Tabelle 1: Klassifikation von Einzelfallprozeßanalysen nach dem Ansatz von Box u. Jenkins (Zeitreihenanalyse) und psychologische Anwendungsbeispiele. (Basierend auf Schmitz 1987; Strauß 1989)

Analyseebene	Allgemeine Fragestellung	Beispiel aus dem Bereich psychologischer Forschung	Methode
Univariate Analyse	Prozeßdarstellung, kumulative Prozeßcharakteristika	Analyse von Tagesprotokollen (Stimmung, Schmerzen etc.) bei Patientinnen mit Mammakarzinom (Aebischer 1987)	Graphische Darstellung, Rohdatenbetrachtung, Gleitmittel, Mittelwert, Varianz
	Relationale Prozeßparameter	Extremwerte in der Intensität von Migräne (Schmitz 1987)	Bestimmung von Extrema, Ausreißern, Wendepunkten
	Regulationsparameter des Prozesses	Autokorrelation von Selbsteinschätzungen bei Patientinnen mit Mammakarzinom (Aebischer1987), im Therapieverlauf (Schors u. Grünzig 1987), bei depressiven Patienten (Huba et al. 1976)	Autokorrelation, Partialautokorrelation, ARIMA-Modell

Tabelle 1: *Fortsetzung*

Analyseebene	Allgemeine Fragestellung	Beispiel aus dem Bereich psychologischer Forschung	Methode
	Periodik	Periodik der Hormonsekretion und Befindlichkeitsverläufe im Verlauf des Menstruationszyklus (Kruse u. Gottmann 1982)	Spektralanalyse
	Prozeß-differenzierung	Segmentierung individueller Stimmungsverläufe in Cluster (Schmitz 1987)	Trendanalyse, divisive Prozeß-analyse
Interventionsanalyse	Effekt langfristiger Interventionen	Auswirkungen der Antiandrogenbehandlung auf Befindlichkeit und Sexualität (Strauß 1986; Appelt u. Strauß 1986); Evaluation eines Methadonbehandlungsprogramms bei Heroinabhängigen (Harlow u. Anglin 1984)	Interventionsmodell (Stufeninput)
	Effekt kurzfristiger Interventionen	Analyse von Symptomkontextbeziehungen im psychoanalytischen Erstinterview bei Herzneurotikern (Freyberger et al. 1989); Veränderungen der Katecholaminausschüttung nach Streßreizen (Ward et al. 1982)	Interventionsmodell (Pulsinput)
Bivariate Analyse	Synchronität/ Asynchronität von Prozessen	Zeitliche Korrelation von Stimmung und körperlichen Beschwerden (Persson u. Sjöberg 1987)	Kreuzkorrelation, Transfermodell

Tabelle 1: *Fortsetzung*

Analyseebene	Allgemeine Fragestellung	Beispiel aus dem Bereich psychologischer Forschung	Methode
Multivariate Analyse	Prozeß-differenzierung	Prüfung der "Scherenhypothese" für den Migräneverlauf (Migräne bei Diskrepanz zwischen hoher Belastung und externaler Regulation; Schmitz 1987)	Multivariate divisive Prozeßanalyse
	Zeitlicher Zusammenhang mehrerer Variablen	Zusammenhänge zwischen Luftschadstoffeinfluß und Befindlichkeit (Bullinger u. Keeser 1985); Zusammenhänge zwischen Selbsteinschätzungen im Therapieverlauf (Keeser u. Bullinger 1984; Strauß 1986)	Multivariates ARIMA-Modell
Differentielle Prozeßanalyse	Strukturvergleich	Übereinstimmung von Stimmungsstrukturen bei Paaren (Schmitz 1987)	LISREL-Modell
	Vergleich von Kennwerten	Multivariate Analyse von Emotionsmustern (Stemmler 1984)	Residuenanalyse (Manova etc.)

In der nachfolgenden Übersicht sind die 3 wichtigsten Zeitreihenmodelle in Form von mathematischen Gleichungen zusammengefaßt (nach dem Ansatz von Box u. Jenkins 1976):

1) Univariates (ARIMA-) Modell:

$(1-\Phi_1 B-\ldots -\Phi_p B^p)\,(1-B)^d\, z_t = (1-\theta_1 B-\ldots-\theta_q B^q)a_t,$

bzw. $\Phi(B)\,(1-B)^d\, z_t = \theta_0 + \theta(B)a_t,$

oder $$z_t = \frac{\theta_0 + \theta(B)}{(1-B)^d \phi(B)} a_t$$

$(1-B)^d$ = integrierter Teil des Modells,
z_t = Originalzeitreihe,
$\Phi(B)$ = autoregressiver Teil des Modells,
θ_0 = Konstante,
$\theta(B)$ = Moving Average Teil des Modells,
a_t = Residualzeitreihe („weißes Rauschen").

2) Interventionsmodell:

$$z_t = \left(\frac{\omega(B)}{\delta(B)}\right) I_t + \frac{\theta_0 + \theta(B)}{(1-B)^d \phi(B)} a_t$$

$(\omega(B)/\delta(B))$ = Interventionsmodell,
I_t = Intervention zum Zeitpunkt t.

3) Transfermodell:

$$z_t = \left(\frac{\omega(B)}{\delta(B)}\right) Y_t + \frac{\theta_0 + \theta(B)}{(1-B)^d \phi(B)} a_t$$

$(\omega(B)/\delta(B))$ = Transfermodell,
Y_t = beobachtete Zeitreihe Y.

Zur Veranschaulichung einzelner Aspekte der Zeitreihenanalyse soll ein konkretes Anwendungsbeispiel dienen, das nachfolgend dargestellt wird. Dieses Beispiel entstammt einer Studie zu perimenstruellen Veränderungen der Befindlichkeit und Stimmung, in der es darum ging, Befindlichkeitsverläufe zunächst auf der Ebene des Einzelfalls zu beschreiben.[1] Darüber hinaus diente die Untersuchung dem Versuch, Resultate aus mehreren Einzelfallstudien zusammenzufassen und damit zu generalisierbareren Aussagen zu gelangen, womit dem von Zubin formulierten 1. Axiom zur Einzelfallanalyse gefolgt wird:

[1] Diese Untersuchung wurde von der Deutschen Forschungsgemeinschaft gefördert unter Az Str 306/3-1 bzw. 306/3-2.

„In the study of a single individual ... we must treat each case as an independent universe. Later when the characteristics of each of these universes become known we may be able to classify them into groups of like structured or similar universes“ (Zubin 1950, S. 4).

Ein Anwendungsbeispiel

Mißinterpretationen gruppenstatistischer Ergebnisse, wie sie von Kordy (1982) diskutiert wurden, haben sicher auch dazu beigetragen, daß sich im Zusammenhang mit psychologischen Veränderungen im Verlauf des Menstruationszyklus eine ganze Reihe stereotyper Auffassungen etablieren konnten, wie z. B. die Annahme überwiegend negativer perimenstrueller Befindlichkeitsveränderungen. Diesem Umstand wurde in der empirischen Forschung auf diesem Gebiet nur zögerlich Rechnung getragen. In jüngster Zeit allerdings berücksichtigen hypothetische Modelle, ebenso wie die gewählten Forschungsstrategien, mehr und mehr die Existenz individueller Unterschiede in der Selbstwahrnehmung von Frauen im Zyklusverlauf (z. B. Sommer 1980). Diese Unterschiede sind nicht zuletzt durch einzelfallorientierte Verlaufsuntersuchungen bestens belegt (z. B. Strauß u. Appelt 1985; Strauß 1986). Aufbauend auf derartigen Studien wurde der Versuch unternommen, zunächst an einer Vielzahl von Einzelfällen perimenstruelle Befindlichkeitsveränderungen zu determinieren, um dann Fälle zusammenzufassen und zu vergleichen, bei denen ähnliche Verlaufsmuster in der Selbstbeschreibung während mehrerer Zyklen feststellbar waren. Ein Vergleich der so gebildeten Subgruppen in unterschiedlichen psychologischen Eigenschaften, wie Persönlichkeitsmerkmalen, kognitiven und Copingstilen, Einstellungen etc., sollte einen Beitrag leisten zur Frage nach den Determinanten der Selbstwahrnehmung im Zyklusverlauf bei gesunden Frauen.

Im Rahmen der Studie (für Einzelheiten s. Strauß 1990) gelang es, von insgesamt 121 Probandinnen tägliche Selbstbeschreibungen über jeweils drei aufeinanderfolgende Menstruationszyklen zu erheben. Die Erhebung erfolgte mit Hilfe eines standardisierten Tagebuches, das neben der Befindlichkeitsskala (v. Zerssen 1976) eine Reihe von Items enthielt zur Erfassung allgemeiner körperlicher Beschwerden, der allgemeinen körperlichen Befindlichkeit, von gynäkologischen Symptomen, des sexuellen Erlebens und Verhaltens sowie von mehreren Aspekten des Alltagslebens (Beruf, Sozialkontakte, Partnerschaft etc.). Aufgrund verschiedener Ausschlußkriterien wurden letztendlich die Verlaufsdaten von insgesamt 106 Frauen exakter analysiert, wobei die Dauer der Beobachtungszeiträume interindividuell zwischen 71 und 108 Tagen (Mittelwert: 88 Tage) variierten. Bei der Stichprobe handelte es sich um Frauen mit einem durchschnittlichen Alter von 25 Jahren, die vor Beginn der Verlaufsuntersuchung ausführlich befragt wurden, um die vorgegebenen Einschlußkriterien zu prüfen. Am Ende der

Erhebungszeiträume wurden alle Frauen erneut interviewt und mit Hilfe einer Reihe von Fragebögen zu potentiellen Determinanten der zyklusgebundenen Selbstbeurteilungen befragt (z. B. Gießen-Test, Berliner Fragebogen zum Menstruationserleben, Streßverarbeitungsfragebogen, Fragebogen zur Einstellung zur Menstruation, IPC-Fragebogen zu Kontrollüberzeugungen etc.).
Bei der Auswertung wurde folgendermaßen vorgegangen: Mit Hilfe der Zeitreihenanalyse wurde zunächst im Einzelfall geprüft, ob die täglichen Selbsteinschätzungen der psychischen Befindlichkeit und körperlicher (d. h. allgemeiner und gynäkologischer) Beschwerden zum Zeitpunkt der Menstruation und/oder prämenstruell (d. h. 7 Tage vor Beginn der Menstruation) bedeutsam von den Einschätzungen der verbleibenden Zeit abweichen. Das zeitreihenanalytische Modell hierzu ist das Interventionsmodell in der Form von Box u. Tiao (1975; vgl. Übersicht auf S. 252), wobei die beiden erwähnten Phasen jeweils als „Interventionen" begriffen werden. Mit Hilfe dieses Modells ließ sich bestimmen, ob im individuellen Fall perimenstruelle Befindlichkeitsveränderungen festzustellen sind oder nicht. Die Ergebnisse von 106 Einzelfallanalysen (in diesem Fall jeweils mit drei Variablen, nämlich den Skalenwerten in der Befindlichkeitsskala, der mittleren Einschätzung von Items zu allgemeinen körperlichen Beschwerden und zu gynäkologischen Beschwerden) bildeten den Ausgangspunkt für den zweiten Schritt der Analyse, in dem die einzelnen Befunde aggregiert wurden. In diesem Fall erfolgte dies durch Clusteranalysen, von drei jeweils dreistufigen Variablen pro Zyklusphase (psychische Befindlichkeit, Körperbeschwerden, gynäkologische Beschwerden mit den Ausprägungen:
0 = keine Veränderung, 1= positive Veränderung, -1= negative Veränderung).
Die Verlaufsdaten einer der 106 Probandinnen sind in Abb.1 dargestellt. Zeitreihenanalytisch wurde für jeden Fall bzw. jede Variable folgendes Modell geprüft :

$$z_t = \omega_{10} I_{1t} + \omega_{20} I_{2t} + (\theta(B)/\phi(B))a_t \; ;$$

dabei bedeutet:

z_t = beobachtete Zeitreihe,

I_{1t} = „Intervention 1", d. h. menstruelle Phase (dargestellt als Dummyvariable mit Wert 1 in der menstruellen Phase, mit Wert 0 zu den übrigen Zeitpunkten),

I_{2t} = „Intervention 2", d. h. prämenstruelle Phase (wie I_{1t}),

ω_{10}, ω_{20} = Parameter des Interventionsmodells (beschreiben die mittlere Abweichung vom Niveau der gesamten beobachteten Zeitreihe während der beiden Phasen),

$\theta(B)/\phi(B)$ = „ARIMA-Filter",

a_t = Residuen.

Eine detaillierte Beschreibung der Vorgehensweise bei der Bestimmung des ARIMA- bzw. Interventionsmodells geben Strauß (1986) und Schmitz (1987, 1988). Die Identifikation des ARIMA-Modells erfolgt in der Regel anhand des Verlaufs der Autokorrelations- bzw. Partialautokorrelationsfunktion, wobei mittlerweile allerdings auch eine Fülle anderer Kenngrößen beschrieben worden sind, die die Modellbestimmung erleichtern. Auf der Grundlage dieser vorläufigen Modellbestimmung werden im nächsten Schritt die Modellparameter (einschließlich jene des Interventionsmodells) geschätzt und geprüft. Für die Güte des Modells gibt es inzwischen ebenfalls eine Vielzahl von Prüfmöglichkeiten. Der herkömmliche Weg besteht in der Betrachtung von Auto- und Partialautokorrelationsfunktionen der Residuen (d. h. „gefilterte Zeitreihe"), die keine bedeutsamen Werte mehr aufweisen sollten. Als Beispiel ist die Autokorrelationsfunktion für eine Variable (gynäkologische Beschwerden) vor und nach Anpassung des Modells in Abb.2 wiedergegeben. Auf dieser Abbildung ist deutlich sichtbar, daß insbesondere die hochsignifikante Autokorrelation der Reihe zum Lag 1 (d. h. um einen Zeitpunkt verschoben) in der Residualzeitreihe nicht mehr identifizierbar ist.

Tabelle 2 faßt die geschätzten Parameter für die drei Variablen aus Abb.1 zusammen. Die Analyse ergab in diesem Fall, daß der Schätzung zufolge die Selbstbeurteilungen der allgemeinen Körperbeschwerden „weißem Rauschen" entsprechen, während die Beurteilungen der psychischen Befindlichkeit und gynäkologischer Symptome einem autoregressiven Prozeß 1. Ordnung gehorchen. Was den „Interventionseffekt" anbelangt, so ergab die Modellbestimmung, daß lediglich die gynäkologischen Beschwerden während der Menstruation ausgeprägter eingeschätzt werden als zu den übrigen Erhebungszeitpunkten (wobei diese Aussage sich auf den gesamten Erhebungszeitraum bezieht). Im Fall dieser Probandin kann man argumentieren, daß dieses Ergebnis auch aufgrund der graphischen Analyse naheliegt. Dies muß aber keineswegs der Fall sein, wie generell bei einer ausschließlich graphischen Analyse von Zeitreihendaten Vorsicht geboten ist.

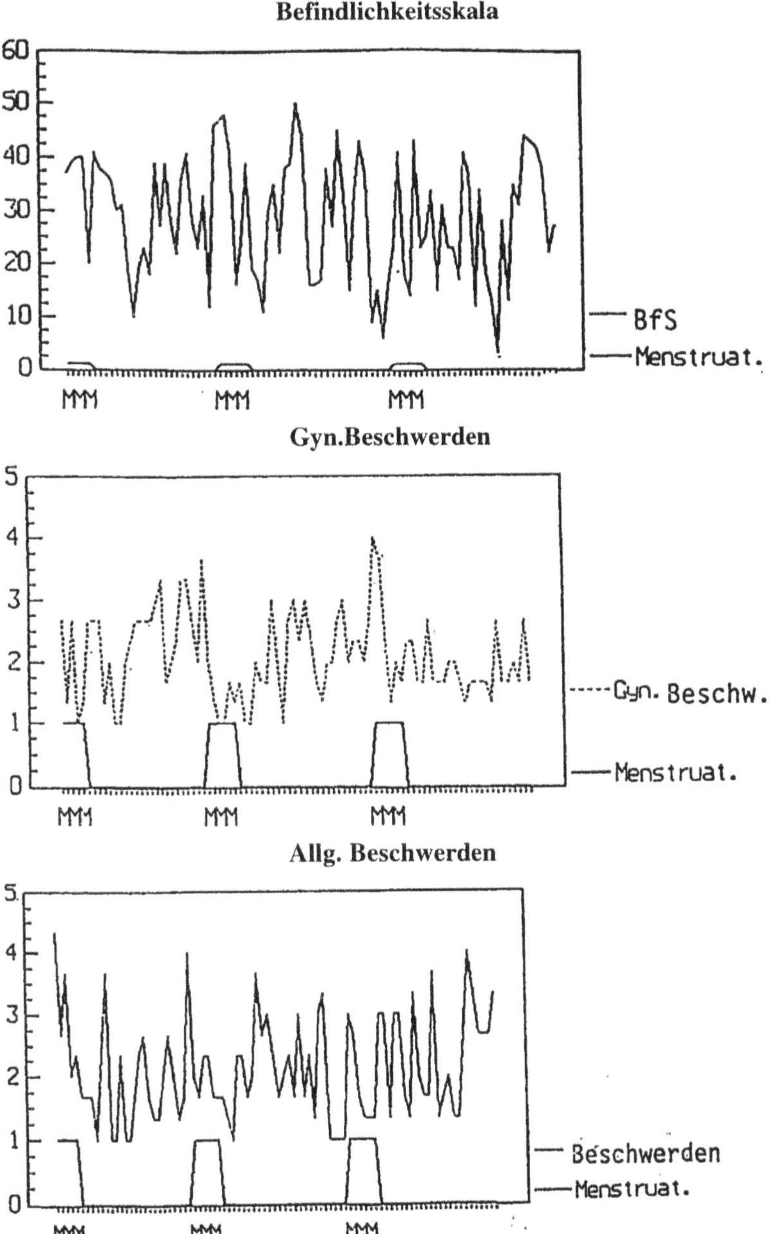

Abb.1: Graphische Darstellung dreier im Zyklusverlauf erhobener Variablen (Skalenwerte Befindlichkeitsskala, BfS, mittlere Beurteilung gynäkologischer und allgemeiner Körperbeschwerden): Pb 1

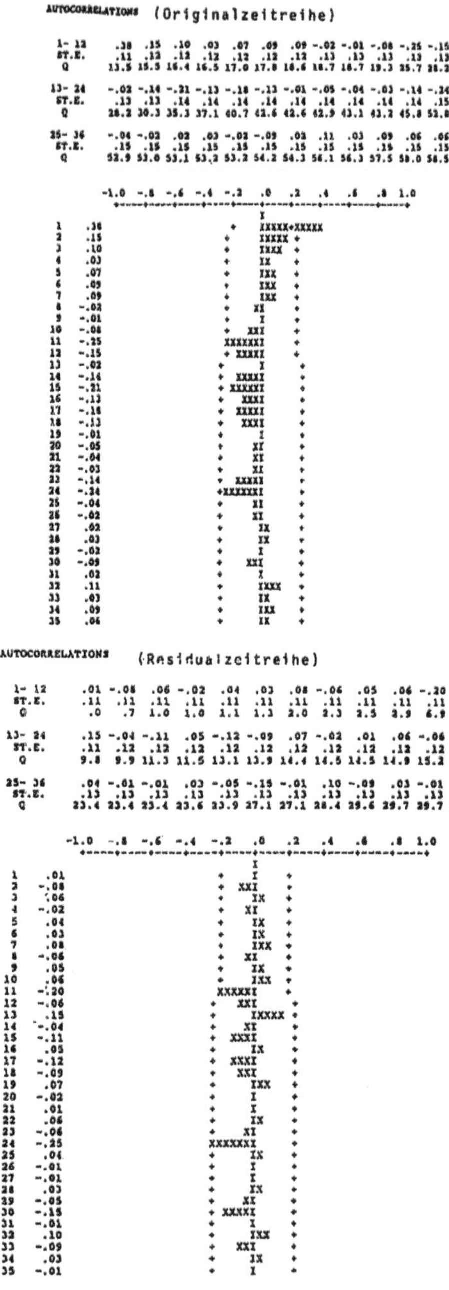

AUTOCORRELATIONS (Originalzeitreihe)

1- 12	.38	.15	.10	.03	.07	.09	.09	-.02	-.01	-.08	-.25	-.15
ST.E.	.11	.12	.12	.12	.12	.12	.12	.13	.13	.13	.13	.13
Q	13.5	15.5	16.4	16.5	17.0	17.8	18.6	18.7	18.7	19.3	25.7	28.2
13- 24	-.02	-.14	-.21	-.13	-.18	-.13	-.01	-.05	-.04	-.03	-.14	-.24
ST.E.	.13	.13	.14	.14	.14	.14	.14	.14	.14	.14	.14	.15
Q	28.2	30.3	35.3	37.1	40.7	42.6	42.6	42.9	43.1	43.2	45.8	52.8
25- 36	-.04	-.02	.02	.03	-.02	-.09	.02	.11	.03	.09	.06	.06
ST.E.	.15	.15	.15	.15	.15	.15	.15	.15	.15	.15	.15	.15
Q	52.9	53.0	53.1	53.2	53.2	54.2	54.3	56.1	56.3	57.5	58.0	58.5

-1.0 -.8 -.6 -.4 -.2 .0 .2 .4 .6 .8 1.0

1	.38
2	.15
3	.10
4	.03
5	.07
6	.09
7	.09
8	-.02
9	-.01
10	-.08
11	-.25
12	-.15
13	-.02
14	-.14
15	-.21
16	-.13
17	-.18
18	-.13
19	-.01
20	-.05
21	-.04
22	-.03
23	-.14
24	-.24
25	-.04
26	-.02
27	.02
28	.03
29	-.02
30	-.09
31	.02
32	.11
33	.03
34	.09
35	.06

AUTOCORRELATIONS (Residualzeitreihe)

1- 12	.01	-.08	.06	-.02	.04	.03	.08	-.06	.05	.06	-.20	-.06
ST.E.	.11	.11	.11	.11	.11	.11	.11	.11	.11	.11	.11	.11
Q	.0	.7	1.0	1.0	1.1	1.3	2.0	2.3	2.5	2.9	6.9	7.3
13- 24	.15	-.04	-.11	.05	-.12	-.09	.07	-.02	.01	.06	-.06	-.25
ST.E.	.11	.12	.12	.12	.12	.12	.12	.12	.12	.12	.12	.12
Q	9.8	9.9	11.3	11.5	13.1	13.9	14.4	14.5	14.5	14.9	15.2	23.2
25- 36	.04	-.01	-.01	.03	-.05	-.15	-.01	.10	-.09	.03	-.01	.02
ST.E.	.13	.13	.13	.13	.13	.13	.13	.13	.13	.13	.13	.13
Q	23.4	23.4	23.4	23.6	23.9	27.1	27.1	28.4	29.6	29.7	29.7	29.8

-1.0 -.8 -.6 -.4 -.2 .0 .2 .4 .6 .8 1.0

1	.01
2	-.08
3	.06
4	-.02
5	.04
6	.03
7	.08
8	-.06
9	.05
10	.06
11	-.20
12	-.06
13	.15
14	-.04
15	-.11
16	.05
17	-.12
18	-.09
19	.07
20	-.02
21	.01
22	.06
23	-.06
24	-.25
25	.04
26	-.01
27	-.01
28	.03
29	-.05
30	-.15
31	-.01
32	.10
33	-.09
34	.03
35	-.01

Abb.2
Tabelle 2: Zusammenfassung der geschätzten Parameter von Zeitreiheninterventionsmodellen für die in Abb.1 gezeigten Variablen

Variable	Parameter	Wert	t
Befindlichkeitsskala	Konstante[+]	20.4	6.4***
	ω_{10} (menstruell)	3.8	1.2 ns.
	ω_{20} (prämenstruell)	2.4	.9 ns.
	Phi_1	.23	2.3*
Gynäkologische Beschwerden	Konstante	1.3	6.11***
	ω_{10}	-.20	- 1.2 ns.
	ω_{20}	.3	1.94*
	Phi_1	.36	3.79***
Allgemeine Beschwerden	Konstante	2.0	17.5***
	ω_{10}	.2	.9 ns.
	ω_{20}	.3	1.2 ns.

(+entspricht dem Mittelwert der Reihe; *=p<.05; ***=p<.001)

Abbildung 3 faßt die Ergebnisse aller Einzelfallanalysen variablenweise zusammen. Von den gynäkologischen Beschwerden abgesehen, bei denen doch in etwa einem Drittel aller Fälle prämenstruell bzw. menstruell eine deutliche Zunahme zu verzeichnen war, zeigten sich bei der Mehrzahl der Probandinnen keine perimenstruellen Veränderungen in den Selbsteinschätzungen. Dennoch war es möglich, auf der Basis der Einzelfallergebnisse eine Art Typologie zu entwickeln, und zwar, wie erwähnt, mit Hilfe der clusteranalytischen Methodik, derzufolge 100 der 106 Probandinnen 5 deutlich voneinander verschiedenen Subgruppen zuzuordnen waren. Eine Kurzbeschreibung dieser Subgruppen gibt Tabelle 3. Es sei hier nur am Rande angemerkt, daß ein Vergleich der 5 Gruppen in den erwähnten psychologischen Merkmalen Hinweise dafür erbrachte, daß unterschiedliche perimenstruelle Selbsteinschätzungen offensichtlich am ehesten einhergehen mit spezifischen Streßverarbeitungsstrategien, Kontrollüberzeugungen und auch mit Aspekten des Menstruationserlebens. Insbesondere wurde ein Zusammenhang mit der Qualität des Menarcheerlebens sichtbar (weitere Detailergebnisse bei Strauß 1990).

Tabelle 3: Typische Merkmale der einzelnen Subgruppen (Cluster von Einzelfällen)

Cluster	Typisches Muster	n
1	Prämenstruelle Zunahme gynäkologischer Beschwerden	27
2	Keine perimenstruellen Veränderungen	24
3	Menstruelle Zunahme gynäkologischer Beschwerden, gekoppelt mit Befindlichkeitsveränderungen (negativ)	12
4	Menstruelle Zunahme gynäkologischer Beschwerden	18
5	Menstruelle Zunahme allgemeiner körperlicher Beschwerden	18

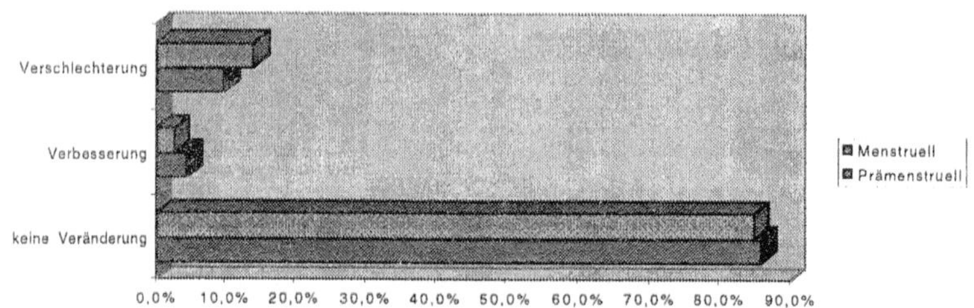

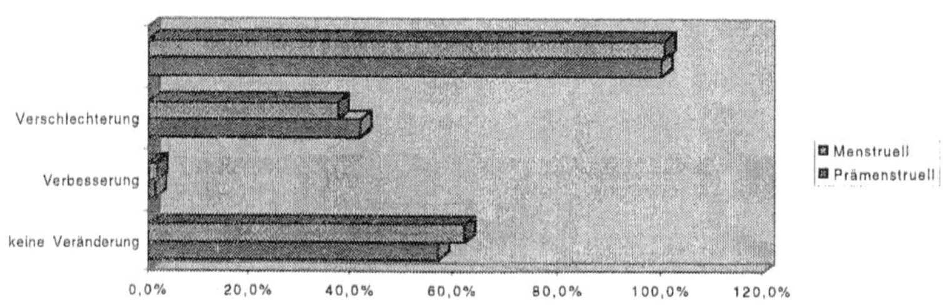

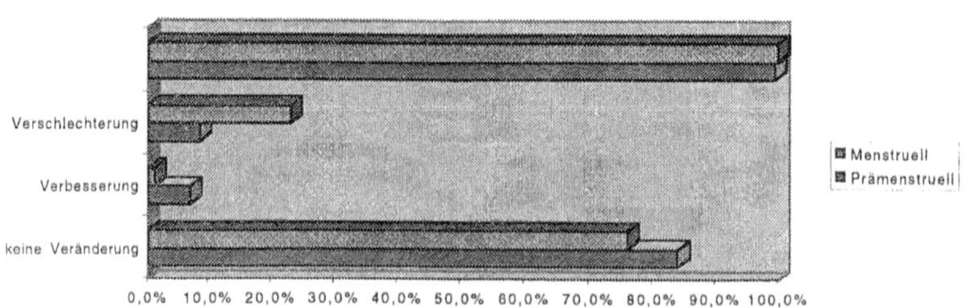

Abb. 3 Zusammenfassung der Einzelfallanalysen (variablenweise): Häufigkeit „signifikanter" prämenstrueller bzw. menstrueller Veränderungen der Befindlichkeit und körperlicher Beschwerden

Die Frage nach der Wahl dieser doch sehr aufwendigen Auswertungsstrategie läßt sich leicht beantworten: Geht man von individuellen Unterschieden in der Selbstwahrnehmung und Selbstbeschreibung aus, dann ist die Berücksichtigung objektiver Unterschiede eine Grundvoraussetzung. Dazu gehört beispielsweise die Zykluslänge, aber auch die Dauer der Menstruation. Diese individuellen Charakteristika werden im Rahmen des hier beschriebenen zeitreihenstatistischen Vorgehens ebenso berücksichtigt wie die individuell sehr unterschiedlichen Niveaus der Selbsteinschätzungen bzw. „Ausgangswerte". Ein anderes, im Bereich der Zyklusforschung häufig angewandtes Vorgehen ist die Anwendung der Aggregation vieler beobachteter Zyklen auf einen hypothetischen (meist 28 Tage dauernden) Standardzyklus, womit ein wichtiger Aspekt der interindividuellen Variabilität von vornherein vernachlässigt wird. Die Zyklusdauer schwankte in der hier beschriebenen Studie zwischen 18 und 40 Tagen (Mittelwert 29,4 Tage, s = 4), was zeigt, wie ungerechtfertigt die Annahme eines 28-Tage-Zyklus als Regelfall ist. Ein weiterer Vorteil des hier beschriebenen Vorgehens ist, daß in die Determination individueller Kennwerte Verlaufscharakteristika miteingehen, die gerade im Zusammenhang mit der Bestimmung zyklusabhängiger psychologischer Veränderungen eine große Bedeutung besitzen.

Die beschriebene Studie ist ein Beispiel für die Anwendung quantitativer Einzelforschung und für eine Fragestellung, die weit über den einzelnen Fall hinausgeht. Nicht nur zur Absicherung der externen Validität sind Replikationen von Einzelfalluntersuchungen häufig gefordert worden (vgl. Huber 1984), sondern auch weil das Erkenntnisinteresse in der Regel über den Einzelfall hinausgeht („the logic of all time series designs requires replication of effects", Hayes 1981, S.196) bzw. das Besondere des Einzelfalls erst durch den Vergleich mit anderen Einzelfällen deutlich wird (s. oben; vgl. Kordy 1982).

Vielleicht auch wegen des damit verbundenen Aufwandes ist der Forderung nach Replikation von Einzelfallstudien bisher kaum nachgekommen worden. Deswegen sind konkrete Vorschläge zur Agglutination von Einzelergebnissen, insbesondere von solchen, die sich auf Verlaufsbeobachtungen beziehen, noch selten. Einige Autoren haben nonparametrische Methoden hierzu vorgeschlagen (z. B. Sonnemann 1976; Lienert 1971; v. Eye 1984; Strauß u. Stemmler 1985). Im hier beschriebenen Fall wurde eine sehr einfache Art der Ergebniszusammenfassung gewählt; eine Reihe anderer Zusammenfassungen ist denkbar und wird künftig sicherlich zu studieren sein. Die dargestellte Studie zeigt, daß sich einzelfallorientierte und auf Gruppen bezogene Forschungsstrategien nicht ausschließen müssen, im Gegenteil sogar sehr sinnvoll kombiniert werden können. Es ist zu vermuten und zu wünschen, daß ähnliche Strategien künftig vermehrt angewandt werden in Bereichen, wo es um Prozeßmerkmale psychologischer Abläufe geht (vgl. Strauß 1989). Trotz der erwähnten Einschränkungen erscheint die hier kurz skizzierte Methode der Zeitreihenanalyse als eine statistische Analyseform, „die der Deskription sehr nahe steht" (Menges 1982), sehr brauchbar, um individuelle Verlaufsmerkmale zu bestimmen, die dann ggf. Grundlage weitergehender Analysen bilden können.

Methoden der (Interaktions)sequenzanalyse

Die Zeitreihenanalyse ist - zumindest in der im vorhergehenden Abschnitt dargestellten Form - auf die Analyse nichtdiskret-verteilter Variablen begrenzt. Die sequentielle Analyse von diskreten bzw. kategorialen Daten ist in der psychologischen Forschung ein häufiges Anliegen, man denke an Untersuchungen von Interaktionen in dyadischen Situationen (z. B. Partnerinteraktion, Arzt-Patient-Gespräche, Klient-Therapeut-Interaktion, vgl. Tabelle 4).

Unter den statistischen, speziell für die Einzelfallforschung geeigneten Methoden der Sequenzanalyse ist wahrscheinlich die Markov-Analyse (auch Markov-Kettenanalyse) bislang am meisten beschrieben und im psychologischen Kontext angewandt worden (Übersichten über die Methode geben beispielsweise Revenstorf u. Vogel,1979; Gottmann u. Notarius 1978; Czogalik 1983; Möbus u. Nagl 1983). Als Markov-Prozeß n-ter Ordnung bezeichnet man einen diskreten stochastischen Prozeß, bei dem die Wahrscheinlichkeit für das Eintreffen eines Ereignisses von n vorangegangenen Ereignissen in bestimmter Art abhängen muß (vgl. Czogalik 1983; Krauth 1986). Ein Markov-Prozeß l. Ordnung entspricht im Prinzip einem autoregressiven Prozeß l. Ordnung (s. oben) in dem Sinne, daß eine Realisierung des Prozesses zum Zeitpunkt t nur von den vorangegangenen Realisierungen abhängt. Praktisch werden bei der Markov-Analyse anhand empirischer Reihen Übergangswahrscheinlichkeiten für verschiedene Abfolgen bestimmt, für die diverse Signifikanztests angewandt werden können, z. B. auf das Vorliegen einer bestimmten Ordnung des Prozesses, einer spezifischen Übergangsmatrix etc. Auch im Zusammenhang mit Markov-Modellen (u. a. Methoden der Sequenzanalyse im Einzelfall) ist auf deren Einschränkungen hinzuweisen: „Auch wenn aufgrund der einfacheren Datenstruktur weniger Voraussetzungen als bei den ARIMA-Modellen erforderlich sind, hat auch bei den Markov-Ketten die prinzipielle Unmöglichkeit der Identifikation des richtigen Modells zur Folge, daß Ergebnisse nur mit größter Vorsicht interpretiert werden können" (Krauth 1986, S. 25).

Tabelle 4: *Klassifikation verschiedener Methoden der (Interaktions)sequenzanalyse und psychologische Anwendungsbeispiele*

Analyseebene	Allgemeine Fragestellung	Beispiele aus dem Bereich psychologischer Forschung	Methode
Univariate Analyse	Beschreibung von Prozeß-charakteristika	Abfolge von Lernprozessen (Rhenius 1974); Vorhersage des Zigarettenkonsums (Revenstorf 1976)	Markov-Modelle
		Bestimmung von Abfolgen bestimmter Inhalte in Gesprächssequenzen (Bakeman 1990)	Odds-Ratio, Yule's Q
		Testung spezifischer Modelle für die Abfolge von Sequenzen in Gesprächen (Bakeman 1990)	Log-lineare Modelle
"Interventions-Analysen"	Veränderung der Prozeßmerkmale in Folge von Interventionen	Veränderung der Interaktion im Verlauf einer Kinderpsychotherapie (Leistikow 1977); Veränderungen von nonverbaler Interaktion im Entwicklungsverlauf (Cohn u. Tronick 1987)	Markov-Modelle
Bi- (multi-) variate Analyse	Beschreibung des Zusammenhangs	Analyse der Therapeut- Klient-Interaktion (Friedlander u. Phillips 1984), der Eltern-Kind-Interaktion (Benjamin et al. 1986), der Gruppeninteraktion (Donohue et al. 1981)	Markov Modelle
		Interaktionen von Paaren (Cousins u. Power 1986) und Kindern (Bakeman et al. 1989)	Log-lineare Modelle
	Beschreibung von Lead- und Lag-Strukturen	Topographie ehelicher Konflikte (Gottman et al. 1977)	Lag-Sequenz-analyse

Wie bei den anderen hier erwähnten Methoden der quantitativen Einzelfallforschung auch gilt für Markov-Analysen trotz der Einschränkungen, daß sie zur exploratorischen Datenanalyse durchaus nützlich sein können. Dies zeigen jedenfalls vorliegende Anwendungsbeispiele, die übrigens überwiegend aus dem Bereich der Psychotherapieforschung stammen (vgl. Tabelle 4). Auch für die Analyse mehrerer Variablen sind Markov-Analysen geeignet, wenn es z. B. darum geht zu prüfen, ob Veränderungen in mehreren qualitativen Variablen gleichzeitig auftreten oder nicht. Hierbei können beispielsweise spezifische Tests eingesetzt werden, welche die Unabhängigkeit von Markov-Ketten voneinander überprüfen (vgl. Krauth 1981). Eine Extension der Markov-Analysen für den multivariaten Fall stellt die sog. „Lag-Sequential-Analyse“ dar, welche zuerst von Sackett (1974) beschrieben wurde. Bei dieser Form der Sequenzanalyse wird zunächst ein Merkmal als Kriterium ausgewählt. Danach werden Übergangswahrscheinlichkeiten aller anderen Merkmale determiniert im Hinblick auf das Kriterium als Funktion der zeitlichen Verschiebung (Lag) gegenüber dieser Kriteriumsvariablen. Dieses Verfahren wird mit jedem interessierenden Merkmal als Kriterium wiederholt und statistisch überprüft. Resultat dieser sehr rechenintensiven Analyse sind Wahrscheinlichkeiten für bestimmte Sequenzen in einer Reihe beobachteter qualitativer Merkmale. Ein ausführliches Beispiel für die Anwendung dieser Analyseform geben Gottman et al. (1977).

Unter den Methoden der Interaktionssequenzanalyse sollte abschließend noch ein weiterer Ansatz skizziert werden, dessen Grundlage letztlich auch Übergangswahrscheinlichkeiten sind, nämlich die Anwendung log-linearer Modelle im Einzelfall. Dieser Ansatz ist beispielsweise von Bakeman u. Gottman (1986), Bakeman (1990) oder Bakeman et al. (1989) beschrieben worden, wobei Bakeman u. Gottman v. a. grundlegende Aspekte der Interaktionsanalyse, einschließlich der Entwicklung von Kodierschemata, der Bestimmung von Beurteilerübereinstimmungen etc., ausführlich darstellen. Bakeman (1990) zeigt, mit welchen statistischen Prüfverfahren Übergangswahrscheinlichkeiten, die anhand von sequentiellen Kodierungen bestimmt wurden, geprüft werden können. Für den einfachen Fall eines Merkmals, dessen sequentielle Abfolge in Form einer 2 x 2-Kontingenztafel darstellbar ist, empfiehlt Bakeman zur statistischen Prüfung der Übergangswahrscheinlichkeit das „Odds-Ratio“ (Kleinbaum et al.1982) und dessen Prüfung mittels χ^2-Statistik oder dessen Variante, Yules' Q (Kennedy 1983). Als (fiktives) Beispiel für diese Methode (in Anlehnung an Bakeman 1990) denke man sich ein aus 211 Einheiten bestehendes Arzt-Patient-Gespräch, bei dem pro Einheit bestimmt wird, ob die Krankheit des Patienten Thema der Äußerung ist oder nicht. Die Kodierung (Abb. 4) ergibt, daß in 10 Fällen auf eine Einheit, in der die Krankheit thematisiert wird, darauffolgend ebenfalls darüber gesprochen wird, in 20 Fällen nicht. Bezogen auf nichtkrankheitsbezogene Äußerungen zeigt die Analyse in 30 Fällen Bezugnahmen auf die Erkrankung, in 150 Fällen nicht. Die Sequenz ist darstellbar in Form eines Vierfelderschemas.

		Folgeäußerung: krankheitsbezogen	Folgeäußerung: nicht krankheitsbezogen
Vorausgehende Äußerung:	**kranheitsbezogen**	10 (a)	20 (b)
	nicht krankheitsbezogen	30 (c)	150 (d)

Abb. 4: Darstellung einer Interaktionssequenz in Form einer Vierfeldertafel (fiktives Beispiel nach Bakeman 1990)

Das erwähnte „Odds-Ratio" ist definiert als:

$$\text{Odds-Ratio} = \frac{a/b}{c/d}$$

das alternative Maß, Yule's Q als:

$$\text{Yule's Q} = \frac{ad - bc}{ad+bc}.$$

Im Falle des Beispiels würde das Odds-Ratio den Wert 2,5 erhalten. Dieser Wert drückt aus, daß die Wahrscheinlichkeit für eine krankheitsbezogene Folgeäußerung 2,5mal größer ist, wenn die vorausgehende Äußerung krankheitsbezogen ist im Gegensatz zu einer anderen Äußerung ($\chi^2 = 4{,}63$, df = 1, $p < 0{,}05$). Der Wert für Yule's Q beträgt in diesem Beispiel 0,429 und würde eine positive Assoziation ausdrücken.

Wenn es nicht nur um die Prüfung einfacher Assoziationen, sondern spezifischerer Zusammenhänge geht, empfiehlt Bakeman (1990) die Anwendung loglinearer Modelle, wobei das „Nullmodell" die Gleichverteilung aller Übergänge annehmen würde. Weitere Modelle beziehen sich auf unterschiedliche Zeilen bzw. Spaltensummen bzw. auf die einzelnen Zellhäufigkeiten (saturiertes Modell). Letztlich wird bei diesem Vorgehen (mittels χ^2-Tests) überprüft, inwieweit die beobachteten Daten den theoretischen Wahrscheinlichkeiten entsprechen. Darauf aufbauend läßt sich für komplexere Daten ein analoges Vorgehen denken, etwa wenn es um die Analyse von zwei parallel verlaufenden Kodierungen geht (z. B. verbales und nonverbales Verhalten). In diesem Fall würde sich die Darstellung entsprechend ausweiten (beispielsweise auf die Form einer 2 x 2 x 2-Felder-Tafel), und es würden log-lineare Modelle höherer Ordnung geprüft werden.

Beispiele hierfür geben Bakeman et al. (1989).
Ein Problem bei der Anwendung dieses Ansatzes liegt wiederum in der Annahme der Unabhängigkeit der beobachteten Daten. Bakeman (1990) versucht diese Problematik durch die Unterscheidung zwischen einer Stichprobenunabhängigkeit und einer empirischen Unabhängigkeit zu umgehen. Ausgehend von der Definition, daß statistische Unabhängigkeit bedeutet, daß eine Messung keinesfalls eine andere beeinflußt, postuliert er, daß Beurteiler in Sequenzanalysen so gut trainiert sein sollten, daß sie bei der Beurteilung einer Einheit nicht durch ihre Beurteilungen vorhergehender Einheiten beeinflußt worden sind. Die Abhängigkeit der *Einheiten* voneinander bezeichnet er als empirische Abhängigkeit, die es mit Hilfe der Sequenzanalyse zu beschreiben gilt. Demgegenüber könne man eine Stichprobenunabhängigkeit („sampling independence“) annehmen, wenn die *Kodierungen*, die analysiert werden, voneinander nicht abhängen. Damit ist ausgesagt, daß die beschriebene loglineare Sequenzanalyse natürlich auf Merkmale begrenzt ist, die fremdbeurteilt sind. Aber auch hier ist die Annahme der Unabhängigkeit, wie sie Bakeman durch seine Unterscheidung trifft, durchaus kritisierbar, zumal die Unabhängigkeit der Urteile letztlich gar nicht überprüfbar sein wird.

Zusammenfassung und Ausblick

Das letztgenannte Beispiel macht noch einmal eindrücklich die Probleme der quantitativen Einzelfallforschung deutlich, die v. a. darin bestehen, daß „bei der Einzelfallmessung nur ein Vektor abhängiger Meßwerte mit einer unbekannten Abhängigkeitsstruktur vorliegt“ (Krauth 1981). Der Überblick über die statistischen Methoden zeigt, daß es verschiedene Ansätze gibt, dieses Problem zu bewältigen, wie z. B. die (nicht gerechtfertigte) Annahme der statistischen Unabhängigkeit, Bestimmung von Abhängigkeitsparametern in einer als bekannt postulierten Abhängigkeitsstruktur oder die erwähnte Unterscheidung zwischen verschiedenen Arten von Abhängigkeit. Befriedigend gelöst ist das Problem bislang keineswegs; die Prognosen sind diesbezüglich eher von Skepsis getragen (vgl. Krauth 1986).
Aufgrund der bisher vorliegenden Erfahrungen mit der quantitativen Einzelfallforschung lassen sich zumindest ausgewählte Verfahren zur Einzelfallstatistik als brauchbar zur exploratorischen Datenanalyse bzw. zur Bestimmung deskriptiver Merkmale des Einzelfalles bezeichnen, wie in dem Anwendungsbeispiel gezeigt wurde. Nicht zuletzt aufgrund ihrer Flexibilität und vielfachen Anwendbarkeit in psychologischen Untersuchungen erscheint die Zeitreihenanalyse, speziell in der auf Box u. Jenkins basierenden Form, nach wie vor als vielversprechende Forschungsmethode für die Einzelfallanalyse nichtdiskreter Daten, vorausgesetzt die beobachteten Prozesse sind hinreichend lang, um mit

einer minimalen Zuverlässigkeit korrekte Modelle bestimmen zu können. Nicht zuletzt deshalb wurde die Methode bislang in relativ vielen Studien aus verschiedenen Gebieten der Psychologie gewinnbringend angewandt. Obwohl die gleichen Einschränkungen gelten, eignen sich Verfahren zur Sequenzanalyse kategorialer Daten, speziell die Markov-Analyse, ebenfalls zur exploratorischen Analyse im Einzelfall, während aufgrund der etwas fragwürdigen Vorannahmen die Berechtigung der Anwendung log-linearer Modelle noch gezeigt werden muß.

In der Praxis der psychologischen Forschung wird auch künftig die intensive Analyse des Einzelfalles notwendig sein, um theoretische Konzepte zu modifizieren und zu erweitern. Damit wird sich auch die Frage nach der zufallskritischen Absicherung von Einzelfallbefunden weiter stellen. Die verfügbaren Methoden sind dabei sicher noch entwicklungsfähig, besonders wenn mehr praktische Erfahrungen vorliegen werden. Wenn quantitative Methoden der Einzelfallforschung nur zu dem Zweck benutzt werden, den Eindruck der Wissenschaftlichkeit psychologischer Studien zu untermauern, sollte man besser auf sie verzichten.

Literatur

Aebischer K (1987) Brustkrebs. Huber, Bern

Appelt H, Strauß B (1985) Ergebnisse einzelfallstatistischer Untersuchungen in Psychosomatik und klinischer Psychologie. Springer, Berlin Heidelberg New York

Appelt H, Strauß B (1986) Psychoendocrinology of female sexuality: a research project. Germ J Psychol 10:143 -156

Bakeman R (1990) Counts and codes: Analyzing categorial data. In: Montgomery BM, Duck S (eds) Studying interpersonal interaction. Guilford, New York, pp 1-17

Bakeman R, Gottman JM (1986) Observing interaction: an introduction to sequential analysis. Cambridge Univ Press, Cambridge

Bakeman R, Adamson LB, Strisik P (1989) Lags and logs: Statistical approaches to interaction. In: Bornstein MH, Bruner J (eds) Interaction in human development. Earlbaum, Hillsdale

Becker P (1988) Skalen für Verlaufsstudien der emotionalen Befindlichkeit. Exp Angew Psychol 3: 345 - 369

Benjamin LS, Foster SH, Roberto LG, Estroff SE (1986) Breaking the family code: Analysis of videotapes of family interactions by structural analysis of social behavior (SASB). In: Greenberg L, Pinsof W (eds) The psychotherapeutic process. Guilford, New York, pp 391- 438

Box GEP, Jenkins GM (1976) Time series analysis - forecasting and control. Holden Day San Francisco

Box GEP, Tiao GC (1975) Intervention analysis with applications. J Am Stat Assoc 70: 70 - 79

Bullinger M, Keeser W (1985) Befindlichkeitsverläufe unter Luftschadstoffeinfluß in unterschiedlich umweltbelasteten Gebieten. In. Appelt H, Strauß B (Hrsg) Ergebnisse einzelfallstatistischer Untersuchungen in Psychosomatik und klinischer Psychologie. Springer, Berlin Heidelberg New York, S 62 - 83

Cattell RB (1963) The structuring of change by P-technique and incremental R-technique. In: Harris

CW (ed) Problems in measuring change. Univ Wisconsin Press Madison, pp 167 -198

Cattell RB (1966) Patterns of change. In: Cattell RB (ed) Handbook of multivariate experimental psychology. McNally, Chicago, pp 461- 534

Cattell RB, Scheier IH (1961) The meaning and measurement of neuroticism and anxiety. Ronald, New York

Cattell RB, Cattell AK, Rhymer RM (1947) P-technique demonstrated in determining psychophysiological source traits in a normal individual. Psychometrika 12: 267 - 288

Chassan JB (1960) Statistical inference and the single case in clinical design. Psychiatry 23: 173 -184

Chassan JB (1967) Research design in clinical psychology and psychiatry. Appleton Century Crofts, New York

Cohn JF, Tronick EZ (1987) Mother-infant face-to-face interaction: The sequence of dyadic states at 3, 6, and 9 months. Develop Psychol 23 : 68 - 77

Cousins PC, Power TG (1986) Quantifying family process. Fam Process 25: 89-105

Czogalik D (1983) Stochastische Modelle. In: Enke H, Tschuschke V, Volk W (Hrsg) Psychotherapeutisches Handeln. Kohlhammer, Stuttgart

Czogalik D, Hettinger R (1985) Zur Stochastik der psychotherapeutischen Interaktion. In: Czogalik D, Ehlers W, Teufel R (Hrsg) Perspektiven der Psychotherapieforschung. Hochschulverlag, Freiburg, S 69 - 93

Dahme B (1977) Zeitreihenanalyse und psychotherapeutischer Prozeß. In: Petermann F (Hrsg) Methodische Grundlagen klinischer Psychologie. Beltz, Weinheim, S 169-192

Donohue WH, Hawes LC, Mabce T (1981) Testing a structural-functional model of group decision making using Markov analysis. Human Commun Res 7:133 -146

Ebbinghaus H (1985) Über das Gedächtnis. Duncker & Humboldt, Leipzig

Edgar E, Billingsley F (1974) Believability when N =1. Psychol Rec 24:147 -160

Edgington ES (1980) Randomization tests. Marcel Dekker, New York

Edvardson B, Vegelius J (1981) O-Factor analysis of mood ratings. Appl Psychol Meas 5: 459 - 465

Eye A van (1984) Konfigurationsanalytische Typisierung multivariater Verlaufskurven. Psychol Beitr 26: 37 - 51

Fähndrich E, Linden M (1982) Zur Reliabilität und Validität der Stimmungsmessung mit der visuellen Analogskala. Pharmacopsychiatry 15 : 90 - 94

Fahrenberg J (1968) Aufgaben und Methoden der psychologischen Verlaufsanalyse. In: Groffmann, KJ, Wewetzer KH (Hrsg) Person als Prozeß. Huber, Bern, S 41- 82

Fahrenberg J, Myrtek M, Kulick B, Frommelt P (1977 a) Eine psychophysiologische Zeitreihenstudie an 20 Studenten über 8 Wochen. Arch Psychol 129: 242 - 264

Fahrenberg J, Kuhn M, Kulick B, Myrtek M (1977 b) Methodenentwicklung für psychologische Zeitreihenstudien. Diagnostica 23 :15 - 36

Freyberger HJ, Richter R, Dahme B, Schwedler HJ, Bühring M (1989) Zur Identifikation symptomspezifischer Reaktionstendenzen in psychosomatischen Erstinterviews bei Patienten mit herzneurotischem Beschwerdebild. In: Speidel H, Strauß B (Hrsg) Zukunftsaufgaben der psychosomatischen Medizin. Springer, Berlin Heidelberg New York Tokyo, S 244 - 251

Friedlander ML, Phillips SD (1984) Stochastic process analysis of interactive discourse in early counseling interviews. J Couns Psychol 31:139 -148

Glass GV, Willson VL, Gottman JM (1975) Design and analysis of time series experiments. Colorado Univ Press, Boulder

Gottman JM (1981) Time-series analysis: a comprehensive introduction for social scientists.

Cambridge Univ Press Cambridge/MA

Gottman JM, Notarius C (1978) Sequential analysis of observational data using markov chains. In: Kratochwill TE (ed) Single subject research. Academic Press, New York, pp 237 - 286

Gottman JM, Markman H, Notarius C (1977) The topography of marital conflict: a sequential analysis of verbal and nonverbal behavior. J Marriage Fam 39: 461- 477

Grawe K (1988) Zurück zur psychotherapeutischen Einzelfallforschung. Zeitschr. Klin Psychol 17, 1-7

Gregson RAM (1984) Time series in psychology. Lawrence Earlbaum, Hillsdale

Harlow LL, Anglin DA (1984) Time series design to evaluate effectiveness of methadone maintenance intervention. J Drug Educ 14; 53 - 72

Hayes SC (1981) Single case experimental design and empirical clinical practice. J Con Clin Psychol 49:193 - 211

Holtzman WH (1962) Statistical models for the study of change in the single case. Deutsch in: Petermann F (Hrsg) Methodische Grundlagen klinischer Psychologie. Beltz, Weinheim,1977, S 155 -168

Holtzman WH (1963) Methodological issues in P-technique. Psychol Bull 50: 248-256 Huba GJ, Lawlor WG, Stallone F, Fieve RR (1976) The use of autocorrelation analysis in the longitudinal study of mood patterns in depressed patients. Br J Psychiat 128:146-155

Huber HP (1973) Psychometrische Einzelfalldiagnostik. Beltz, Weinheim

Huber HP (1977) Single case analysis. Behav Anal Modif 2:1-15

Huber HP (1978) Kontrollierte Fallstudie. In: Pongratz LJ (Hrsg) Handbuch der klinischen Psychologie. Hogrefe, Göttingen, S I 153 -1199

Huber HP (1984) Entwicklungstendenzen in der Einzelfallstatistik. Psychol Beitr 26: 348 - 362

Jones MC (1924) A laboratory study of fear. J Genet Psychol 31: 308 - 315

Keeser W (1979) Zeitreihenanalyse in der klinischen Psychologie. Unveröffentlichte Dissertation, Universität München

Keeser W, Bullinger M (1984) Process-oriented evaluation of a cognitive behavioral treatment for clinical pain. In: Bromm B (ed) Pain measurement in man. Elsevier, Amsterdam, pp 417 - 428

Kennedy JJ (1983) Analyzing qualitative data. Praeger, New York

Kleinbaum DG, Kupper LL, Morgenstern H (1982) Epidemiologic research: Principles and quantitative methods. Van Norstrand Reinhold, New York

Köhler T (1986) Teststatistische Anforderungen an ein State-Meßinstrument. Diagnostica 32: 64-75

Kordy H (1982) Probleme der Gruppenstatistik und Einzelfallforschung. Diff Diagn Psychol 3: 231-239

Kordy H (1988) Was ist Statistik bei Zeitreihenanalyse und Einzelfallstatistik? handout, DKPM-Tagung Innsbruck

Krauth J (1980) Possible misinterpretations when evaluating psychological time series. Arch Psychol 133:139 -147

Krauth J (1981) Statistische Methoden zur Veränderungsmessung. In: Baumann U, Berbalk H, Seidenstücker U (Hrsg) Klinische Psychologie, Trends in Forschung und Praxis, Bd 4. Huber, Bern, S 98 -131

Krauth J (1983) Bewertung der Änderungssensitivität von Items. Z Diff Diagnost Psychol 4: 7-28

Krauth J (1986) Probleme bei der Auswertung von Einzelfallstudien. Diagnostica 32:17 - 29

Kruse JA, Gottman JM (1982) Time series methodology in the study of sexual hormonal and behavioral cycles. Arch Sex Behav 11: 405 - 415

Leichsenring F (1987) Einzelfallanalyse und Strenge der Prüfung. Diagnostica 33: 93 -109

Leistikow J (1977) Voraussetzungen, Methode und Ergebnisse einer Interaktionsanalyse in der klientzentrierten Kinderpsychotherapie. In: Petermann F (Hrsg) Methodische Grundlagen der klinischen Psychologie. Beltz, Weinheim, S 148 -151

Lienert GA (1971) Hierarchische Klassifikation individueller Verlaufskurven. Psychol Beitr 13: 487 - 498

Lienert GA (1978) Verteilungsfreie Methoden der Biostatistik. Hain, Meisenheim

McLeary R, Hay RA (1980) Applied time series analysis for the social sciences. Sage, Beverly Hills

Mefferd RB, Moran LJ, Kimble PJ (1960) Methodological considerations in the quest for a physical basis of schizophrenia. J Nerv Ment Dis 131: 354 - 357

Menges G (1982) Die Statistik. Westdeutscher Verlag, Opladen

Möbus C, Nagl W (1983) Messung, Analyse und Prognose von Veränderungen. In: Bredenkamp J, Feger H (Hrsg) Hypothesenprüfung. Enzyklopädie der Psychologie, Bd 5d: Serie Forschungsmethoden. Hogrefe, Göttingen, S 239 - 470

Möller HJ, Leitner M, Dietzfelbinger T (1987) A linear mathematical model for computerized analyses of mood curves. Eur Arch Psychiatry Neurol Sci 236: 260 - 268

Persson LO, Sjöberg L (1987) Mood and somatic symptoms. J Psychosom Res 31: 499 - 511

Petermann F (1982) Einzelfalldiagnose und klinische Praxis. Kohlhammer, Stuttgart

Petermann F, Hehl FJ (1979) Einzelfallanalyse. Urban & Schwarzenberg, München

Revenstorf D (1976) Datengenerierende Prozesse zur Analyse von Therapieverläufen. Klin Psychol 2, 210 - 230

Revenstorf D (1979) Zeitreihenanalyse für klinische Daten. Beltz, Weinheim

Revenstorf D, Vogel B (1979) Zur Analyse qualitativer Verlaufsdaten. In: Petermann F, Hehl FJ (Hrsg) Einzelfallanalyse. Urban & Schwarzenberg, München, S 229 - 250

Rhenius D (1974) Optimierung von versuchsleiterkontrollierten Lernprozessen. In: Tack WH (Hrsg) Bericht über den 28. Kongreß der DGfPs in Saarbrücken, Bd 2. Hogrefe, Göttingen, S 301- 306

Sackett GP (1974) A nonparametric lag sequential analysis for studying dependency among responses in observational scoring systems. University of Washington, Washington

Schlittgen R, Streitberg BHJ (1984) Zeitreihenanalyse. Oldenbourg, München

Schmitz B (1987) Zeitreihenanalyse in der Psychologie. Deutscher Studien Verlag, Weinheim

Schmitz B (1988) Einführung in die Zeitreihenanalyse. Huber, Bern

Schors R, Grünzig R (1987) Der Einfluß der Psychotherapiesitzung auf körperliche Beschwerden. Klin Psychol 16:148 -157

Shapiro MB (1957) Experimental method in the psychological description of the individual psychiatric patient. Int J Soc Psychiatry 3 : 89 -103

Shapiro MB (1961) The single case in fundamental clinical psychological research. Br J Med Psychol 34: 355 - 364

Shine LC, Bower SM (1971) A one way analysis of variance for single subject designs. Educ Psychol Meas 31: 105 -113

Sommer B (1980) Models of menstrual stress: incidence and specifity. In: Dan AJ, Graham EA, Beecher CP (Eds) The menstrual cycle I. Springer, New York, pp 29 - 45

Sonnemann E (1976) Zur Problematik der vergleichenden Auswertung zeitlicher Verlaufsreihen. In: Koller S, Beyer J (eds) Klinisch-statistische Forschung. Schattauer, Stuttgart, S 131-159

Sorgatz H (1979) Meßtheoretische Grundlagen der Einzelfallanalyse. In: Petermann F, Hehl FJ (Hrsg) Einzelfallanalyse. Urban u. Schwarzenberg, München, S 35 - 48

Stemmler G (1984) Psychophysiologische Emotionsmuster. Bern, Lang

Stern W (1921) Die differentielle Psychologie in ihren methodischen Grundlagen. Barth, Leipzig

Strauß B (1986) Einzelfallstatistische Analysen täglicher Selbsteinschätzungen. Bern, Lang

Strauß B (1989) Zukunft einzelfallstatistischer Methoden in der Psychosomatik. In: Speidel H, Strauß B (Hrsg) Zukunftsaufgaben der psychosomatischen Medizin. Springer, Berlin New York Tokyo, S 471- 486

Strauß B (1990) Typologie und Determinanten perimenstrueller Veränderungen der Befindlichkeit und des Verhaltens. Arbeitsbericht an die Deutsche Forschungsgemeinschaft, Kiel

Strauß B, Appelt H (1985) Veränderungen der Befindlichkeit und Sexualität im Verlauf des Menstruationszyklus. In: Appelt H, Strauß B (Hrsg) Ergebnisse einzelfallstatistischer Untersuchungen in Psychosomatik und Psychotherapie. Springer. Berlin Göttingen Heidelberg New York, S 15 - 32

Strauß B, Stemmler G (1985) Praktische Probleme bei der Anwendung von Zeitreihenanalysen. In: Appelt H, Strauß B (Hrsg) Ergebnisse einzelfallstatistischer Untersuchungen in Psychosomatik und klinischer Psychologie. Springer, Berlin Heidelberg New York, S 139 -155

Tiao GC, Tsay TM (1981) Multiple time series modeling and extended crosscorrelation function. J Bus Econ Stat 1: 43 - 56

Ward MM, Mefford IN, Parker SD et al. (1982) Epinephrine and norepinephrine responses in continuously collected human plasma to a series of stressors. Psychosom Med 45: 471- 486

Westmeyer H (1979) Wissenschaftstheoretische Grundlagen der Einzelfallanalyse. In: Petermann F, Hehl FJ (Hrsg) Einzelfallanalyse. Urban & Schwarzenberg, München, S 17 - 34

Wolfrum C, Lehmann E, Klieser E (1985) Die Anwendung der Randomisierungstests bei pharmakologischen Einzelfallexperimenten. In: Czogalik D, Ehlers W, Teufel T (Hrsg) Perspektiven der Psychotherapieforschung. Hochschulverlag, Freiburg, S 474 - 484

Zerssen D von (1976) Die Befindlichkeitsskala. Beltz, Weinheim

Zimmermann P (1979) Zur Zeitreihenanalyse von Stimmungsskalen. Diagnostica 25: 24 - 48

Zubin J (1950) Symposion on statistics for the clinician. J Clin Psychol 6:1-6

Bernhard Schmitz

Grundlagen der quantitativen Einzelfallanalyse

In diesem Beitrag wird die quantitative Einzelfallanalyse mit Zeitreihenverfahren beschrieben.

Argumente für den Einsatz der Zeitreihenanalyse

1. Geeignete Methode zur Prozeßanalyse
Pawlik (1976) konfrontiert eine eher am Eigenschaftskonzept orientierte Statusdiagnostik mit einer Prozeßdiagnostik, die sich mit der Analyse von Veränderungen befaßt. Eine genaue Analyse von Prozessen ist am ehesten bei einer großen Anzahl von Meßzeitpunkten möglich, also mittels Zeitreihenanalyse. (Einen Überblick zur Prozeßanalyse gibt Rudinger 1985.)

2. Bestimmung der Form einer Entwicklungskurve
Wenn die Annahme der Konstanz des wahren Wertes fallengelassen werden kann, so benötigt man andere Annahmen über die Form einer Verlaufskurve, zum Beispiel für den Entwicklungsverlauf. Eine einfache Hypothese wie ein Phasenmodell (vgl. Piaget 1948; Kohlberg 1963), erfordert bereits eine Vielzahl von Messungen, um die genauen Übergänge von einer Phase zur nächsten zu ermitteln. Dies gilt erst recht für nicht monotone Verläufe.

3. Vermeidung meßtheoretischer Probleme
Die Probleme der Veränderungsmessung, auf die oben hingewiesen worden ist, lassen sich im Rahmen der Zeitreihenanalyse teilweise vermeiden.

4. Vermeidung statistischer Probleme bei Meßwiederholungsanalysen
Mit Zeitreihenanalysen lassen sich statistische Probleme lösen, die aufgrund der seriellen Abhängigkeit solcher Daten bei üblichen Meßwiederholungs-Varianzanalysen entstehen.

5. Idiographie, komparative Kasuistik und Idiothetik
Die Zeitreihenanalyse ermöglicht eine (statistische) Analyse von Einzelfällen (Idiographie, siehe Huber 1984), einen (statistischen) Vergleich von Einzelfällen (komparative Kasuistik, siehe Jüttemann 1982) und eine Kombination von Einzelfall- und Querschnittsanalyse (Idiothetik, siehe Kenrick u. Braver 1982).

In Einzelfallanalysen kann die intraindividuelle Variabilität bestimmt werden:

Das Ausmaß der intraindividuellen Streubreite verdient eine eigenständige Betrachtung. Eine Schätzung durch die intraindividuelle Variabilität, wie es die klassische Testtheorie vornimmt, ist fragwürdig, da beide Streuungsformen sehr verschieden sein können.

Möglichkeit der Interventionsprüfung auch beim Einzelfall:

Zeitreihen ermöglichen eine statistische Absicherung der Wirkung einer Intervention auch für den Einzelfall. Im Gegensatz zu einer 2-Zeitpunkt-Messung kann auch eine Aussage über die *Form* des Wirkungsverlaufs und damit über das Einsetzen und Andauern der Reaktion gemacht werden.

Intraindividuelle Zusammenhänge und Strukturen können analysiert werden:

Die Betrachtung intraindividueller Zusammenhänge erfordert multivariate (bivariate) Zeitreihenanalysen. Intraindividuelle Strukturen können mit dynamischen Faktorenanalysen bestimmt werden.

Kombination Zeitreihen - Querschnitts-Design:

Wir halten es oft nicht für wünschenswert, bei der Analyse von Einzelfällen stehenzubleiben, sondern plädieren für ein kombiniertes Zeitreihen-Querschnitts-Design. Ein solches Design stellt eine Lösung der alten Kontroverse (vgl. Allport 1962), zwischen Idiographie und Nomothetik dar:
Für eine Stichprobe von Individuen werden für jede Person Zeitreihen erhoben. Diese Zeitreihen von Individuen werden zunächst intraindividuell statistisch analysiert. Die dabei für jede Person ermittelten Kennwerte bilden die Datenbasis für Querschnittsanalysen (siehe Meier 1988; Schmitz u. Brauns 1987). Dieses Vorgehen bietet folgende Vorteile:
- Auch ein statistischer Vergleich der Kennwerte zweier oder mehrerer Individuen ist möglich (komparative Kasuistik)
- Eine Mittelung von individuellen Verläufen (und als ihr Ergebnis ein Funktionstyp, der vielleicht keinem einzigen individuellen Verlauf gerecht wird) ist nicht nötig, vielmehr können gegebenenfalls gleichartige Verläufe zusammengefaßt werden.
- Die notwendige Trennung und der Vergleich von intra- und interindividuellen Zusammenhängen, die sich unter Umständen beträchtlich unterscheiden können (siehe Bromme u. Wehner 1987; Schmitz 1987; S. 261), sind möglich.

6. Quasiexperiment und die Analyse asynchroner Zusammenhänge zur Überprüfung von „Kausal"-Mechanismen
Falls bei einer Untersuchung der Sicherung der externen Validität im Vergleich zur internen Validität Priorität zukommt, bieten sich unter Umständen das quasiexperimentelle Zeitreihendesign (Cook u. Cambell 1979) oder die Analyse zeitverschobener Zusammenhänge als mögliche Alternativen zum Experiment an.

7. Analyse dynamischer Interaktionen
Jede (soziale) Interaktion von Personen, die über eine größere Anzahl von Meßzeitpunkten beobachtet wird, kann als multivariate Zeitreihe aufgefaßt werden. Häufig wird jedoch bei der Analyse dyadischer Interaktionen der dynamische Aspekt (durch Aggregation über die Zeit für jedes Individuum) gerade herausgefiltert (so z.B. die Experimente von Sherif 1935). Mittels Zeitreihenanalyse können systemtheoretische Konzepte wie Feedback sowohl auf intra- als auch auf interindividueller Ebene methodisch angemessen untersucht werden.

1. Beschreibung von Zeitreihen

In diesem Kapitel geben wir einige wichtige Formen der Deskription von Zeitreihen. Die Darstellung ist dabei einführend und nicht umfassend: Es werden zunächst nur elementare Formen berücksichtigt.

1.1 Graphische Darstellung

Die graphische Darstellung einer Zeitreihe sollte der erste Schritt im Ablauf einer Zeitreihenanalyse sein. Abbildung 1 zeigt den Verlauf der Ausgeglichenen Stimmung einer Person über 129 Tage. Deutlich wird, wie stark die tägliche Schwankung der Stimmung sein kann, während das allgemeine Niveau relativ konstant bleibt.

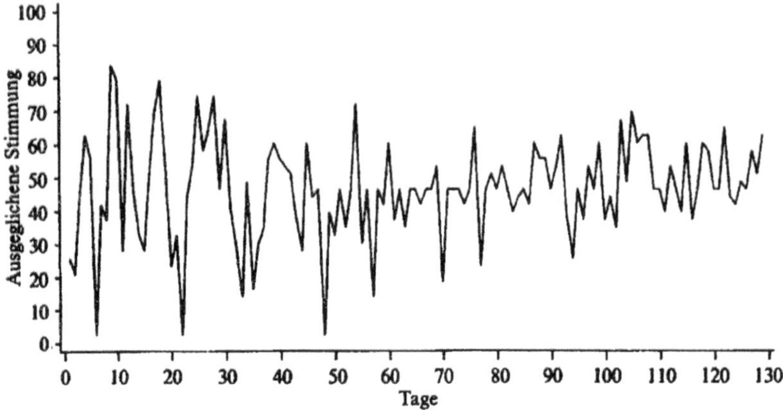

Abbildung 1: Zeitreihe „Ausgeglichene Stimmung"

1.2 Mittelwert und Variabilität

Den arithmetischen Mittelwert einer Zeitreihe bestimmt man in der üblichen Weise analog zur Querschnittsanalyse:

$$\bar{x}=\frac{1}{T}\sum_{t=1}^{T} x_t$$

Dabei sind die x_t die Werte der Zeitreihe und T ist ihre Länge, das heißt, T bezeichnet die Anzahl der beobachteten Zeitpunkte. Das mittlere Niveau der abgebildeten Zeitreihe beträgt 46.5. Das bedeutet bei einem Skalenbereich von 1 bis 100, daß im Durchschnitt eine mittlere Ausgeglichene Stimmung eingeschätzt wird. Die Varianz wird bestimmt durch

$$s^2=\frac{1}{T}\sum_{t=1}^{T} (x_t-\bar{x})^2$$

und die Standardabweichung ergibt sich wie üblich aus der Wurzel der Varianz. Die Streuung beträgt für die obige Reihe 17.0.

1.3 Trend

Die Interpretation des Mittelwerts einer Zeitreihe setzt strenggenommen voraus, daß das Niveau im Zeitverlauf konstant bleibt. Abbildung 2 zeigt den Verlauf des relativen Schulbesuchs der 13jährigen für Grund-/Hauptschule und Gymnasium für die BRD. Der relative Grund-/Hauptschulbesuch zeigt im Verlauf der Jahre eine relativ kontinuierliche Abnahme. Die Gesamtzeitreihe durch ein einheitliches Niveau zu beschreiben, ist nur wenig aussagekräftig. Sinnvoller ist es hier, den Trend anzugeben. Dies kann einmal durch Anpassung einer globalen Trendfunktion erfolgen - das kann ein lineares Polynom oder Polynom höheren Grades sein - oder zum anderen durch eine lokale Trendfunktion, das sind Gleitmittelwerte.

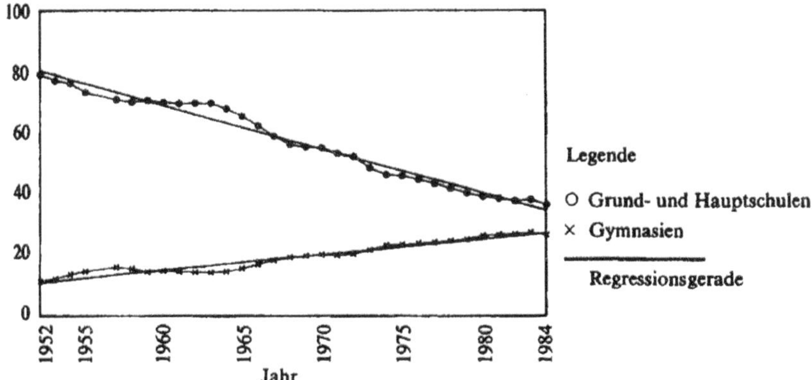

Abbildung 2: Zeitreihe und Regressionsgeraden: „Relativer Schulbesuch 13jähriger Grund-/Hauptschüler und Gymnasiasten"

1.3.1 Linearer Trend

Ein linearer Trend wird graphisch durch eine Regressionsgerade dargestellt. Prädiktor ist in diesem Fall die Zeit und Kriterium die interessierende Variable, die Zeitreihe. Die Gleichung für den Trend p_t gibt

$$p_t=b_0+b_1t^1$$

mit b_0 als Achsenabschnitt und b_1 als Regressionssteigung. In Abbildung 2 sind zusätzlich zu den Zeitreihen auch die beiden Regressionsgeraden für die Verläufe des relativen Schulbesuchs eingezeichnet. Hier ist die Zeitachse von 1952 = 0, 1953 = 1,... kodiert worden. Dementsprechend läßt sich der Achsenabschnitt als Bezugspunkt im Jahre 0 (=1952) b_0= 82.0 und b_1= -1.4 interpretieren, das bedeutet eine jährliche Abnahme des relativen Anteils von Grund-/Hauptschülern um durchschnittlich 1,4 Prozent.

1.3.2 Polynomialer Trend

Abbildung 3 zeigt den Verlauf der Anzahl deutscher psychologischer Titel, die im Zeitraum von 1924 bis 1960 erschienen sind, in Anlehnung an MITTENECKER (1984) (vgl. auch BRAUNS/SCHMITZ 1987). Die Betrachtung des Verlaufs läßt die Abnahme eines konstanten Niveaus nicht haltbar erscheinen, eines linearen Trends ebensowenig. Wir passen daher sukzessive Polynome höheren Grades (g = 2, 3, ...) an.

Ein Polynom 2. Grades enthält zusätzlich zur Steigung noch einen Term, der die quadratischen Anteile beschreibt,

$$p_t = b_0 + b_1 t^1 + b_2 t^2$$

und ein Polynom vom Grade g hat die Form

$$p_t = b_0 + b_1 t^1 + b_2 t^2 + \ldots + b_g t^g$$

Das Programm BMDP5R verwendet eine spezielle Klasse von Polynomen: orthogonale Polynome, die einige wünschenswerte Eigenschaften haben (vgl. SCHLITTGEN/STREITBERG 1984). Die Abbildung 3 zeigt auch das Polynom 2. Grades, das den Verlauf der Zeitreihe insgesamt nur schlecht beschreibt. Mit Hilfe eines Anpassungstests kann geprüft werden, ob die Variation der Zeitreihe durch das Polynom ausreichend beschrieben werden kann. In diesem Fall zeigt sich ein Polynom 8. Grades (siehe Abb. 4) als angemessen. Dieses Polynom erklärt 80.3 Prozent der Variabilität der Zeitreihe, und der Anpassungstest liefert ein $F(2,26) = .88$ mit $p = .45$, das heißt, das Polynom beschreibt die Daten angemessen.

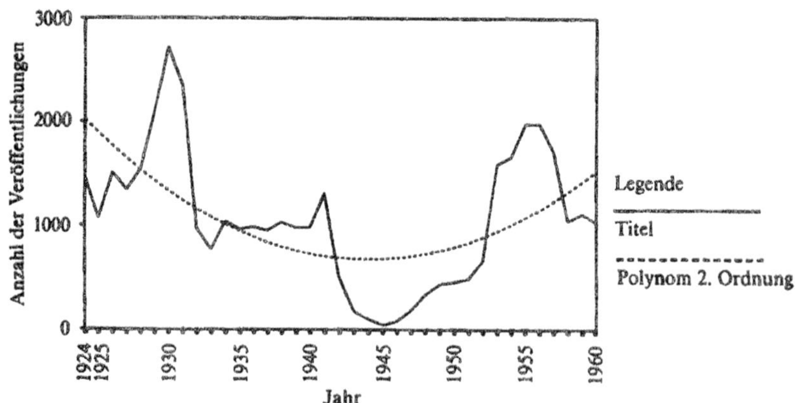

Abbildung 3: Zeitreihe und Polynom 2. Grades: „Deutschsprachige psychologische Titel“

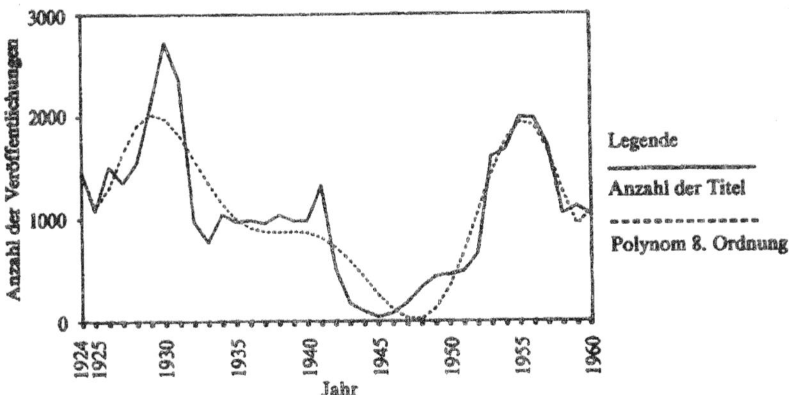

Abbildung 4: Zeitreihe und Polynom 8. Grades: „Deutschsprachige psychologische Titel"

1.3.3 Gleitmittel

Mit Polynomen wird versucht, den gesamten Verlauf einer Zeitreihe (global) mit einer einzigen Funktion zu approximieren. Durch Gleitmittel kann eine Trendbestimmung erfolgen, die die Zeitreihe auch in einzelnen Abschnitten (also lokal) möglichst gut beschreibt, allerdings läßt sich dann keine allgemeine Funktion mehr angeben. Die Berechnung des Gleitmittelwerts wird zunächst an einem einfachen Beispiel demonstriert. Tabelle 1 enthält den ersten Teil der Zeitreihe der Publikationen zur Leistungsmotivation für den Zeitraum von 1954 bis 1981, bezugnehmend auf HECKHAUSEN u.a. (1985), siehe BRAUNS/SCHMITZ (1987). Wir berechnen den 3-Punkt-Gleitmittelwert: Dabei werden etwa für den Gleitmittelwert zum Zeitpunkt t die drei benachbarten Werte gemittelt: die im Jahr vorher: x_{t-1}, die im Jahr t: x_t und die Jahre später: x_{t+1}, entsprechend

$$g_t=\frac{1}{3}(x_{t-1}+x_t+x_{t+1})$$

Für den zweiten Zeitpunkt ergibt sich:

$$g_2=\frac{1}{3}(4+2+2)=\frac{8}{3}=2,7$$

Die auf diese Weise gebildeten Gleitmittel sind ebenfalls in der Tabelle 1 enthalten, und Abbildung 5 gibt den Verlauf der 3-Punkt-Gleitmittelkurve

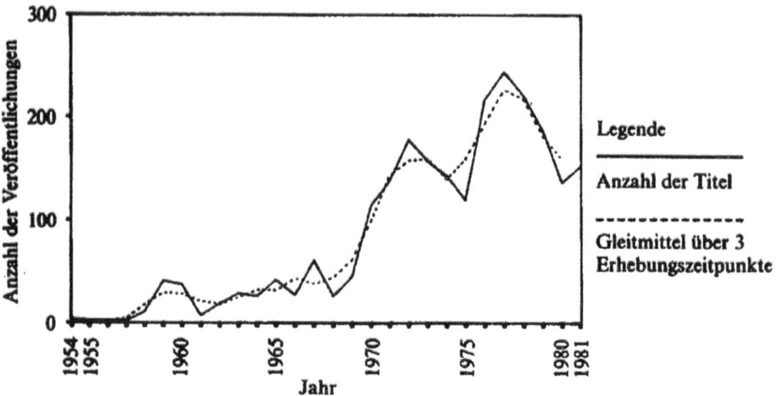

Abbildung 5: Zeitreihe und 3-Punkt-Gleitmittelkurve: „Titel zu Leistungsmotivation"

wieder, Abbildung 6 zeigt die 5-Punkt-Gleitmittelkurve ebenfalls zusammen mit der Zeitreihe. Ein 5-Punkt-Gleitmittelwert wird berechnet nach der Formel

$$g_t = \frac{1}{5}(x_{t-2} + x_{t-1} + x_t + x_{t+1} + x_{t+2})$$

Man sieht, daß ein zunächst nahezu konstantes Niveau mit allenfalls geringfügiger Zunahme in einer ersten Phase (bis 1966/67) von einem zunehmenden Trend abgelöst wird. Ein Gleitmittelwert repräsentiert einen um so langfristigeren Trend, je mehr Punkte er bei der Mittelung zusammenfaßt.

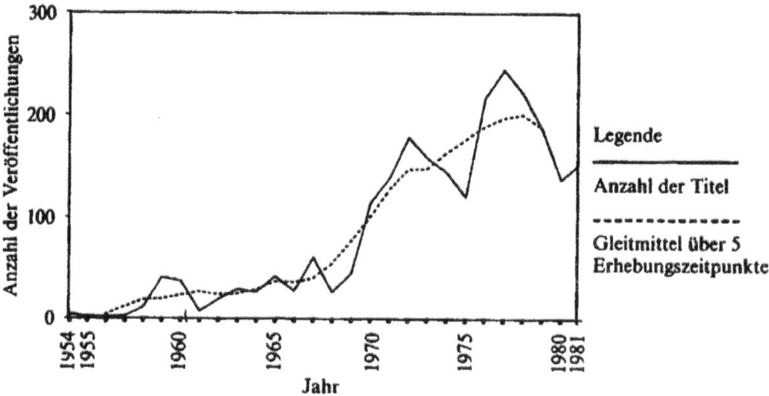

Abbildung 6: Zeitreihe und 5-Punkt-Gleitmittelkurve: „Titel zu Leistungsmotivation"

ein allgemeiner Gleitmittelwert wird berechnet nach

$$g_t = \sum_{j=-s}^{r} v_j x_{t-j}$$

mit Gewichten v_j und $\sum_{j=s}^{r} v_j = 1$

als gewichtete Summe von Zeitreihenwerten in der Umgebung des betrachteten Zeitpunkts, mit Gewichten, die sich zu 1 summieren (vgl. SCHMITZ 1987).

2. Grundbegriffe

In diesem Kapitel werden einige grundlegende Begriffe eingeführt. Sie sind für das Verständnis des später Folgenden notwendig.

2.1 Die lag-Funktion und der Backshift-Operator

Die Besonderheit von Zeitreihendaten liegt in der zeitlichen Ordnung. Betrachten wir einen Beispieldatensatz, den wir uns als Verlauf der „Gedrückten Stimmung" bei alten Menschen vorstellen können: Die Abbildung 1 gibt den Verlauf für den gesamten Beobachtungszeitraum wieder. Die entsprechenden Werte für die ersten zehn Tage sind folgende:

Tag	1	2	3	4	5	6	7	8	9	10
Stimmung	19	30	37	31	24	16	24	21	15	42
Vortag		19	30	37	31	24	16	24	21	15
Vorvortag			19	30	37	31	24	16	24	21

Hat man die Information über die Stimmung an einem bestimmten Tag -diese hat zum Beispiel am fünften Tag einen Wert von 24-, so ist man vielfach daran interessiert, die Stimmung am Vortag zu erfahren. Am vierten Tag ist ein Skalenwert von 31 festgestellt worden. Allgemein kann man für jeden Tag die Stimmung am Vortag angeben und erhält so eine neue Reihe: die Vortagsreihe, die oben angegeben ist. Diese Reihe ist um einen Wert kürzer, da die Stimmung für den Vortag des ersten Tages nicht erhoben wurde. In der gleichen Art kann die Vorvortagsstimmung einbezogen werden, die ebenfalls in der Aufstellung enthalten ist. Die entsprechende Reihe umfaßt zwei Messungen weniger als die Orginalreihe. Optisch wird in der tabellarischen Aufstellung bereits deutlich, daß die Vortagsreihe einfach durch eine Verschiebung (englisch : lag) um einen Tag

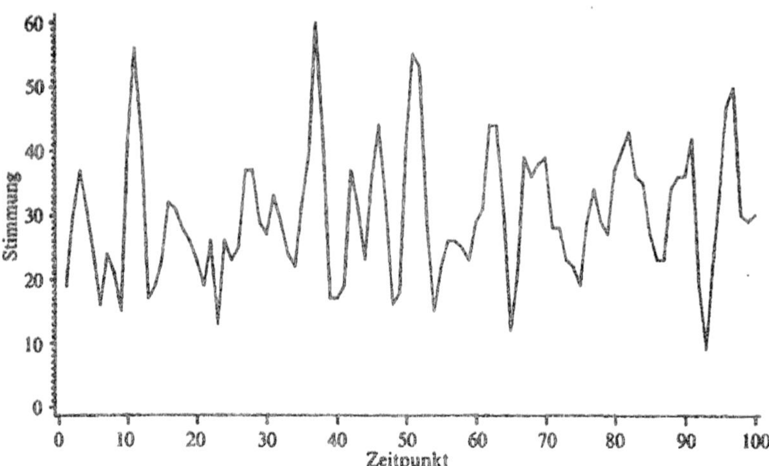

Abbildung 1: Zeitreihe: „Gedrückte Stimmung“[1]

aus der Orginalreihe entsteht. Man spricht daher auch von der lag-1-Reihe und entsprechend von der Vorvortags- als lag-2-Reihe und allgemein von der lag-k-Reihe. Bei der Schreibweise wird das lag im Index deutlich, die lag-1-Reihe wird als x_{t-1} und entsprechend die lag-k-Reihe als x_{t-k} notiert. Um den Vorgang, wie eine Zeitreihe um ein lag zurück verschoben wird, zu beschreiben, verwendet man im Englischen die Bezeichnung *Backshift-Operator*, abgekürzt „B“. Der Backshift-Operator, angewendet auf x_t, liefert die gelagte Zeitreihe x_{t-1}, in Gleichungsform:

$$B(x_t) = x_{t-1}$$

Wendet man den Backshift-Operator auf x_{t-1} an, erhält man x_{t-2}:

$$B(x_{t-1}) = x_{t-2}$$

$$B(B(x_t)) = x_{t-2}$$

$$B^2(x_{t-1}) = x_{t-2}$$

An dieser Umformung wird der Vorteil dieser zunächst befremdlich anmutenden Schreibweise deutlich. Sie erlaubt es nämlich, mit dem Backshift-Operator wie mit mathematischen Symbolen umzugehen: Man kann mit ihm rechnen. Eine mehrfache Anwendung des Backshift-Operators wird durch den Exponenten angegeben. Addition ist ebenfalls möglich. Wir werden darauf noch zurück kommen.

[1] Die Numerierung der Abbildungen erfolgt für die Abschnitte getrennt.

2.2 Autokorrelation

In Abschnitt 2.1 ist die Vortags-, die lag-Zeitreihe betrachtet worden. Will man wissen, wie groß der Zusammenhang zwischen der „gedrückten Stimmung" und der am Vortag ist, so kann man in der üblichen Weise die Korrelation zwischen der Zeitreihe und der verschobenen Zeitreihe berechnen. Da dies eine Korrelation der Zeitreihe mit sich selbst (allerdings verschoben) darstellt, bezeichnet man sie auch als *Autokorrelation*, Schreibweise: r_1. In dem obigen Beispiel beträgt diese: $r_1 = .48$, das bedeutet, es besteht ein mittlerer Zusammenhang zwischen den Stimmungen an aufeinanderfolgenden Tagen. Die oben berechnete Autokorrelation hat den Index 1, da die gelagte Zeitreihe um ein lag verschoben worden ist. Analog kann man auch die Autokorrelation zum lag 2 und allgemein zum lag k als die Korrelation zwischen der Orginalreihe und der Reihe zum lag 2 beziehungsweise k bestimmen, Schreibweise: r_2 beziehungsweise

$$r_k = r(x_t, x_{t-k}) = r(z_t, z_{t-k})$$

.48	-.20	-.44	-.28	-.01	.08	.07	.09	.08	0.0

Tabelle 1: Autokorrelation zur „Gedrückten Stimmung" für lag 1 - 10

```
            -1.0 -0.8 -0.6 -0.4 -0.2  0.0  0.2  0.4  0.6  0.8  1
LAG   CORR.  +----+----+----+----+----+----+----+----+----+----
                                      I
  1   0.476                     +    IXXXX+XXXXXXX
  2  -0.203                    +XXXXXI     +
  3  -0.439               XXXXX+XXXXXI     +
  4  -0.278                   XXXXXXXI      +
  5  -0.014                   +      I      +
  6   0.076                   +      IXX    +
  7   0.070                   +      IXX    +
  8   0.095                   +      IXX    +
  9   0.077                   +      IXX    +
 10   0.003                   +      I      +
```

Abbildung 2: Plot der Autokorrelation für die „Gedrückte Stimmung"

Berechnet man die Autokorrelation für eine Folge von lags, 1, 2, 3 ..., so kann man diese Reihe der Autokorrelationen als Funktion des lags Autokorrelations-Funktion (ACF) in Form einer Tabelle (siehe Tab. 1) oder einer Graphik (siehe Abb. 2) darstellen.

Der Verlauf der Autokorrelation fällt deutlich mit zunehmenden lags ab, das bedeutet, daß der Zusammenhang der Gedrückten Stimmung mit der an vergangenen Tagen abnimmt, je weiter diese Tage zurückliegen. Allgemein liefert die Autokorrelationsfunktion ein Bild über den zeitlichen Verlauf der seriellen Abhängigkeit.

2.3 Partialautokorrelation

Die Autokorrelation gibt in unserem Beispiel den Zusammenhang der Stimmung mit der an den Vortagen wieder. Besteht ein Zusammenhang zwischen den Stimmungen am Tag t: z_t und am Tag t-2: z_{t-2}, so bleibt unklar, inwieweit diese Beziehung lediglich über die Stimmung z_{t-1} am dazwischenliegenden Tag t-1 vermittelt wird oder ob es einen direkten Zusammenhang zwischen Tag t und t-2 gibt (vgl. Abb. 3). Wenn nach dem Zusammenhang

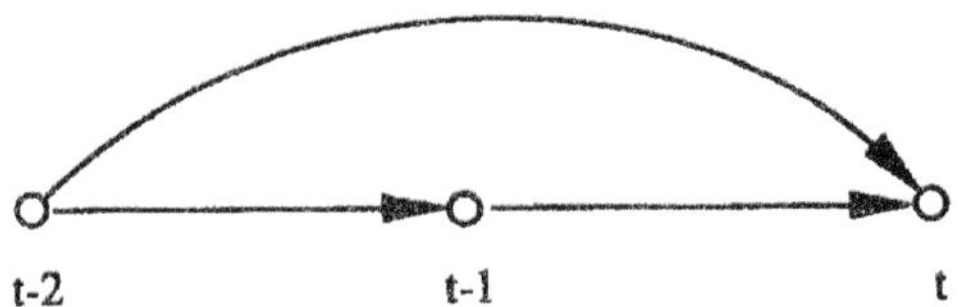

Abbildung 3: Direkte (Pfeil oben) und indirekte Einflüsse (Pfeile unten) des Tags (t-2) auf den Tag (t)

zwischen zwei Variablen gefragt wird, bei dem der Einfluß einer dritten eliminiert beziehungsweise konstant gehalten werden soll, wird in der üblichen Statistik die Partialkorrelation berechnet (vgl. BORTZ 1985, S.554: 13.5)

3. ARIMA-Modelle

In den Anwendungen der Zeitreihenanalyse hat eine Modellklasse besondere Bedeutung erlangt: die ARIMA-Modelle. Neben der großen Flexibilität liegt ein Grund dafür darin, daß diese Modellklasse optimale Prognosen im Hinblick auf bestimmte Kriterien erlaubt. ARIMA steht für **a**uto**r**egressive **i**ntegrierte **M**oving-**A**verage-Modelle.

In dieser Modellklasse werden entsprechend der Bezeichnung drei Modellanteile kombiniert: der autoregressive Teil, der integrierte und der Moving-Average-Teil. Gegenstand dieses Kapitels ist zunächst die Erläuterung der Einzelteile und dann ihre Kombination. Um die Anschaulichkeit zu erhöhen, wird bei der Erläuterung der verschiedenen Modelle empfohlen, diese als unterschiedliche Prozesse der täglichen Stimmungsregulation einer Person zu verstehen. Bevor wir uns den autoregressiven Modellen zuwenden, greifen wir noch einmal den White-Noise-Prozeß auf, der die Basis für die ARIMA-Prozesse darstellt.

3.1 White Noise

White-Noise (siehe Abb. 1) ist als eine Folge unabhängiger Zufallsvariablen a_t beschrieben worden, die üblicherweise auch als identisch normalverteilt angenommen werden:

$$a_t \sim \text{unabhängig } N(0,\sigma^2)$$

Aufgrund der Unabhängigkeit der a_t, ist dieser Prozeß gerade nicht unbedingt charakteristisch für Zeitreihenmodelle. Vielmehr fordern Modelle der Querschnittsanalyse die Annahme der Unabhängigkeit der Meßfehler.
Die Bedeutung des White Noise für die Zeitreihenanalyse liegt jedoch darin, daß es Bestandteil eines jeden Modells ist, und es wird sich zeigen, daß alle hier behandelten ARIMA-Prozesse durch geeignete Filterung von White Noise entstehen können. Aufgrund der Unabhängigkeit ist die Autokorrelation bei White Noise für beliebiges lag = 0 und die Partialautokorrelation ebenso. Da wir noch oft auf diese Auto- und Partialkorrelationen Bezug nehmen werden, wird hier dieser Extremverlauf abgebildet, dessen Charakteristik es ist, daß es keine Auto- und Partialkorrelationen gibt (siehe Abb. 2 und 3).

Die Abbildungen 1 bis 3 zeigen den Prozeß, die Autokorrelationsfunktion und die Partialautokorrelationsfunktion vom „Weißen Rauschen" (White Noise).

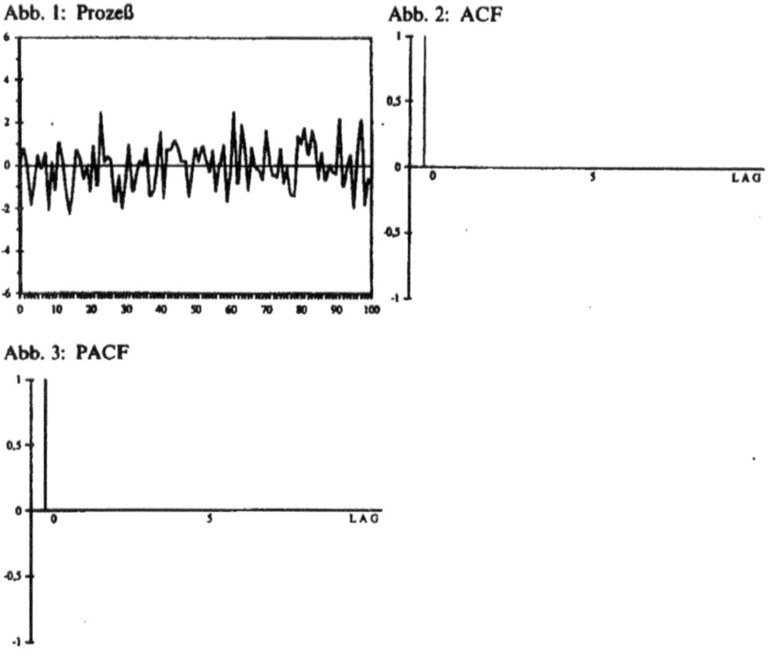

3.2 AR(1)-Prozeß

Der *autoregressive Prozeß erster Ordnung AR(1)* ist durch folgende Gleichung charakterisiert:

$$z_t = \phi_1 z_{t-1} + a_t$$

Der Prozeß[1] z_t läßt sich aus dem Prozeß zu einem Zeitpunkt vorher: z_{t-1} und einem White-Noise-Fehlerterm a_t bestimmen. Die Gleichung ist nichts anderes als eine gewöhnliche Regressionsgleichung, bei der der Prozeß zum früheren Zeitpunkt den Prädiktor darstellt und der Prozeß selbst das Kriterium. Daher rührt der Name *Auto*regression. Die Ordnung des Prozesses wird in diesem Fall als 1 bestimmt, da hier ein Prädiktor z_{t-1} zur Vorhersage verwendet wird. Das Regressionsgewicht ϕ_1 entspricht dem üblichen β.
Betrachten wir wieder das obige Beispiel der Stimmungsregulation. Abbildung 4 zeigt einen AR(1)-Prozeß mit $\phi_1 = .7$.ϕ_1 gibt an, inwieweit sich die Stimmung am Tag t von der Stimmung am Vortag bestimmen läßt. Man kann ϕ_1 auch als Gedächtnis des Systems auffassen. Wenn $\phi_1 = 0$, so hat das System kein Gedächtnis (dies entspricht einem White-Noise-Prozeß). Wenn $\phi_1 = 1$, so bleibt die gesamte Information im System.

[1] Dabei sind z_t Abweichungen vom Mittelwert

Zu unterscheiden sind AR(1)-Prozesse mit $\phi_1 > 0$ von denen mit $\phi_1 < 0$. Während bei Prozessen mit $\phi_1 > 0$ die aktuelle Stimmung z_t durch die mit positivem Gewicht ϕ_1 modifizierte Stimmung am Vortag (und den aktuellen Zufallseinfluß a_t) entsteht, entspricht einem Prozeß mit $\phi_1 < 0$ ein **kompensatorischer** Vorgang. Das Vorzeichen der Stimmung vom Vortag wird umgekehrt. Ein solcher **alternierender** Prozeß ist in Abbildung 7 dargestellt.

Die Abbildungen 4 bis 6 (links) und 7 bis 9 (rechts) zeigen jeweils von oben nach unten einen AR(1)-Prozeß, die dazugehörige Autokorrelationsfunktion und Partialautokorrelationsfunktion, links mit $\phi_1 = 0.7$, rechts mit $\phi_1 = -0.7$

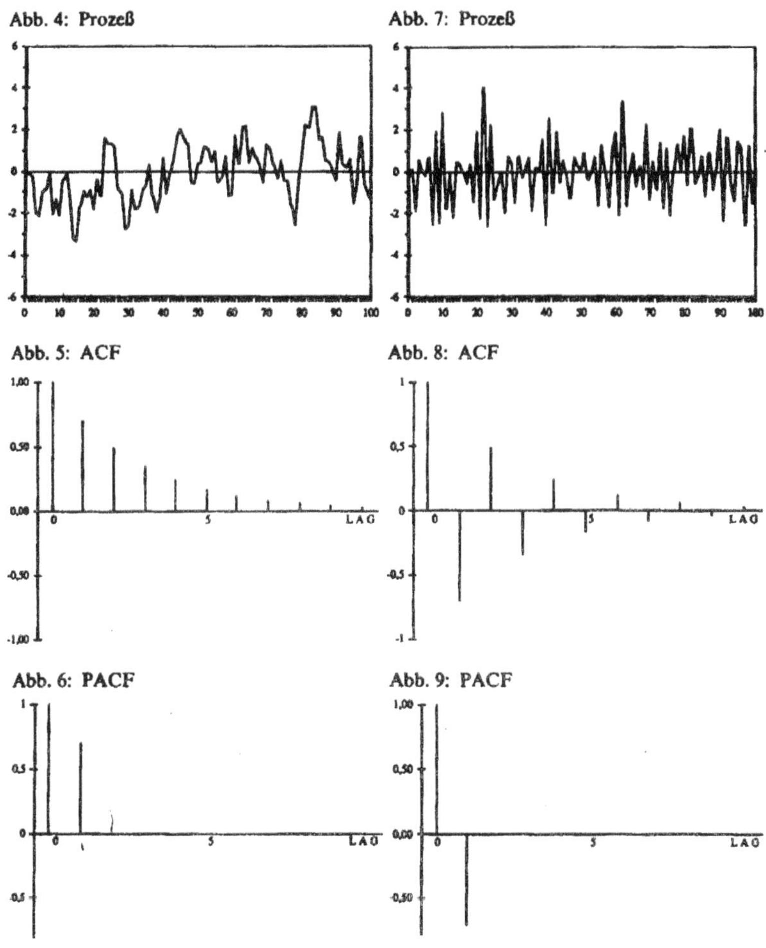

Abb. 4: Prozeß

Abb. 7: Prozeß

Abb. 5: ACF

Abb. 8: ACF

Abb. 6: PACF

Abb. 9: PACF

3.3 Der allgemeine AR(p)-Prozeß

Der allgemeine *AR(p)*-Prozeß ist charakterisiert durch die Gleichung:

$$z_t = \phi_1 z_{t-1} + \phi_2 z_{t-2} + ... + \phi_p z_{t-p} + a_t$$

In dieser multiplen Regressionsgleichung werden zur Vorhersage des Prozesses zum Zeitpunkt t: z_t als Prädiktoren p zurückliegende Zeitpunkte des Prozesses z_{t-1}, z_{t-2}, ..., z_{t-p} verwendet. Das Gedächtnis des Systems verfügt über p Speicherplätze. Zur Gewährleistung der Stationarität gelten auch hier Bedingungen für die Parameter ϕ_1, ..., ϕ_p.

Die Abbildungen zeigen für den allgemeinen AR(p)-Prozeß links die Autokorrelationsfunktion und rechts die Partialautokorrelationsfunktion.

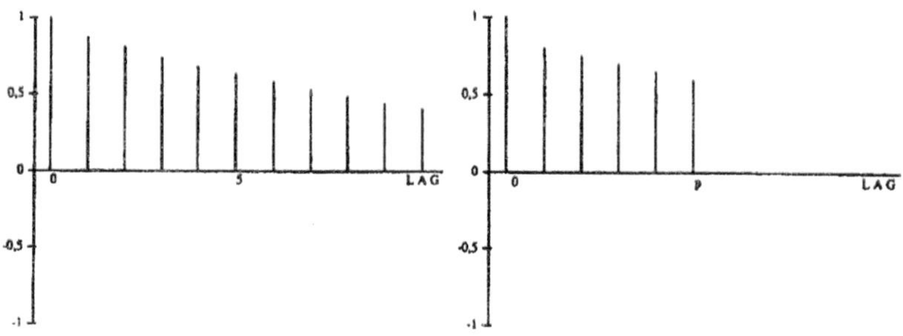

Die Partialautokorrelation bricht genau nach p lags ab; dies ist gerade charakteristisch für einen AR(p)-Prozeß.

3.4 MA(1)-Prozeß

Ein Moving-Average-Prozeß der Ordnung 1: MA(1) wird durch die Gleichung

$$z_t = a_t - \theta_1 a_{t-1}$$

beschrieben. Dabei sind die z_t wiederum Abweichungswerte $z_t = y_t - \mu$. Die Bezeichnung Moving-Average oder Gleitmittelwert entspricht der in Kapitel 1, allerdings in etwas modifizierter Form. Dort ist ein Gleitmittelwert als Mittelwert des gegenwärtigen Zeitpunkts und der benachbarten zurückliegenden und zukünftigen Zeitpunkte definiert, zum Beispiel:

$$g_t = \frac{1}{3} z_{t-1} + \frac{1}{3} z_t + \frac{1}{3} z_{t+1}$$

Faßt man die Mittelwertbildung als Gewichtung auf, so sind in dem Fall alle Gewichte gleich. Die Mittelung wird auf den Prozeß selbst angewandt.

Gegenüber einer solchen Auffassung eines Gleitmittelwerts wird bei der Definition von Moving-Average-Prozessen hier in drei Punkten abgewichen:

1. Die Gewichte werden nicht als gleich gewählt, vielmehr beträgt das Gewicht zum aktuellen Zeitpunkt 1.
2. Es werden keine zukünftigen Werte in den Mittelungsvorgang einbezogen.
3. Die Mittelung geht von den Zufallsschocks a_t und nicht vom Prozeß z_t aus.

Ein Moving-Average-Prozeß ist also eine gewichtete Mittelung der Zufallschocks. Der Ordnungsgrad 1 entspricht der Anzahl der zurückliegenden Schocks, die in die Gleichung einbezogen werden. Das negative Vorzeichen von θ_1 hat nur formale Gründe: Es soll eine Parallelität im Vergleich zur autoregressiven Notation ermöglichen.

3.5 MA(q)-Prozeß

Beim allgemeinen *MA(q)*-Prozeß werden q zurückliegende Zufallschocks in die Prozeßgleichung einbezogen:

$$z_t=a_t-\theta_1 a_{t-1}-\theta_2 a_{t-2}- \dots -\theta_q a_{t-q}$$

Dies entspricht einer Stimmungsregulation, bei der das System über ein Gedächtnis verfügt, das q zurückliegende Zufallseinflüsse speichern kann. Charakteristisch ist wiederum die Autokorrelation, die nach q lags abbricht, während die Partialautokorrelation ein exponentielles (oder sinusförmiges) Abklingen zeigt.

3.6 ARMA (p, q)-Prozeß

Man verwendet ARMA-Prozesse, wenn die Residuen bei AR-Prozessen nicht White Noise sind, sondern noch eine interne Struktur besitzen. Wir betrachten zunächst ein ARMA(1,1)-Modell mit den Komponenten AR(1) und MA(1). Die Residuen des AR(1)-Modells bezeichnen wir in diesem Fall mit e_t:

$$\text{AR(1)}: z_t - \phi_1 z_{t-1} = e_t$$

und diese e_t folgen einem MA(1)-Modell:

$$\text{MA(1)}: e_t = a_t - \theta_1 a_{t-1}$$

Faßt man nun die beiden Ausdrücke zusammen, so erhält man

$$z_t - \phi_1 z_{t-1} = a_t - \theta_1 a_{t-1}$$

beziehungsweise

$$z_t = \phi_1 z_{t-1} + a_t - \theta_1 a_{t-1}$$

und dies ist die Gleichung für den ARMA(1,1)-Prozeß. Das System speichert den letzten Systemzustand und den letzten Zufallsschock.

4. Der Ablauf der Zeitreihenanalyse

4.1 Abfolge der Schritte

Nachdem im vorigen Abschnitt die zugrunde gelegten theoretischen Modelle vorgestellt worden sind, soll in diesem Abschnitt erläutert werden, wie die Verbindung zwischen einer empirischen Zeitreihe und einem stochastischen Prozeß hergestellt werden kann. Genauer: Es ist gezeigt worden, daß die ARIMA-Modelle durch ihre Auto- und Partialautokorrelationsfunktion charakterisiert werden können. Deshalb werden bei einer empirischen Zeitreihe zunächst ebenfalls Auto- und Partialautokorrelationsfunktion berechnet und in ihrem Verlauf mit dem der Modelle verglichen. Stimmt der Verlauf dieser Kennwerte der empirischen Zeitreihe mit dem beim theoretischen Modell überein, so ist die *Identifikation* des ARIMA-Modell**typs** der Zeitreihe gelungen. In einem weiteren Schritt: der Schätzung (englisch: *estimation*) werden dann die Parameter des Modells aus den Stichprobenstatistiken geschätzt. Anschließend wird eine Modellüberprüfung vorgenommen, um festzustellen, ob das Modell angemessen ist. Diese Phase wird Modell-*Diagnose* genannt. Sollte sich bei der Diagnose zeigen, daß das identifizierte Modell nicht angemessen ist, so ist der Ablauf von Identifikation, Schätzung, und Diagnose noch einmal (unter Umständen mehrmals) zu wiederholen.

4.2 Beschreibung anhand eines einfachen Beispiels

Zur Identifikation

Der erste Schritt der Identifikation ist stets die graphische Darstellung der Zeitreihe:

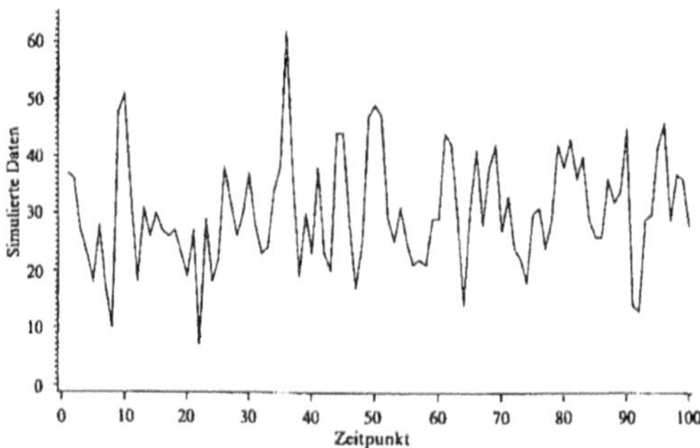

Abbildung 1: Zeitreihe „Simulierte Daten“ (sim)

Abbildung 1 zeigt den Verlauf der Zeitreihe, bei dem keine Besonderheiten, etwa Trends, Ausreißer oder Periodizitäten, festzustellen sind.

Tabelle 1 zeigt den Programmausdruck

```
ACF VAR=sim. LBQ./


AUTOCORRELATIONS
  1- 12      .31 -.12 -.12 -.11 -.03 -.05 -.07  .04  .08  .06 -.10 -.13
  ST.E.      .10  .11  .11  .11  .11  .11  .11  .11  .11  .11  .11  .12
L.-B. Q      10.  12.  13.  14.  15.  15.  15.  16.  16.  17.  18.  20.

PLOT OF AUTOCORRELATIONS
           -1.0 -0.8 -0.6 -0.4 -0.2  0.0  0.2  0.4  0.6  0.8  1.0
LAG   CORR. +----+----+----+----+----+----+----+----+----+----+
                                     I
  1   0.313                     +    IXXXX+XXX
  2  -0.116                     + XXXI    +
  3  -0.118                     + XXXI    +
  4  -0.115                     + XXXI    +
  5  -0.032                    +     XI     +
  6  -0.053                    +     XI     +
  7  -0.067                    +    XXI     +
  8   0.044                    +     IX     +
  9   0.076                    +     IXX    +
 10   0.059                    +     IX     +
 11  -0.104                    +  XXXI      +
 12  -0.135                    +  XXXI      +

PARTIAL AUTOCORRELATIONS
  1- 12      .31 -.24  0.0 -.11  .03 -.11 -.03  .06  .02  .03 -.15 -.02
  ST.E.      .10  .10  .10  .10  .10  .10  .10  .10  .10  .10  .10  .10

PLOT OF PARTIAL AUTOCORRELATIONS
           -1.0 -0.8 -0.6 -0.4 -0.2  0.0  0.2  0.4  0.6  0.8  1.0
LAG   CORR. +----+----+----+----+----+----+----+----+----+----+
                                     I
  1   0.313                     +    IXXXX+XXX
  2  -0.238                    X+XXXXI    +
  3   0.002                     +    I    +
  4  -0.115                     + XXXI    +
  5   0.027                     +    IX   +
  6  -0.105                     + XXXI    +
  7  -0.031                     +   XI    +
  8   0.056                     +    IX   +
  9   0.015                     +    I    +
 10   0.031                     +    IX   +
 11  -0.153                     +XXXXI    +
 12  -0.021                     +   XI    +
```

Tabelle 1: Ergebnisse Auto- und Partialautokorrelationen bei der Reihe „sim"

Eine Autokorrelation oder Partialautokorrelation ist dann signifikant, wenn sie dem Betrage nach größer als der zweifache Standardfehler (S.E.) ist, der unter jeder Statistik ausgedruckt wird. Dabei ist zu beachten, daß unter 20 lags bei einer 5%-Irrtumswahrscheinlichkeit ein zufallsbedingter signifikanter Wert zu erwarten ist. Deshalb wird häufig einem einzelnen signifikanten Wert, wenn er bei höheren lags auftaucht, keine Beachtung geschenkt. Die Autokorrelation zum lag 1 ist mit .31 größer als 2* .10 und daher signifikant. (Der Ljung-Box-Q-Wert zum lag 6 beträgt 15. Er ist mit 6 Freiheitsgraden Chi-quadrat-verteilt. Ein Vergleich mit einer Chi-Quadrat-Tabelle = 12.59 zeigt die Signifikanz dieses Portmanteau-Tests, das heißt, die Zeitreihe weist eine serielle Abhängigkeit auf.) Die Autokorrelationsfunktion weist nur zum lag 1 einen signifikanten Wert auf und bricht dann ab, die Partialautokorrelation alterniert für die ersten beiden lags, so daß diese Verläufe einen MA(1)-Prozeß erkennen lassen.

Anschließend werden Auto- und Partialautokorrelation der Residuen berechnet. Die Ergebnisse liefert Tabelle 2.

```
ESTIMATION BY BACKCASTING METHOD

PARAMETER VARIABLE   TYPE  FACTOR  ORDER ESTIMATE        ST. ERR.  T-RATIO
      1 sim          MA      1       1    -0.4466        0.0902     -4.95
      2 sim          MEAN    1       0     30.31         1.3060     23.21

RESIDUAL SUM OF SQUARES  =      8040.304688
DEGREES OF FREEDOM       =               98
RESIDUAL MEAN SQUARE     =        82.043922
( BACKCASTS EXCLUDED )

ACF VAR=rsim. LBQ./

AUTOCORRELATIONS
  1- 12     -.04 -.08 -.05 -.10  .01 -.03 -.08  .06  .02  .09 -.11 -.08
   ST.E.     .10  .10  .10  .10  .10  .10  .10  .10  .10  .10  .10  .11
L.-B. Q      .10  .80  1.1  2.1  2.1  2.2  2.9  3.4  3.4  4.4  5.7  6.5

PLOT OF AUTOCORRELATIONS
           -1.0 -0.8 -0.6 -0.4 -0.2  0.0  0.2  0.4  0.6  0.8  1.0
LAG   CORR. +----+----+----+----+----+----+----+----+----+----+
                                     I
  1  -0.037                     +   XI   +
  2  -0.082                     +  XXI   +
  3  -0.048                     +   XI   +
  4  -0.098                     +  XXI   +
  5   0.014                     +    I   +
  6  -0.029                     +   XI   +
  7  -0.078                     +  XXI   +
  8   0.065                     +    IXX +
  9   0.016                     +    I   +
 10   0.093                     +    IXX +
 11  -0.107                     + XXXI   +
 12  -0.083                     +  XXI   +

PACF VAR=rsim./

PARTIAL AUTOCORRELATIONS
  1- 12     -.04 -.08 -.05 -.11  0.0 -.05 -.09  .04  0.0  .09 -.11 -.07
   ST.E.     .10  .10  .10  .10  .10  .10  .10  .10  .10  .10  .10  .10

PLOT OF PARTIAL AUTOCORRELATIONS
           -1.0 -0.8 -0.6 -0.4 -0.2  0.0  0.2  0.4  0.6  0.8  1.0
LAG   CORR. +----+----+----+----+----+----+----+----+----+----+
                                     I
  1  -0.037                     +   XI   +
  2  -0.084                     +  XXI   +
  3  -0.055                     +   XI   +
  4  -0.111                     + XXXI   +
  5  -0.004                     +    I   +
  6  -0.051                     +   XI   +
  7  -0.094                     +  XXI   +
  8   0.039                     +    IX  +
  9   0.002                     +    I   +
 10   0.089                     +    IXX +
 11  -0.111                     + XXXI   +
 12  -0.067                     +  XXI   +
```

Tabelle 2: Ergebnisse: Modellschätzung (MA(1)), Auto- und Partialautokorrelationen der Residuen bei der Reihe „sim“

Der MA(1)-Parameter = -.45 ist mit t = -4.95, ebenso wie der Mittelwert 30.31 mit t = 23.21, als signifikant zu beurteilen. (Die t-Statistik wird mit dem kritischen Wert t_{crit} = 2 verglichen. Dies entspricht einem zweiseitigen Signifikanztest.) Die Überprüfung der Residuen auf White Noise ergibt, daß weder eine der Auto- noch eine der Partialautokorrelationen der Residuen signifikant ist. Die Statistik des Ljung-Box-Q-Tests zum lag 6 beträgt Q = 2.2 und übertrifft nicht den kritischen Chi-Quadrat-Wert aus einer Tabelle mit k - p = 6 - 2 = 4 Freiheitsgraden = 9.49: Auch hier zeigen sich keine Abweichungen vom White Noise, so daß das MA(1)-Modell akzeptiert werden kann.

Bisher sind lediglich univariate Zeitreihen beschrieben und analysiert worden. Für psychologische Fragestellungen stehen solche univariate Analysen jedoch nur in seltenen Fällen im Mittelpunkt des Interesses. Von viel größerer Bedeutung ist die Frage nach dem Einfluß von Interventionen, zum Beispiel nach dem Effekt einer Therapie auf die Befindlichkeit eines Klienten oder nach dem Einfluß einer Fernsehsendung auf die Selbstmordrate von Jugendlichen. Im folgenden Kapitel wird deshalb die Interventionsanalyse mit Hilfe von Transferfunktionen beschrieben.

5. Interventionsanalyse mit Transferfunktionen

5.1 Einführung

Um Mißverständnisse zu vermeiden, ist eine terminologische Abgrenzung erforderlich: Von der Wortbedeutung her hätte man für dieses Kapitel auch die Überschrift *Transferfunktionsanalyse* wählen können. Dieser Begriff wird in der Literatur jedoch meist bei der Untersuchung des Einflusses einer **kontinuierlichen** Variablen verwendet, während die *Interventionsanalyse* sich nur auf die Überprüfung der Wirkung von **diskreten** Variablen bezieht. Die Transferfunktionsanalyse wird in diesem Buch nicht weiter behandelt, da die wichtigen Anwendungsfälle als Spezialfälle der multivariaten Analyse aufgefaßt werden können.
Um die Fragestellungen der Interventionsanalyse zu verdeutlichen, wenden wir uns zunächst einem Anwendungsbeispiel zu.

In einer Untersuchung zur Überprüfung des Einflusses einer kognitiven Therapie auf die Befindlichkeit depressiver Personen führen die Klienten ein Tagebuch, in dem sie auch die tägliche Stimmung registrieren (vgl. Hautzinger et al. 1987). Dabei folgt einer kurzen reinen Registrierungsphase (Baseline) die Therapie (Intervention). Dies entspricht einem einfachen A-B-Design. Abbildung 1 zeigt den Verlauf für einen Klienten: Eine deutliche Abnahme (hohe Werte kennzeichnen schlechte Stimmung) ist in der Interventionsphase zu beobachten, allerdings erst im zweiten Teil. Auf die statistische Prüfung gehen wir später ein.

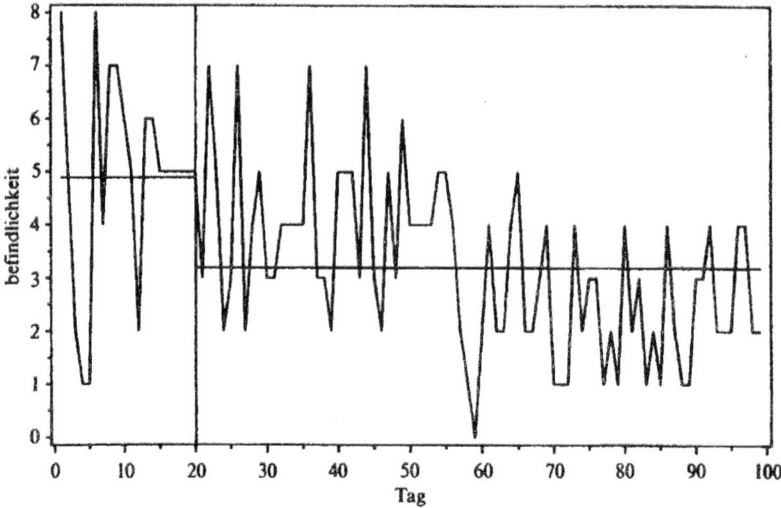

Abbildung 1: Zeitreihe: Verlauf der Befindlichkeit einer Person vor und während einer kognitiven Therapie (befindlichkeit)

Nach diesem Beispiel für Interventionsanalysen wenden wir uns nun der systemtheoretischen Konzeption zu, auf der die hier vorgestellte Form der Interventionsanalyse beruht. Das Besondere an dieser Art der Effektprüfung ist, daß nicht nur festgestellt werden soll, **ob** eine Intervention überhaupt eine Wirkung hat, sondern auch, **wie** der zeitliche Verlauf dieser Einflußnahme ist.

Die systemtheoretische Konzeption

In den Verhaltenswissenschaften fassen Systemtheoretiker ein *System* als **Modell** für ein einheitliches Gebilde auf, wie es etwa ein Organismus darstellt. Der Systembegriff ist aber sehr generell und wird in einigen Zusammenhängen auch auf Staaten, Organisationen und Gruppen angewendet. Das System wird dabei zunächst als Einheit betrachtet, in dessen Inneres man keinen Einblick hat. Man verwendet als symbolische Darstellung die *black box*. Um auf die Wirkungsweise eines Systems dennoch Rückschlüsse ziehen zu können, werden auf das System einwirkende Reize und die entsprechenden Reaktionen des Systems gemessen. Die Reize, auf die das System treffen, werden als *Input* und die Reaktionsweisen des Systems als *Output* bezeichnet. Eine schematische Darstellung eines Systems zeigt Abbildung 2:

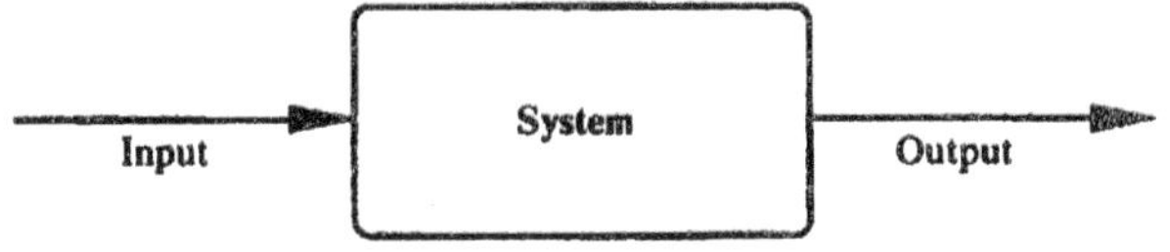

Abbildung 2: System mit Input und Output

Folgende Merkmale von Systemeinwirkungen können unterschieden werden:
1. diskreter versus kontinuierlicher Input,
2. manipulierter versus beobachteter Input und
3. Vorliegen versus Nicht-Vorliegen einer Hypothese über Interventionswirkung.

Die Interventionsanalyse hat die stärkste Aussagekraft, wenn der Input vom Versuchsleiter willkürlich manipuliert werden kann und eine Hypothese über die Form der Wirkung vorliegt. Die im folgenden betrachteten Inputarten können alle als diskrete Variablen dargestellt werden. Prinzipiell können alle anderen Kominationen der Inputmerkmale ebenfalls mit der hier vorgestellten Methodik untersucht werden. Jedoch ergeben sich praktische Probleme, wenn keine Hypothese über die Wirkungsform vorliegt, und die Schlußfolgerungen, die ein solcher Versuchsplan zuläßt, sind sehr eingeschränkt. Bei beobachtetem Input, zum Beispiel, wenn der unterschiedliche Einfluß der Sommer- und Wintermonate auf die Befindlichkeit untersucht wird, sind Gefährdungen der Validität durch nicht kontrollierte Einflüsse zu befürchten.

In Abschnitt 5.2 werden als Interventionen einfache Inputformen betrachtet, die unter der Kontrolle des Versuchsleiters stehen und die sich als diskrete Variablen darstellen lassen.

5.2 Interventionen, dargestellt als Inputvariablen

Wenn vom Vl bestimmt werden kann, welche Art von Input auf das System untersucht werden sollen, ist es zunächst sinnvoll, Einflüsse zu betrachten, die eine einfache Form haben. In der Systemtheorie haben vor allem zwei Inputarten eine besondere Bedeutung:
1. einmalige punktuelle Einflüsse und
2. andauernde Einflüsse.

Bei dem obigen Beispiel wird der Einfluß einer einzelnen Therapiesitzung als punktuelle Intervention betrachtet, während die Einführung einer Therapie insgesamt als Treatmentbedingung eine andauernde Intervention darstellt.

Abbildung 3 zeigt die graphische Darstellung einer solchen einmaligen Einflußvariablen. In der Physik und der Elektrotechnik werden solche Variablen als *Puls* bezeichnet. Der in der Zeichunung abgebildete Puls wird zum Zeitpunkt t gesetzt. In Abbildung 4 wird ein andauernder Einfluß, den man in der Physik als *Stufe* bezeichnet, vom Zeitpunkt t an dargestellt. Der optische Eindruck bei dieser Darstellungsform wird stark durch die Art der Verbindung der Punkte und den Abstand der Meßzeitpunkte bestimmt. Bei kontinuierlicher Zeit haben Puls und Stufe eine Gestalt, die jeweils durch die gestrichelte Linie veranschaulicht wird. Aus den beiden Zeichungen wird ein einfacher Bezug zwischen beiden Variablen deutlich: Man kann sich eine Stufe als Folge direkt aufeinander folgender Pulseinwirkungen vorstellen. Da man Puls und Stufe dazu verwendet, die Wirkungsweise eines Systems zu testen, findet man diese Inputformen in der Literatur auch als einfache *Testfunktionen* oder *Standardsignale*.

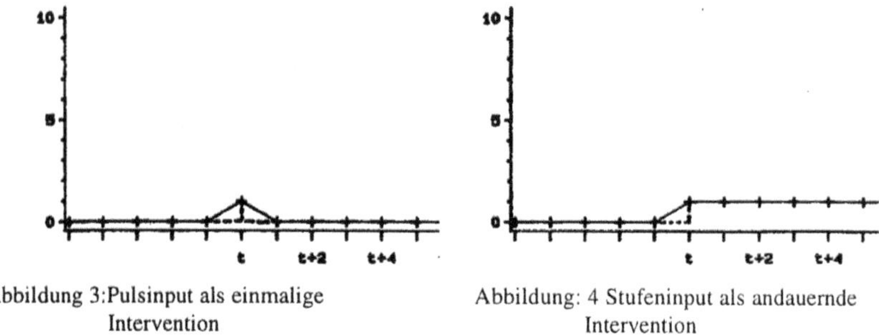

Abbildung 3:Pulsinput als einmalige Intervention

Abbildung: 4 Stufeninput als andauernde Intervention

Wir wenden uns nun der Frage zu, wie wir mit Hilfe dieser Standardsignale die Funktionsweise von Systemen beschreiben können. Dazu betrachten wir im folgenden eine Reihe von einfachen Systemen, deren Arbeitsweise bekannt ist, und untersuchen, wie sie auf die Testfunktionen reagieren, die Interventionen symbolisieren.

5.3 Systeme mit verschiedener Wirkungsweise und ihre Transferfunktion

Bei der univariaten Analyse haben wir die ARIMA-Prozesse als Modelle für empirische Zeitreihen kennengelernt (vgl. Kap. 3). Entsprechend werden hier Systeme als **Modelle** für empirische Interventionswirkungen betrachtet. Dabei wird die Art, wie ein System einen Input in den Output **überführt**, mit Hilfe einer mathematischen Funktion modelliert, die entsprechend als *Transferfunktion* bezeichnet wird. Man verwendet dafür das abkürzende Symbol T. Im folgenden werden wir einige wichtige Systeme anhand ihrer Transferfunktion diskutieren.
Einteilungsgesichtspunkte für Systeme und damit Wirkungsformen von Interventionen sind

- der Zeitpunkt des Beginns der Reaktion; wir unterscheiden *sofortige* oder *verzögerte* Reaktionen;

- die Art des Einsetzens der Reaktion; die Reaktion setzt *abrupt* oder *graduell* ein;
- das Andauern der Reaktion; ist sie *kurzfristig* oder *permanent*;
- die Zusammensetzung der Reaktion; es gibt *einfache* oder *zusammengesetzte* Reaktionen, wie zum Beispiel Haupt- und Nebenwirkung;
- die Art des Prozeßparameters, der beeinflußt wird: *Niveau*, *Trend* oder *Variabilität*.

Wir beginnen mit dem einfachsten und für empirische Untersuchungen wichtigsten System.

System 1: Das „Proportionalsystem"

y_t^* bgibt die Reaktion des Systems auf den Input ohne Störeinflüsse, y_t die Reaktion mit Einschluß von Störgrößen, vgl. Abschnitt 5.4.

Das Proportionalsystem multipliziert jeden Input mit einer Konstanten ω_0:

$$y_t^* = T\, x_t = \omega_0\, x_t$$

Abbildung 5a-c zeigt, wie dieses System auf einen Puls, eine Stufe und eine Rampe reagiert: Die Reaktion setzt sofort abrupt ein, das Andauern entspricht dem Input, ist also beim Puls temporär und bei der Stufe permanent. Bei Puls und Stufe bezieht sich die Wirkung auf das Niveau des Prozesses. Bei der Rampe gibt ` den Trend an, das heißt den konstanten Betrag, um den das Prozeßniveau zu- oder abnimmt. Eine zusammengesetzte Reaktion liegt nicht vor. Die besondere Bedeutung dieses Systems liegt darin, daß keine dynamischen Effekte vorliegen und somit für diesen Fall die Transferfunktionsanalyse einer statischen Interventionsprüfung in einem gewöhnlichen Regressionsansatz entspricht. Dies wird an einer späteren Stelle noch erläutert. Für das Beispiel der Überprüfung der Wirksamkeit einer Therapie, die durch eine Stufe symbolisiert werden kann, modelliert diese Transferfunktion den Fall, daß die Therapie von der ersten Sitzung an einen Effekt zeigt, dessen Ausmaß - das im Zeitverlauf nicht variiert - nicht bekannt ist (= Faktor ω_0) und bis zum Ende bestehen bleibt.

Abb. 5a: Pulsinput (ω_0=5)

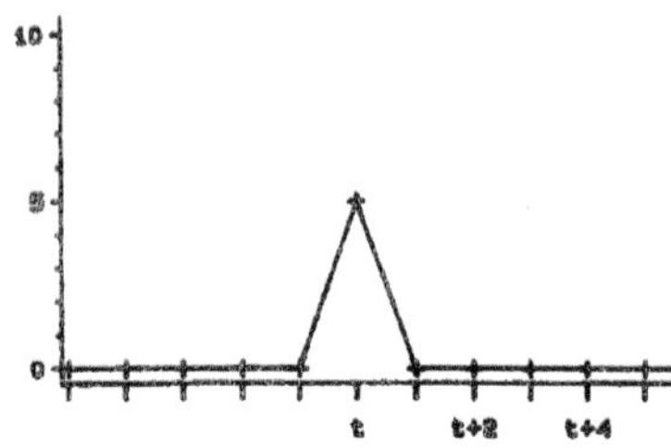

Abb. 5b: Stufeninput (ω_0=5)

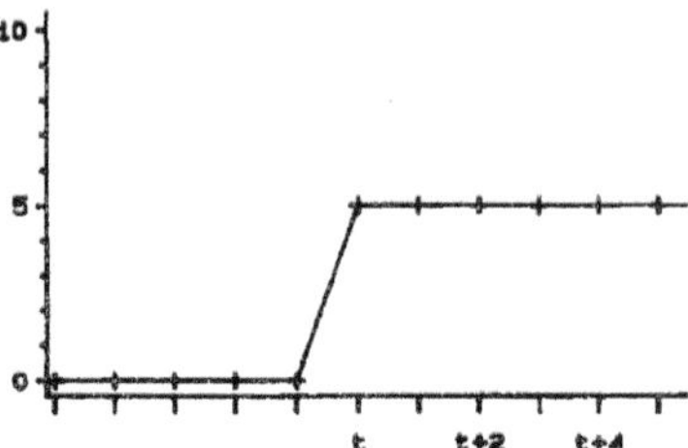

Abb. 5c: Rampeninput (ω_0=.6)

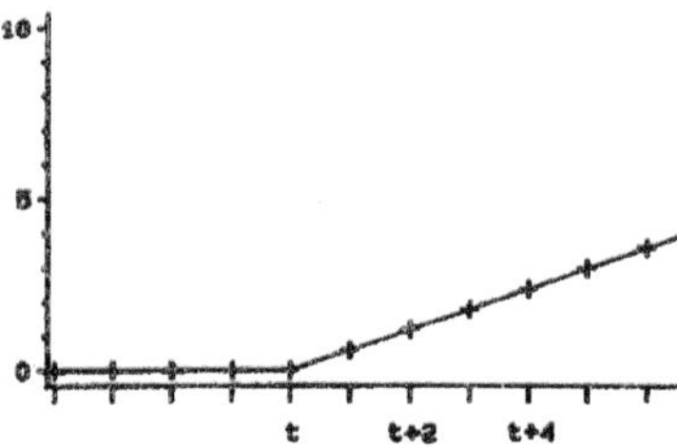

Abbildung 5: Reaktionen des Proportionalsystems (System 1) auf einen Puls-, Stufen- und Rampeninput

Die verzögerte Reaktion des Systems entspricht der Reaktionsweise des ersten, jedoch erfolgt die Reaktion erst nach einer Pause von b Zeiteinheiten.

*System 2 (bei einem **Pulsinput**): Allmähliches Nachlassen der Reaktion*

Die aktuelle Reaktion setzt sich aus einem Bruchteil δ_1 der vorigen Reaktion und aus dem mit ω_0 gewichteten Teil des Inputs zusammen:

$$y_t^* = \delta_1 \, y_{t-1}^* + \omega_0 \, x_t$$

Da bei einem Puls nur zu einem einzigen Zeitpunkt Information auf das System einwirkt, spielt der Teil $\omega_0 \, x_t$ nur zu einem Zeitpunkt eine Rolle. Ansonsten reduziert sich die Transferfunktion auf

$$y_t^* = \delta_1 \, y_{t-1}^*$$

Daran wird deutlich, daß für $|\delta_1|<1$ die aktuelle Reaktion immer einen Bruchteil der vorigen ausmacht und somit die Reaktionen abnehmen.

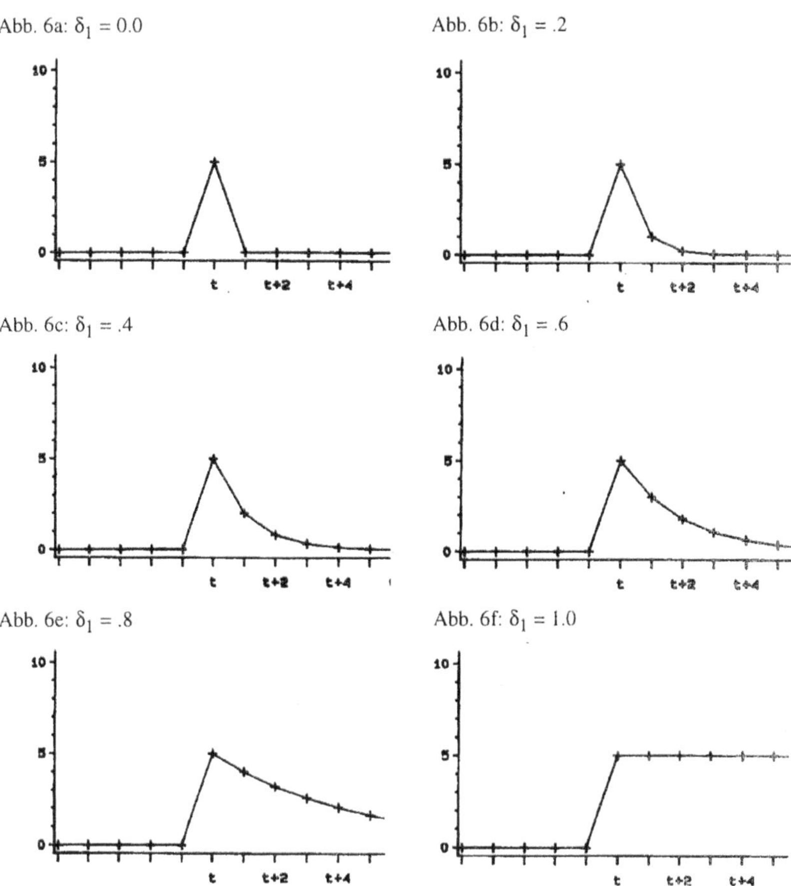

Abbildung 6: System 3: Allmähliches Nachlassen der Reaktion auf einen Pulsinput, für verschiedene δ_1, $\omega_0 = 5$

Abbildung 6c gibt den Verlauf der Reaktionsweise des Systems für $\omega_0 = 5$ wieder. Das System reagiert auf den Puls in vollem Umfang (t = 0). Obwohl für t > 0 kein Input mehr einwirkt, führt das Gedächtnis dazu, daß das System entsprechend δ_1 noch weiter reagiert, jedoch werden die Reaktionen für größere t immer geringer und nähern sich schließlich 0. Abbildung 6a-f zeigt den Verlauf der Reaktionsweise des Systems für $\omega_0 = 5$ für verschiedene δ_1. Grenzfälle ergeben sich für $\delta_1 = 0$ und $\delta_1 = 1$. Der Parameterwert $\delta_1 = 0$ entspricht einem System ohne Gedächtnis; nur zu dem Zeitpunkt, an dem ein Input erfolgt, wird reagiert. Alle anderen δ_1-Parameter entsprechen Systemen mit Nachreaktion. Je größer δ_1, desto stärker ist das Ausmaß der Reaktion und desto länger dauert die Reaktion an.

*System 2 (bei einem **Stufeninput**): Allmählicher Anstieg der Reaktion*

Auffallend bei dem hier betrachteten System ist, daß bei gleicher Wirkungsweise - also gleicher Transferfunktion - je nach Input andere Wirkungsverläufe entstehen. Der allmähliche Anstieg der Reaktion kommt dadurch zustande, daß das System zusätzlich zum anhaltenden Input einen Teil der vorhergehenden Reaktion hinzufügt. Wie beim Pulsinput betrachten wir das Zahlenbeispiel mit den Parametern $\delta_1 = 4$ und $\omega_0 = 5$.

Abbildung 7c gibt die Reaktionsweise des Systems für $\omega_0 = 5$ als Verlauf wieder. Das System reagiert auf das Einsetzen der Stufe mit dem ω_0 entsprechend. Bei jedem folgenden Zeitpunkt wird der δ_1(= .4)-Anteil der letzten Reaktion dem Anteil ω_0(5) des neuen Input (= 1) hinzuaddiert, so daß die Reaktionen im Zeitverlauf zunehmen, jedoch immer langsamer. Sie nähern sich für große t einem neuen Gleichgewichtszustand.

Abbildung 7a-f zeigt den Verlauf der Systemreaktion bei einer Stufe für verschiedene δ_1. Der Sonderfall $\delta_1 = 0$ entspricht einem System ohne Gedächtnis. Folglich wird der Input ohne Modifikationen reproduziert. Je größer δ_1, desto größer ist der Anteil, der im Gedächtnis gespeichert wird, und desto langsamer erfolgt die Annäherung auf das neue Niveau. Entsprechend höher ist auch das Niveau des neuen Gleichgewichts. Auch hier ist die Stabilitätsgrenze mit $|\delta_1|<1$ zu beachten. $\delta_1 = 1$ stellt einen weiteren Grenzfall dar. Die Reaktionen nehmen gleichmäßig zu, die Punkte liegen auf einer Geraden (Abbildung 7). Das System pendelt sich nicht bei einem neuen Gleichgewicht ein, sondern nimmt für große t beliebig große Werte an. Bei diesem System erzeugt die Intervention einen Trend.

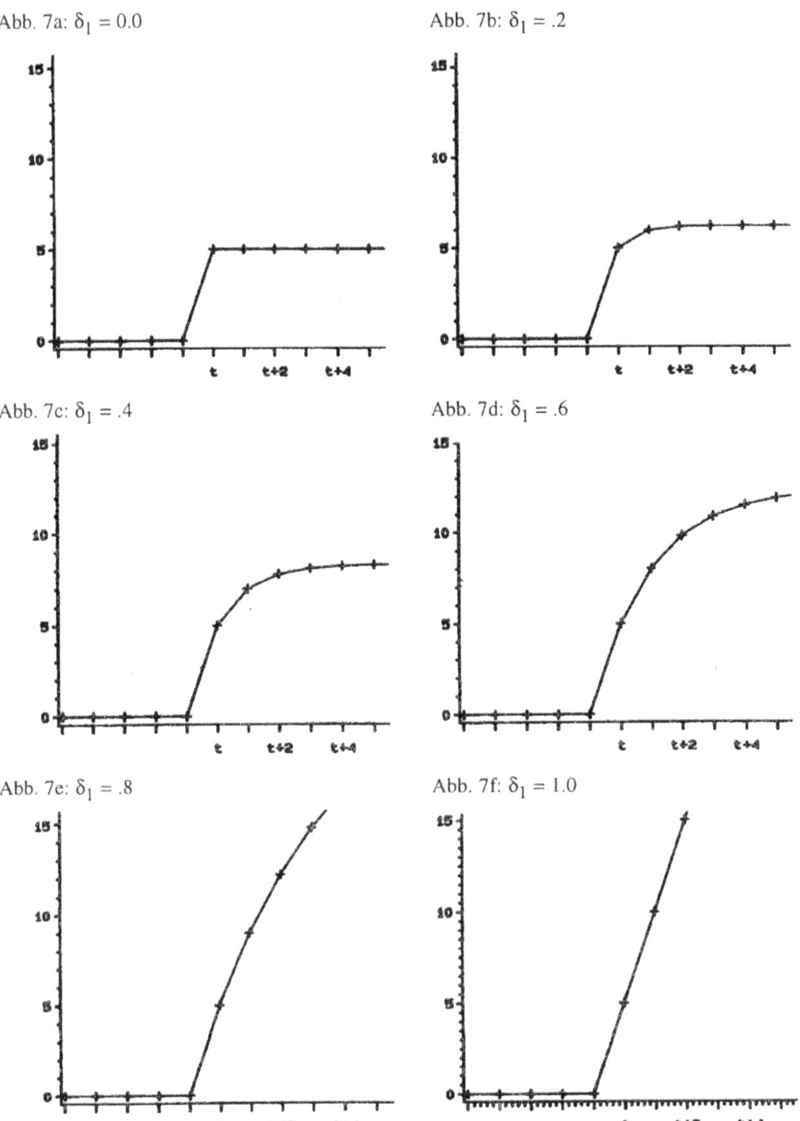

Abbildung 7: System 3: Allmählicher Anstieg der Reaktion auf einen Stufeninput, für verschiedene δ_1, $\omega_0 = 5$

5.4 Die Noise-Komponente

Bisher wurden die beiden Inputarten eingeführt, und die Wirkungsweise eines Systems wurde mit Hilfe der Transferfunktion charakterisiert. Es wurde gezeigt, wie ein System einen Input in einen Output überführt. Dabei wurde jedoch unterstellt, daß der gesamte Input auf das System unter der Kontrolle des Vl steht. Dies ist jedoch unrealistisch. Vielmehr wirken bei natürlichen Systemen stets noch andere Einflüsse mit. Diese werden allgemein als „noise“ oder Rauschen charakterisiert, die Schreibweise für Noise ist N_t. Von daher muß die System-Outputgleichung:

$$y_t^* = T\,x_t$$

um diese Störkomponente erweitert werden zu:

$$\begin{aligned} y_t &= y_t^* + N_t \\ &= T\,x_t + N_t \end{aligned}$$

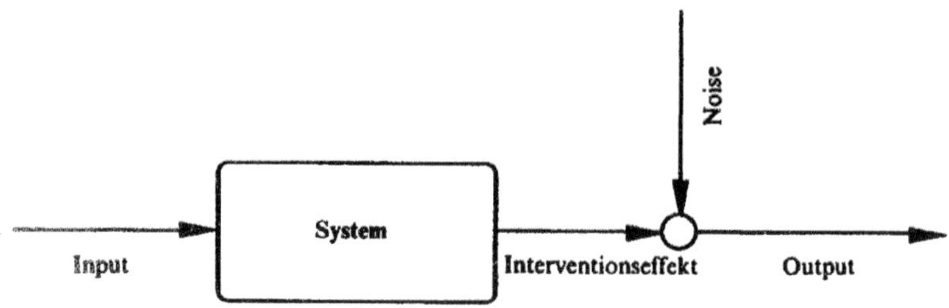

Abbildung 8: Komponenten des Transferfunktionsmodells

Abbildung 8 zeigt eine schematische Darstellung der beteiligten Komponenten. Der Noise-Teil berechnet sich durch einfache Subtraktion aus der Outputreihe und dem Transferteil:

$$N_t = y_t - T\,x_t$$

Diese Reihe wird auch als Residualreihe bezeichnet. Im Unterschied zum einfachen ARIMA-Modell ist die Residualreihe hier jedoch normalerweise noch kein White Noise, sondern das ARIMA-Modell der Residualreihe ist durch die übliche Identifikationsmethode erst noch zu bestimmen. Welche Schritte beim Ablauf der Transferfunktionsanalyse durchzuführen sind, wird im folgenden Abschnitt genauer beschrieben.

5.5 Der Ablauf der Transferfunktionsanalyse

In den vorherigen Abschnitten ist das Transferfunktions**modell** mit seinen Bestandteilen eingeführt worden. Jetzt wird erläutert, wie bei einer **empirischen**

Zeitreihe eine Interventionsprüfung erfolgen kann:
1. Die Form des Inputs (Puls oder Stufe oder Kombination) ist durch den Versuchsplan bestimmt.
2. Hypothesen über die Wirkungsweise des Systems liegen in Gestalt der Form der Transferfunktion vor. Damit ist gemeint, daß die Hypothese eins der Systeme auswählt und damit eine Transferfunktion. Unbekannt sind die Parameter der Transferfunktion.
Ziel der Analysen ist es, die Transferfunktionsparameter, die Art und Ausmaß der Interventionswirkung anzugeben, zu schätzen. Dabei ist es notwendig, das Noise-Modell zu bestimmen.
3. Die Bestimmung des Noise-Modells kann auf zwei Arten erfolgen:
- In der Literatur wird häufig empfohlen, das Noise-Modell anhand der Preinterventionsphase zu bestimmen. Dies ist möglich, wenn diese lang genug ist (vgl. McCLEARY/HAY 1980 oder MÖBUS/NAGL 1983).
Manchmal kann es auch sinnvoll sein, die Postinterventionsphase oder den Teil davon zu verwenden, der keine zunehmenden oder abnehmenden Reaktionen enthält. Die Bestimmung des Noise-Modells auf diese Weise verlangt zunächst die Identifikation eines ARIMA-Modells für diese Phase mit anschließender Schätzung, wie es in Kapitel 4 ausführlich beschrieben worden ist.
- Als alternative Vorgehensweise wird zunächst ein Modell geschätzt, das nur Transferfunktionsparameter, aber kein Noise-Modell enthält. Dies entspricht dem Vorschlag von REVENSTORF und KEESER (1979). Die Noise-Komponente ergibt sich dann als Residualreihe dieser vorläufigen Schätzung, so daß die Identifikation anhand der Residuen in gleicher Weise wie bei den univariaten ARIMA-Modellen erfolgt, daß heißt, die Ordnungsgrade der Noise-Modellkomponenten werden bestimmt.
4. Wenn die Form des Noise-Modells ermittelt worden ist, können die Parameter der Transferfunktion zusammen mit denen des Noise-Modells geschätzt werden.
5. Das so bestimmte Modell wird diagnostiziert, das heißt, es wird bestimmt, ob alle Parameter im Modell notwendig und ob die Residuen jetzt White Noise sind. Gegebenfalls müssen einige Schritte dieses Ablaufs wiederholt werden. Als Resultat erhält man schließlich die Transferfunktionskoeffizieten, die die Grundlage für die Interpretation der Interventionswirkungen bilden.

Ausblick

Wir haben in diesem Beitrag deskriptive Verfahren der Zeitreihenanalyse kennengelernt, weiterhin ausgewählte univariate ARIMA-Modelle und schließlich Grundzüge der Interventionsanalyse. Die Darstellung soll lediglich einen ersten Eindruck in die Konzeption und Leistungsfähigkeit der Verfahren liefern. Eine ausführlichere Darstellung findet sich bei Schmitz (1989). Ein interessantes Verfahren zur Aufteilung eines Prozesses in Phasen findet sich in Schmitz (1987, Kap. 6). Für die Anwendungen der Zeitreihenanalyse bleibt zu hoffen, daß diese Verfahren zum Standardrepertoire der empirischen Sozialforschnung werden.

Literatur

Allport, G. W. 1962. The general and the unique in psychological science. Journal of Personality, 30, 405-422.

Bortz, J. 1985. Lehrbuch der Statistik. Berlin: Springer.

Brauns, H.-P. & Schmitz, B. 1987. On some possibilities of quantitative historiography in psychology by means of time series analysis. 6. CHEIRON-Conference. Brighton, UK: University of Sussex.

Bromme, R. & Werner, T. 1987. Zum Zusammenhang von Sprechgeschwindigkeit und Sprechfehlern mit der Aufgabenschwierigkeit beim lauten Denken. Zeitschrift für experimentelle und angewandte Psychologie, 34, 1-16

Cook, T. D. & Campbell, D. T. 1979. Quasi-Experimentation - Design & Analysis issues for field settings. Boston: Houghton Mifflin Company

Hautzinger, M. Baumgartner, P., Nesshöver, W. & Schmitz, B. 1987. Zeitreihen kognitiver Verhaltenstherapie bei depressiven Patienten. Zeitschrift für Klinische Psychologie, 16, 256-263.

Heckhausen, H, Schmalt, H-D. & Schneider, K. 1985. Achievement motivation in perspective. Orlando, FL: Academic Press.

Huber, H. P. 1984. Entwicklungstendenzen in der Einzelfallstatistik: Eine Standortbestimmung. Psychologische Beiträge, 26, 348-362.

Jüttemann, G. 1982. Komparative Kasuistik als klinischpsychologische Praxiskontrolle. In: Bommert, H. & Petermann, F. (Eds.) Diagnostik und Praxiskontrolle in der klinischen Psychologie. München: Steinbauer & Rau.

Kenrick, D. T. & Braver, S. L. 1982. Personality: Idiographic and nomothetic! A rejoinder. Psychological Review, 89, 182-186.

Kohlberg, L. 1963. The development of childrens orientation toward a moral order: I. Sequence in the development of moral thought. Vita Humana, 6, 11-13.

McClearly, R. & Hay, A. R. 1980. Applied time series analysing. Beverly Hills: Sage Publications.

MEIER, F. (Ed.) 1988. Prozeßforschung in den Sozialwissenschaften. Suttgart: Fischer.

Mittenecker, E. 1984. Die Wiederentdeckung der deutschsprachigen experimentellen Psychologie nach dem Krieg. In: PAWLIK, K. (Ed.) Fortschritt der Experimentalpsychologie. Hamburger Mittagsvorlesungen. Berlin: Springer.

Mobus, C. & Nagl, W. 1983. Messung, Analyse und Prognose von Veränderungen. In: Bredenkamp, J. & Feger, H. (Eds.) Enzyklopädie der Psychologie: Ordnen und Prüfen. Göttingen: Hogrefe.
Pawlik, K. 1976. Diagnose der Diagnostik. Stuttgan: Klett.
Piaget, J. 1948. Psychologie der Intelligenz. Zürich: Rascher
Revensdorf, D. & Keeser, W. 1979. Zeitreihenanalyse von Therapieverläufen - Ein Überblick. In: Petermann, F. & Hehl, F.-J. Einzelfallanalyse. München: Urban & Schwarzenberg.
Rudinger; G. 1985. Prozeß-Analysen. In: Herrmann, Th. & Lanteramnn, E.-D. (Eds.) Persönlichkeitspsychologie. München: Urban & Schwarzenberg.
Schlittgen, R. & Streitberg, B. H. J. 1984. Zeitreihenanalyse. München. München: Oldenbourg.
Schmitz, B. & Brauns, H.-P. 1987. Zur Verarbeitung von Prozessen, die mit ARIMA-Modellen simuliert werden. Zeitschrift für experimentelle und angewandte Psychologie, 34, 431-452.
Schmitz, B. 1987. Zeitreihenanalyse in der Psychologie. Weinheim: Beltz.
Schmitz, B. 1989. Einführung in die Zeitreihenanalyse. Modelle, Softwarebeschreibung, Anwendung. Bern: Huber.
Schütze, F. (1994): Das Paradoxe in Felix' Leben als Ausdruck eines „wilden" Wandlungsprozesses. In: Koller, H.-Ch. / Kokemohr, R. (Hg), Lebensgeschichte als Text. Zur biographischen Artikulation problematischer Bildungsprozesse. Weinheim: Deutscher Studienverlag, 13-60.
Sieder, R. (1982) Bemerkungen zur Verwendung des „Narrativinterviews" für eine Geschichte des Alltags. In: Zeitgeschichte 5, 164-178.
Sieder, R. (1990): Text, narratives Interview und Hermeneutik in den historischen Sozialwissenschaften. In: Wisdom, Daten, Analysen, 4, 31-50.
Stierlin, H. (1982): Delegation und Familie. Frankfurt: Suhrkamp.
Strauss, A. (1975): Chronic Illness and the Quality of Life. St. Louis: Mosby.
Strauss, A./Corbin, J. (1988): Unending Work and Care. Managing Chronic Illness at Home. San Francisco/London: Jossey-Bass.
Uexküll, Th.v. (1981): Lebensgeschichte und Krankheit. in: F. Maurer (Hg), Lebensgeschichte und Identität, Frankfurt (Fischer Tb), 150-167.
Uexküll, Th.v./Wesiack, W. (1988): Theorie der Humanmedizin. München: Urban & Schwarzenberg.
Völter, B. (1994 a): „Ich bin diesen Feind nicht losgeworden". Verschärfter „Identitätsdruck" als Handlungsproblem ostdeutscher junger Erwachsener vor und nach der Wende. In: Österreichische Zeitschrift für Geschichtswissenschaften 7 (H. 4).
Wetzel, J. (1988): Auswanderung aus Deutschland. In: Benz 1988, 413-498.
Zacher, A. (1988): Kategorien der Lebensgeschichte. Ihre Bedeutung für Psychiatrie und Psychotherapie. Berlin/ Heidelberg: Springer.

Klaus Ackermann, Elisabeth Aebi, Dirk Revenstorf

Anwendungsbeispiele uni- und multivariater Zeitreihenanalysen nach dem ARIMA-Modell

Erleben und Verhalten erstrecken sich in der Zeit. Damit ist die zeitliche Dimension für die Beschreibung und das Verständnis psychischer Prozesse umittelbar relevant. Individuelle psychische Prozesse können sich auf sehr unterschiedlichen Zeitskalen abspielen: von Sekundenbruchteilen bis hin zur „Lebensspanne". Beobachtet man aufeinanderfolgende Zustände eines Systems, so werden frühere Zustände in der Regel Information über dessen weitere Entwicklung enthalten. Zeitreihenanalysen nach dem ARIMA[1]-Modell beschreiben Prozeßverläufe und ermöglichen Aussagen über die Entwicklung eines Systems sowie über die Abfolge von Systemzuständen.

Unter geeigneten Bedingungen können ARIMA-Verfahren herangezogen werden, um individuelle psychische Prozesse quantitativ zu erfassen. Sie zählen somit zu den Methoden der quantitativen Einzelfallanalyse (vgl. Petermann, 1989). Der Terminus „Einzelfallanalyse" bezeichnet darüber hinaus weitere, methodisch sehr verschiedene Vorgehensweisen. Der Bogen reicht von klinischen Fallberichten und biographischen Ansätzen (Jüttemann & Thomae, 1987) über Designs, die sich parametrischer und nonparametrischer Statistiken bedienen (Petermann, 1989; Huber, 1985) bis hin zu Versuchen, Verfahren der nonlinearen Systemtheorie für diesen Bereich nutzbar zu machen (vgl. Tschacher, Schiepek & Brunner, 1992). Einzelfallanalysen und Fallbeschreibungen haben wesentlich zur Entwicklung von Psychologie und Psychotherapie beigetragen (Kazdin, 1982).

Für Westmeyer (1989) sind Einzelfallanalysen die Methode der Wahl beim Studium individueller psychischer Prozesse. Demgegenüber unterliegen experimentelle Gruppenuntersuchungen in der Klinischen Psychologie und Psychotherapie einer Reihe von Einschränkungen: Schwierigkeiten ergeben sich schon bei der Zusammenstellung genügend großer, homogener Patientengruppen. Eine randomisierte Zuweisung zu Behandlungsverfahren oder experimentellen Bedingungen ist häufig nicht zu verwirklichen. Die untersuchten Merkmale oder Veränderungen erstrecken sich oftmals über längere Zeiträume, so daß vielfältige andere Einflüsse mit der Behandlung interferieren können. Grundsätzliche Kritik wurde an der fraglichen Übertragbarkeit gruppenbezogener Forschungsergebnisse in die klinisch-psychologische Anwendung geübt:

> „Die psychologische Praxis kann sich der vorliegenden (gruppenbezogenen) Forschungsergebnisse im Einzelfall daher allenfalls zur

groben Orientierung und Hypothesenbildung bedienen, die spezifischere Informationsgewinnung muß für jedes Individuum gesondert stattfinden, den jeweils vorliegenden besonderen Bedingungen entsprechend [...]" (Plaum, 1992, S. 5).

Die in diesem Zitat aufscheinende Verschiedenheit „angewandter" und „akademischer" Psychologie ist ein geradezu klassisches Thema. Schon Stern (1911) begründete die „Differentielle Psychologie" unter Hinweis auf die Divergenz wissenschaftlichen und praktischen Interesses. Dem Bemühen der damals noch jungen psychologischen Wissenschaft nach Generalisierung hielt er das methodisch ambitionierte Interesse am Individuum und dessen „komplexen Leistungsfähigkeiten" entgegen. Gleichwohl blieb der differentialpsychologische Ansatz in seiner methodischen Umsetzung überwiegend auf Gruppen bezogen.

Einzelfallstatistische Ansätze kommen individuellen psychischen Prozessen wesentlich näher als Gruppenstatistiken, insofern sie die intra- und interindividuelle Variabilität individueller Prozesse und individueller Veränderungen erschließen (Grawe 1988; Reinecker, 1987): Bei der Mittelung von Ergebnissen über Meßwertträger bleibt wertvolle Information über die unterschiedliche Richtung und Stärke individueller Reaktionen unbeachtet. Reagieren manche Individuen auf therapeutische Interventionen beispielsweise positiv, andere negativ, wieder andere verzögert, so können im Mittelwert häufig nur schwache und nicht-repräsentative Tendenzen gefunden werden.

In der klinisch-psychologischen Praxis ist das Individuum mit seinem Umfeld zumeist die grundlegende Bezugseinheit, Einzelfälle bilden die erfahrungsmäßige Grundlage psychologischer Handlungskompetenz. Die Aufarbeitung von Einzelfällen bietet die Möglichkeit zur weiteren Ausarbeitung und Differenzierung bestehender Theorien, die sich wiederum an der Praxis bewähren können. Dementsprechend betonen das Scientist-Practitioner-Modell (Barlow et al. 1984) ebenso wie das Modell der „kontrollierten Praxis" (Petermann, 1982) den wechselseitigen Austausch und die Komplementarität der beiden Domänen. Parallel zu Entwicklungen im Bereich der Qualitätssicherung (Selbmann, 1992; Richter, 1994) eröffnen moderne Informationstechnologien mannigfache Perspektiven für einen intensiveren Austausch zwischen psychologischer Praxis und Forschung. Einzelfall- und prozeßorientierte Vorgehensweisen könnten in diesem Kontext weiter an Bedeutung gewinnen.

ARIMA-Interventionsmodelle (Revenstorf & Keeser, 1979) können Hinweise auf Niveauänderungen und den Einfluß exogener Variablen auf den Verlauf einer Zeitreihe liefern. *Multivariat-stochastische ARIMA-Modelle* (Schmitz, 1989) beschreiben kurzfristige Regulationsprozesse im jeweils betrachteten System. Nachfolgend werden diese Verfahren anhand von Beispielen veranschaulicht und hinsichtlich ihrer Anwendungsvoraussetzungen und potentiellen Möglichkeiten diskutiert.

ARIMA-Interventionsanalyse

Erhebt man eine Variable - zum Beispiel das tägliche Befinden - über längere Zeit, bildet die Abfolge der so erhobenen Werte eine Zeitreihe. Die Interventionsanalyse prüft, ob mit dem gegebenenfalls auch wiederholten Ein- und Absetzen einer oder mehrerer äußerer Bedingungen Veränderungen in einer stochastischen Zeitreihe einhergehen. Primär interessiert, ob sich Verlaufs- und Niveauparameter der Prä- und Postinterventionsphase(n) von denen der Interventionsphase unterscheiden. Daneben wird sich die Trägheit des Zielprozesses häufig als (Auto-)Korrelation aufeinanderfolgender Beobachtungen in den Daten widerspiegeln. Diese serielle Abhängigkeit wird durch die autoregressiven und die Moving-Average Komponenten eines Interventionsmodells beschrieben. Sie ist nicht nur ein wichtiger Aspekt des datengenerierenden Prozesses, sondern wird darüber hinaus berücksichtigt, um eine unverzerrte Schätzung der Fehler- und Parameter-Varianzen der anderen Modellkomponenten zu ermöglichen. Andernfalls kann es zu erheblichen Verzerrungen bei der Signifikanzbeurteilung von Niveau- oder Trendkomponenten kommen (Box & Tiao, 1965).
Formal läßt sich der Ansatz wie folgt darstellen (vgl. Box & Tiao, 1975)[2]:

$$y_t = f(\underline{\omega}, \underline{\xi}, t) + N_t$$

Die aktuelle Ausprägung y_t einer Zeitreihe zum Zeitpunkt t setzt sich demnach additiv aus einer deterministischen Interventions-Komponente $f_t = f(\underline{\omega}, \underline{\xi}, t)$ und einem stochastischen ARIMA-Anteil N_t zusammen. Als „deterministisch" werden Niveau-, Trend- oder andere Verlaufskomponenten angesehen. Der zufällige Anteil kann serielle Abhängigkeit aufweisen. Während N_t im Fall eines AR(1)- oder AR(1,2)-Prozesses folgende Struktur aufweist

$$N_t = \phi_1 * N_{t-1} + a_t \quad \text{bzw.} \quad N_t = \phi_1 * N_{t-1} + \phi_2 * N_{t-2} + a_t$$

und somit die gewichtete Summe früherer Ausprägungen und der jeweils aktuellen Fluktuation a_t darstellt, kann in den MA-Komponenten der Einfluß vorangegangener Fluktuationen dargestellt werden. Im Falle eines MA(1)- oder MA(1,2)-Prozesses:

$$N_t = a_t - \theta_1 * a_{t-1} \quad \text{bzw.} \quad N_t = a_t - \theta_1 * a_{t-1} - \theta_2 * a_{t-2}$$

Hingegen steht

$$I_t = f(\underline{\omega}, \underline{\xi}, t) = \sum_j \omega_j \xi_{tj}$$

im Stufenmodell für die abrupt einsetzende Wirkung einer oder mehrerer exogener Variablen (Interventionen) $\underline{\xi}$, deren Gegenwart bzw. Abwesenheit durch die

Werte 1 oder 0 in den ξ_j kodiert wird. Die Konstanten ω_j bilden dabei die Effektparameter der jeweiligen Intervention, also beispielsweise den Niveausprung, der sich für den durch die Designmatrix $\underline{\xi}$ definierten Zeitraum ergibt. Erweiterte Varianten des Modells erlauben die Modellierung *allmählich* anwachsender anstelle *abrupt* einsetzender Interventionswirkungen. Im Transfermodell erster Ordnung wird beispielsweise neben dem Anstieg ω ein weiterer Parameter δ aufgenommen, der das verzögerte Anwachsen des Effekts darstellt:

$$I_{tj} = \omega_j \xi_{tj} + \delta_j I_{t-1,j} \qquad \text{mit } -1 \leq \delta_j \leq 1$$

Beispiele für die flexible Handhabung solcher Modellformulierungen geben Schmitz (1989), Möbus & Nagl (1983), McCleary & Hay (1980) sowie Noack (1989).

Bei der Durchführung der Interventionsanalyse wird zunächst eine OLS-Schätzung für die deterministischen Modellkomponenten (z.B. Niveauveränderung, Trend-Koeffizienten) vorgenommen. Danach wird für die Residuen dieses Modells die serielle Abhängigkeitsstruktur bestimmt (z.B. AR(1,2), MA(1)). Die Abhängigkeitsparameter können nun gemeinsam mit den Interventions-Parametern und den nötigen Fehlervarianzen geschätzt werden. Schließlich erfolgt die Berechnung der statistischen Tests (z.B. t-Tests für Phasen-Mittelwerts-Unterschiede).

Neben Intervallskalenniveau und Normalverteilung der Residuen setzt das Verfahren eine relativ zur Zahl der geschätzten Parameter und der geforderten Teststärke ausreichende Anzahl von Beobachtungen voraus. Extremwerte können - wie in allen Regressionsmodellen - zu einer Verzerrung von Parameterschätzungen führen. Spezifischer ist die Forderung nach (prozessualer) Gleichabständigkeit der Meßzeitpunkte und schwacher Stationarität des Abhängigkeitsmodells (d.h. zeitliche Stabilität der Parameter und der zugehörigen Kovarianzmatrix). Eine möglichst vollständige Erfassung der Zeitreihe über den gesamten Erhebungszeitraum ist anzustreben.

Der dargestellte Ansatz ermöglicht vielfältige Aussagen über Verlaufsdaten. Insbesondere können folgende Fragestellungen verfolgt werden:

- Lassen sich durch die unabhängige Variation einer Bedingung Veränderungen in einer therapeutisch relevanten Zielvariablen herbeiführen? Steht die Variable somit unter *experimenteller Kontrolle*?
- Korrespondiert die Variation einer externen Bedingung mit Veränderungen in einer Zielvariablen?
- Wenn sich *Effekte* zeigen, kommen sie *abrupt* zustande oder stellen sie sich erst *allmählich* ein?

- Lassen sich gegebenenfalls identifizierbare *Ausreißer* einer Zeitreihe spezifischen Ausnahmeereignissen zuordnen?

Replikationen über Individuen geben Hinweise auf die Generalisierbarkeit der jeweils vorgefundenen Beziehungen (vgl. z.B. Petermann & Bochmann, 1993). Spezielle Designs, wie beispielsweise das Multiple-Baseline Design, ermöglichen es, die Spezifität des jeweiligen Effekts und den Einfluß von Drittvariablen zu erfassen (Hersen & Barlow, 1976; Kazdin, 1982; Fichter, 1989).

In der klinischen Psychologie wurden Interventionsanalysen bislang insbesondere für Erkundungsstudien und zur einzelfallorientierten Therapieverlaufskontrolle eingesetzt. Beispielsweise untersuchten Kraemer, Sulz, Schmid & Lässle (1987), welchen Einfluß kognitive Trainingskomponenten auf die Informationsverarbeitung von schizophrenen Patienten ausüben und ob sich unterschiedliche Therapiekomponenten in ihrer Wirksamkeit unterscheiden. Auf diese Weise konnten bei drei von vier untersuchten Patienten signifikante Verbesserungen in einer Reihe von Verlaufsvariablen festgestellt werden. Beneke (1981) zog die ARIMA-Interventionsanalyse zur Prüfung psychopharmakologischer Effekte bei fünf ebenfalls als chronisch schizophren diagnostizierten Patientinnen heran. Er hält das zeitreihenanalytische Vorgehen insbesondere zur differenzierten Analyse psychopharmakologischer Effekte und zur Entwicklung klinischer Untersuchungsmethoden für geeignet. Auch Mayer & Revenstorf (1990) berichten Befunde aus einer psychopharmakologischen Studie: Zeitreihenanalysen zu den neuropsychologischen Nebenwirkungen antiepileptischer Therapie ließen differentielle Effekte einzelner Medikamente bei grob- und feinmotorischen sowie kognitiven Variablen erkennen. Das statistische Vorgehen war der visuellen Inspektion der Zeitreihen überlegen.

Neuere Anwendungen liegen unter anderem zur Effektivität von Verhaltenstrainings und verhaltensmedizinischen Interventionen bei sozial unsicheren oder aggressiven Kindern (vgl. Petermann & Bochmann, 1993), Hirntraumen (Kaschel, 1994), Depression (Hautzinger et al. 1987), Asthma (Siebald, 1989), Morbus-Crohn (Bräuer, 1992), Migräne (Kluck et al. 1985), Hauterkrankungen (Schubert, 1989; Brosig, Kupfer & Brähler, 1993) und Torticollis (Leplow, 1990) vor. Zeitreihenanalytische Verfahren eignen sich darüber hinaus auch zur Beschreibung psychotherapeutischer Interaktionsprozesse. So nutzen Freyberger et al. (1988) die Interventionsanalyse zur Identifikation symptomspezifischer Reaktionstendenzen in psychosomatischen Erstinterviews mit herzneurotischen Patienten. Weitere Beispiele zur einzelfallorientierten Analyse von Therapieverläufen liefert der Sammelband von Appelt & Strauß (1985).

Schließlich existieren auch in den Humanwissenschaften Interventionsanalysen von überindividuellen Phänomenen. Beispielsweise beschreiben Hankin et al. (1993) den allmählich zunehmenden Bekanntheitsgrad eines neu eingeführten Warnhinweises („alcohol warning label“) auf alkoholischen Getränken durch ein Transfermodell erster Ordnung. Die prinzipielle Anwendbarkeit zeitreihenanalytischer Verfahren für epidemiologische oder präventionsbezogene Fragestellungen liegt somit auf der Hand, häufig steht man allerdings vor dem Problem, reliable Daten für genügend lange Zeiträume zu erhalten.

Studie 1: Verlaufsbeschreibung schizophrener Krisensymptomatik

Im nachfolgenden Beispiel zur Interventionsanalyse (ausführlich in Aebi et al. 1993) steht weniger der Nachweis von Treatment-Effekten als vielmehr die Beschreibung und die Unterscheidung von Verläufen bei Patienten mit einer akuten schizophrenen Erkrankung im Vordergrund. Die Daten wurden in einer milieutherapeutischen Einrichtung der Sozialpsychiatrischen Universitätsklinik Bern („Soteria") erhoben. In dieser Wohngemeinschaft bemüht man sich um ein individuell angepaßtes Konzept der therapeutischen Begleitung und sozialen Unterstützung für junge schizophren Erkrankte. Bis zu acht Patienten finden gleichzeitig Aufnahme. Dabei werden drei idealerweise aufeinanderfolgende Behandlungsphasen unterschieden: (a) Beruhigung, (b) Aktivierung und (c) soziale Integration. Diese Phasen zeichnen sich durch abnehmenden Reizschutz bei gleichzeitig zunehmender psychosozialer Stimulation aus. Der Übergang in eine nachgeordnete Phase wird als Fortschritt, ein Zurückgehen auf eine frühere Phase als Rückschritt bewertet. Die Zuweisung zur jeweiligen Behandlungsphase erfolgt in den wöchentlichen Teamsitzungen in Abhängigkeit von der aktuellen Belastbarkeit der Patienten, so daß die Dauer der einzelnen Behandlungsphasen zwischen den Patienten variiert. Entsprechend dient die Interventionsanalyse im vorliegenden Fall der Verlaufsbeschreibung und nicht der Prüfung einer gerichteten Ursache-Wirkungs-Hypothese. Gefragt wird, ob überhaupt stabile Niveauunterschiede zwischen den unterschiedlichen Phasen von (a) bis (c) vorhanden sind und ob die Zuweisung sensitiv für einsetzende Veränderungen in der Symptomatik erfolgt.

Das psychotische Geschehen wurde vom Pflegepersonal mit der eigens entwickelten *Skala zur Beurteilung des psychotischen Realitätsverlustes (SBPR)* erfaßt. Das siebenstufige Rating richtet sich auf die am Tag maximal erlebte Beeinträchtigung („schlechtester Zustand am Tag"). Den sieben Stufen der Skala sind unterschiedliche Stimmungszustände oder Verhaltensweisen hierarchisch zugeordnet, die sich von entspannter Ausgeglichenheit bis hin zu Halluzinationen oder katatonen Zuständen erstrecken. Im Sinne zunehmender Schwere der Pathologie (bezogen auf den Realitätsverlust) gehen wir von der Gleichabständigkeit der sieben Stufen und damit Intervallskalenniveau aus.

Ergebnisse. Insgesamt konnten 12 Verläufe von 10 ersterkrankten DSM-III-Schizophrenen im Alter von 18 bis 28 Jahren ausgewertet werden, die Erhebungszeiträume umfaßten 84 bis 762 Tage. Im Sinne eines einfachen Stufenmodells wurden die postulierten Veränderungen als abrupt einsetzend und beständig spezifiziert. Zur Beschreibung des stochastischen Anteils waren in allen Fällen einfache autoregressive Modelle ausreichend, die lediglich eine oder zwei autoregressive Komponenten enthielten. Unter Einbeziehung der Niveaukomponente(n) konnten zwischen 35% und 90% der jeweiligen Ausgangsvarianz aufgeklärt werden.

Die statistische Analyse zeigt, daß der Schweregrad der Merkmale einer psychotischen Episode bei der Mehrzahl der Patienten beim Übergang von der Ruhe- zur Aktivierungsphase signifikant abnimmt. Als Beispiel für dieses Verlaufsmuster mit einer signifikanten *Reduktion der Symptomschwere beim Übergang von der ersten zur zweiten Behandlungsphase (Beruhigung-Aktivierung)* wird der Verlauf bei Patientin J. wiedergegeben (Abbildung 1a). Nach vergleichsweise starken Schwankungen der Symptomatik während der Beruhigungsphase tritt bei dieser Patientin nach etwa vier Wochen eine Stabilisierung auf niedrigerem Niveau ein. Diese Stabilisierung bleibt auch in der Phase der sozialen Integration erhalten. Die statistische Auswertung bestätigt den signifikanten Niveauunterschied zwischen der Beruhigungs- und der Aktivierungsphase, hingegen ergibt sich für den Wechsel zwischen Aktivierungsphase und sozialer Integration keine weitere Verminderung der Symptomatik. Übereinstimmende Verlaufsmuster zeigen sich für weitere 4 Patienten.

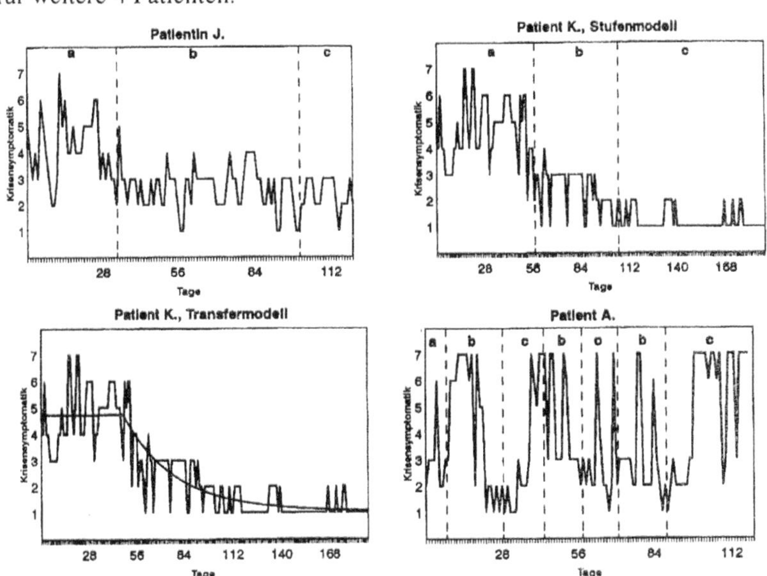

Abbildung 1 a-d:

a) Tägliche Fluktuationen psychotischer Merkmale und Behandlungsphasen für Patientin J.

b) Tägliche Fluktuationen psychotischer Merkmale und Behandlungsphasen für Patient K.

c) Tägliche Fluktuationen psychotischer Merkmale und Transfermodell 1.Ordnung für Patient K.

d) Tägliche Fluktuationen psychotischer Merkmale und Behandlungsphasen für Patient A.

Einige Patienten zeigen darüber hinaus eine *signifikante Verringerung der Symptomatik beim Übergang von der Phase der Aktivierung zur Integration.* Als Beispiel hierfür steht Patient K. (Abbildung 1b). Schon die optische Inspektion der Zeitreihe zeigt einen relativ klaren Verlauf: Auf die Beruhigungsphase von etwa zwei Monaten mit erhöhter Symptomatik folgt eine „mittlere“ Phase. Der weitere Rückgang der Symptomatik scheint dem Einsetzen der „sozialen Integration“ zeitlich etwas voranzugehen. Die statistische Analyse bestätigt die statistische Signifikanz beim Übergang von der ersten zur zweiten und von der zweiten zur dritten Behandlungsphase. Die Einbeziehung mehrerer „Ausreißer“, die insbesondere in der ersten Behandlungsphase auftreten und auf die starke Variabilität der Befindlichkeit in dieser Zeit hinweisen, bleibt dabei ohne Auswirkungen auf die Beurteilung.
Bei jenen Patienten, für die der Übergang zwischen der zweiten und dritten Behandlungsphase nicht mit einer statistisch signifikanten Reduktion der Schwere der Symptomatik einherging, korrespondieren die vorhandenen Mittelwertsunterschiede gleichwohl mit dem Behandlungskonzept. Lediglich bei Patient A. zeigt sich ein abweichender Verlauf, der durch stete Oszillationen zwischen psychotischen und nicht-psychotischen Zuständen gekennzeichnet ist (Abbildung 1d). Entsprechend häufig verändert sich die Behandlungsform. Die statistische Auswertung erbringt in diesem Fall keine signifikanten Niveauunterschiede für die unterschiedlichen Behandlungsphasen. Aus der Krankengeschichte des Patienten geht hervor, daß er - im Unterschied zu den anderen Patienten - zusätzlich zur psychotischen Symptomatik erhebliche Probleme mit Haschisch und Alkohol hatte. Diese Komorbiditätsproblematik stellt eine besondere therapeutische Herausforderung dar, die offenbar nur schwer mit einem Konzept optimaler sozialer Stimulation in Einklang zu bringen ist.
Zusammenfassend gab es in der Mehrzahl der untersuchten Fälle eine hochsignifikante Kovariation der Schwere der Symptomatik mit den Behandlungsphasen. Dies spricht für die gute Passung der therapeutischen Intervention. Die visuelle Inspektion einzelner Verlaufskurven (z.B. Patient K.) läßt vermuten, daß dem Wechsel der Behandlungsform mitunter bereits eine partielle Reduktion der Symptomatik vorausgegangen war. In methodischer Hinsicht bleibt festzuhalten, daß die zeitreihenanalytische Auswertung auch bei verrauschten Daten eine einheitliche und objektive Bewertungsgrundlage liefert und - in Verbindung mit der herangezogenen Skala - die Unterscheidung unterschiedlicher Verlaufstypen ermöglicht. Darüber hinaus erbringt die zeitreihenstatistische Identifikation von Ausreißern Hinweise auf „homogene“ und „weniger homogene“ individuelle Verläufe. So zeigte sich bei fünf von 12 Zeitreihen ein relativ hoher Anteil von „Ausreißern“. Für diese Patienten ergeben sich in den einzelnen Behandlungsphasen also markante Befindlichkeitsschwankungen, die sowohl als Zunahme als auch als Reduktion der Symptomatik auftreten können und die möglicherweise spezifischen sozioemotionalen Stressoren zugeordnet werden können.

Transfermodell erster Ordnung. In zusätzlichen Analysen wurde von einer *allmählich*-dauerhaften anstelle einer abrupt-dauerhaften Veränderung der psychotischen Symptomatik ausgegangen. Dazu wurde für den Übergang von der Beruhigungs- zur Aktivierungsphase ein Transfermodell erster Ordnung formuliert, das neben dem Anstieg der Veränderung ω einen weiteren Parameter δ enthielt, der das verzögerte Anwachsen des Effekts darstellt (vgl. Abbildung 1c). Für vier Übergänge war der δ-Parameter statistisch von null verschieden: In zwei Fällen beschreibt das Modell eine zeitlich recht ausgedehnte Veränderungsphase, während in einem Fall der Verlauf kaum von einer abrupten Stufe zu unterscheiden ist. Für einen weiteren Behandlungswechsel resultiert ein oszillierender Übergang.

Während die Prüfung des einfachen Stufenmodells lediglich eine globale (Signifikanz-) Aussage über einen Effekt erlaubt, liefert die Aufnahme eines zusätzlichen Parameters also weiterführende Hinweise zum zeitlichen Verlauf der Veränderung. Die Schätzungen für den Niveauparameter ω und den Verzögerungsparameter δ waren jedoch stets mit $r > 0.9$ korreliert, der zusätzliche Modellparameter zur Beschreibung des verzögerten Verlaufs somit redundant. Entsprechend hohe Parameterkorrelation haben wir unter vergleichbaren Randbedingungen auch in Modellen simulierter Daten gefunden. Bei der Anwendung und Interpretation von Transfermodellen sollte die Interkorrelation der Parameter daher stets überprüft und berücksichtigt werden.

Multivariat-stochastische ARMA-Modelle systemischer Regulationsprozesse

Indem sie die zeitversetzten Korrelationen von stochastisch fluktuierenden Zeitreihen auf deren kreuzregressive Beziehungen zurückführen, sind multivariate oder vektorielle ARMA-Modelle eine effektive Alternative zu rein kreuzkorrelativen Ansätzen. Ihre Koeffizienten beschreiben die kurzfristigen Regulationsprozesse zwischen Zeitreihenvariablen, wobei zwischen einseitigen Dependenz- und wechselseitigen Interdependenzbeziehungen unterschieden werden kann. Aufgrund ihrer zeitlich versetzten Beziehung können die Koeffizienten „quasikausal" interpretiert werden (vgl. Kirchgässner, 1981).

Im Vergleich zu den Interventionsmodellen steht die breite Anwendung multivariater ARMA-Modelle in der (klinisch-)psychologischen Forschung noch aus. Zu den ersten Darstellungen gehört ein Bericht von Keeser & Bullinger (1984) zur gegenseitigen Beeinflussung von unterschiedlichen Befindlichkeitsaspekten bei Schmerzpatienten. Von denselben Autoren liegt außerdem eine Analyse zu den Auswirkungen von Klima und Luftverschmutzung auf das subjektive Befinden vor (Bullinger & Keeser, 1985). Strauß (1986) und Schmitz (1987) stellen für jeweils mehrere Paare den Zusammenhang von Stimmungsvariablen und partnerschaftlicher Zufriedenheit dar. Ein weiteres Beispiel hierzu sowie zur Regulation von Schmerz und Befindlichkeit wurde von Ackermann et al. (1992)

vorgelegt. Burgmeier et al. (1988) analysieren die Dynamik von Selbstwahrnehmung, Gruppenkohäsion und wahrgenommenem Therapeutenverhalten im Verlauf einer Gruppentherapie, Friebel (1992) untersucht die wechselseitigen Beziehungen zwischen psychosozialen Stressoren und Krankheitssymptomatik bei Morbus-Crohn Patienten. Schließlich berichten Schmitz & Skinner (1993) über die individuelle Regulation von Leistungs- und Motivationsvariablen bei Schülern. Die meisten dieser Anwendungen beruhen auf nur wenigen Beobachtungseinheiten und sind überwiegend explorativ-deskriptiv orientiert. Künftige Bemühungen sollten sich verstärkt auf die hypothesengeleitete Identifikation und Replikation von systemischen Regulationsprozessen richten.

In der vorliegenden Studie wurden multivariate Modelle entsprechend dem von Tiao & Box (1981) skizzierten Ansatz herangezogen. Für den allgemeinen Fall eines vektoriellen ARMA(p,q)-Modells für k stochastische Zeitreihen wird danach von folgender Gleichung zur Modellierung des k-dimensionalen Variablenvektors $\underline{Z}_t$ ausgegangen:

$$\underline{\Phi}(B)\underline{Z}_t = \underline{C} + \underline{\Theta}(B)\underline{a}_t$$

Bei $\underline{a}_t$ handelt es sich um einen Vektor von unabhängig multivariat normalverteilten Residuen. Die Matrixpolynome im Lag- oder Backshiftoperator B (mit $BY_t = Y_{t-1}$) also

$$\underline{\Phi}(B) = \underline{I} - \underline{\Phi}_1 B - \ldots - \underline{\Phi}_p B^p$$

$$\underline{\Theta}(B) = \underline{I} - \underline{\Theta}_1 B - \ldots - \underline{\Theta}_q B^q$$

umfassen für die Lags $m \leq p$ bzw. $n \leq q$ jeweils eine quadratisch k-dimensionale Koeffizientenmatrix $\underline{\Phi}_m$ bzw. $\underline{\Theta}_m$ mit den AR- und MA-Einflußgewichten von $\underline{Z}_{t-m}$ bzw. $\underline{a}_{t-n}$ auf $\underline{Z}_t$. Im Fall stationärer Zeitreihen ergeben sich die Mittelwerte der beteiligten Reihen aus der Multiplikation $\underline{\Phi}^{-1}(B)\underline{C}$ der AR-Einflußgewichte und der Modellkonstanten.

Als Veranschaulichung soll ein einfaches ARMA(1,1)-Modell mit k = 2 Zeitreihen, also ein bivariates Modell, dienen. Vereinfachend wird von $\underline{C} = \underline{0}$ ausgegangen. Die Modellgleichung lautet dann:

$$(\underline{I} - \underline{\Phi}B)\underline{Z}_t = (\underline{I} - \underline{\Theta}B)\underline{a}_t$$

oder etwas ausführlicher

$$\left(\begin{bmatrix}1 & 0\\0 & 1\end{bmatrix} - \begin{bmatrix}\Phi_{11} & \Phi_{12}\\\Phi_{21} & \Phi_{22}\end{bmatrix}B\right)\begin{bmatrix}Z_{1t}\\Z_{2t}\end{bmatrix} = \left(\begin{bmatrix}1 & 0\\0 & 1\end{bmatrix} - \begin{bmatrix}\Phi_{11} & \Phi_{12}\\\Phi_{21} & \Phi_{22}\end{bmatrix}B\right)\begin{bmatrix}a_{1t}\\a_{2t}\end{bmatrix}$$

Dies ist gleichbedeutend mit

$$Z_{1t} = \Phi_{11} Z_{1(t-1)} + \Phi_{12} Z_{2(t-1)} - \Theta_{11} a_{1(t-1)} - \Theta_{12} a_{2(t-1)} + a_{1t}$$

$$Z_{2t} = \Phi_{22} Z_{2(t-1)} + \Phi_{21} Z_{1(t-1)} - \Theta_{22} a_{2(t-1)} - \Theta_{21} a_{1(t-1)} + a_{2t}$$

In diesen Gleichungen geben die autoregressiven Koeffizienten Φ_{11} und Φ_{22} und die korrespondierenden Koeffizienten des Moving-Average-Anteils Θ_{11} und Θ_{22} die Abhängigkeit der beiden Zeitreihen von ihren eigenen unmittelbar vorangegangenen Werten bzw. Fluktuationen wieder. Die Elemente außerhalb der Diagonalen, also Φ_{12} und Φ_{21} sowie Θ_{12} und Θ_{21}, bilden die regressiven Beziehungen *zwischen* den Variablen. Hierbei stehen - in der Notation des von uns verwendeten Programmpakets SCA (Liu & Hudak, 1986) - die Parameter Φ_{ij} und Θ_{ij} für den Einfluß, den die (Spalten-)Variable j auf die (Zeilen-) Variable i ausübt.

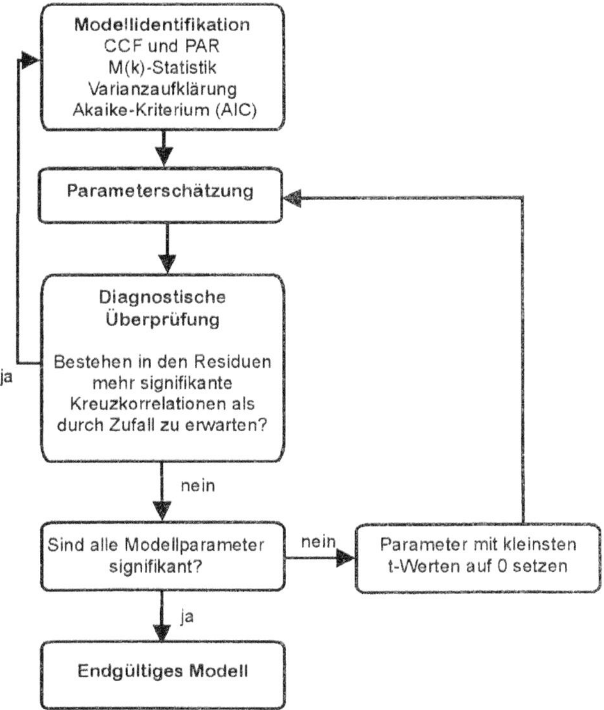

Abbildung 2: Multivariate Modellbildung als iterativer Prozeß

Das Ziel der in Abbildung 2 schematisch dargestellten Modellbildung ist es, die Φ - und/oder Θ -Koeffizienten so zu schätzen, daß der zugrundeliegende stochastische Prozeß angemessen beschrieben wird. Zur Bestimmung der Modellform und der relevanten Perioden oder Lags werden vornehmlich Auto- und Kreuzkorrelationen, also die zeitversetzten Korrelationen der Zeitreihen mit sich selbst und untereinander, betrachtet (cross correlation function, CCF). Weitere Hilfsmittel zur Modellidentifikation sind - analog zur univariaten ARIMA-Analyse - die Partialregressionen (partial autoregression coefficients, PAR) und das Akaike-Informationskriterium (AIC), das Varianzaufklärung und Parameteranzahl in einer gemeinsamen Statistik zusammenfaßt, sowie eine Chi^2-verteilte Prüfgröße, mit der sich prüfen läßt, ob sich die Matrix der partiellen Autoregressionskoeffizienten als ganze von 0 unterscheidet. Wie aus Abbildung 2 hervorgeht, ist die Modellierung zumeist ein iterativer Vorgang, dessen drei Komponenten - vorläufige Modellidentifikation, Parameterschätzung und diagnostische Überprüfung des Modells - solange durchlaufen werden, bis ein Modell gefunden ist, das den gestellten Gütekriterien und Anforderungen genügt. Damit ist vor allem gemeint, daß signifikante Kreuzkorrelationen zwischen den Residuen eines Modells lediglich mit der vom gesetzten Signifikanzniveau bestimmten Zufallshäufigkeit auftreten.

Erfolgt die Modellierung in konfirmatorischer Absicht, wird man anstelle eines uneingeschränkten Modells einzelne Parameter bereits vorab auf 0 fixieren. Wie in Abbildung 2 angedeutet, kann es aber auch im Rahmen eines eher exploratorischen Vorgehens sinnvoll sein, im Anschluß an die Identifikation eines angemessenen Basismodells nicht signifikante Parameter auf 0 zu setzen und die dann resultierenden Parameterschätzungen mit denen des Ausgangsmodells zu vergleichen.

Multivariate ARMA-Modelle unterliegen denselben methodischen Anforderungen, wie sie bereits für die Interventionsanalyse genannt wurden. Insbesondere geht auch die multivariate Modellierung von schwach stationären Zeitreihen aus. Wenn man davon ausgehen kann, daß die Regulationsprozesse zwischen den untersuchten Variablen zeitstabil sind, können Niveauveränderungen durch die Anpassung von Trend- oder Stufenkomponenten kompensiert werden. Aufgrund theoretischer Überlegungen ist diese Annahme insbesondere für Verläufe, in denen therapeutische Veränderungen erfolgen, allerdings häufig in Frage zu stellen. Hinweise auf die Modellstabilität erhält man, indem man zunächst mehrere Beobachtungen von der Modellbildung ausschließt und dann die zunächst ausgeschlossenen Werte mit den zugehörigen Prognosen vergleicht. Eine weitere Möglichkeit besteht darin, die Entwicklung der bivariaten Kreuzkorrelationen für aufeinanderfolgende oder überlappende Zeitfenster graphisch aufzutragen. Sofern es die Datenerhebung zuläßt, kann man dem Vorschlag von Keeser & Bullinger (1984) folgen und für Prä- und Postinterventionsphasen jeweils separate Modelle bestimmen.

Eine anwendungsnahe Einführung in die ARMA-Modellierung multivariat-stochastischer Zeitreihen gibt Schmitz (1989), die formell statistische Ableitung findet der interessierte Leser bei Tiao & Box (1981). Lütkepohl (1991) stellt Grundlagen und weiterführende Ansätze umfassend dar. Darüber hinaus verweisen einzelne Autoren auf Bezüge der Zeitreihenanalyse zur Systemtheorie (Gregson, 1983; Schmitz, 1987), die in der Klinischen Psychologie und der Psychophysiologie zunehmend auch explizit als Paradigma herangezogen wird (Schiepek, 1994). Beispielsweise ist es möglich, für multivariate Zeitreihen eine Darstellung im Zustandsraum zu wählen und so zu weitergehenden Informationen über Verlaufscharakteristika der untersuchten Zeitreihen zu gelangen (Aoki, 1987; Lütkepohl, 1991; Molenaaret al. 1993).

Studie 2: Systemische Regulation schizophrener Krisen- und Behandlungsverläufe

Als Grundlage für die multivariate Analyse dienen wiederum Verlaufsdaten aus der bereits beschriebenen milieutherapeutischen Einrichtung für psychotisch erkrankte Patienten („Soteria"). Anders als in den zuvor dargestellten Interventionsmodellen beziehen sich die folgenden Analysen jedoch nicht auf einzelne Individuen, sondern auf institutionelle Regulationsprozesse. Dazu wurden über einen Zeitraum von 156 Wochen die Behandlungsfort- und -rückschritte aller jeweils in der Einrichtung befindlichen Patienten erfaßt und mit den ebenfalls wöchentlich verzeichneten Ein- und Austritten in Beziehung gesetzt (vgl. Abbildung 3). Geprüft wurde, ob die stochastischen Fluktuationen der genannten Variablen unabhängig voneinander sind oder ob sich diesbezüglich Hinweise auf systematische Regulationsprozesse ergeben. Angesichts begrenzter und relativ stabiler Betreuungsressourcen erscheint es theoretisch plausibel, von einem Gleichgewichtsmodell auszugehen, in dem sich Belegung und Behandlungsfortschritte möglicherweise gegenseitig beeinflussen. Für ein solch homöostatisches Modell lassen sich mehrere „Regeln" formulieren, von denen zumindest einzelne zutreffen sollten: Wenn neue Patienten, die zumeist besonders intensiver Betreuung bedürfen, aufgenommen werden, so sollten in den nachfolgenden Wochen weniger Behandlungsrückschritte anderer Patienten zu verzeichnen sein und mit größerer Wahrscheinlichkeit Übergänge in weniger betreuungsintensive Behandlungsphasen (Fortschritte) auftreten. Ebenso sollten auf Rückfälle eher Fortschritte und Entlassungen folgen als Neuaufnahmen oder zusätzliche Rückschritte anderer Patienten.
Gegen einen homöostatischen Prozeß spräche die Dominanz positiv autoregressiver Beziehungen der Variablen (wenn also beispielsweise Eintritte zeitversetzt mit weiteren Eintritten einhergehen). Weiterhin ständen positive zeitversetzte Beziehung von Aufnahmen und Rückschritten sowie von Entlassungen und Fortschritten einem homöostatischen Regulationsmodell ebenfalls entgegen.

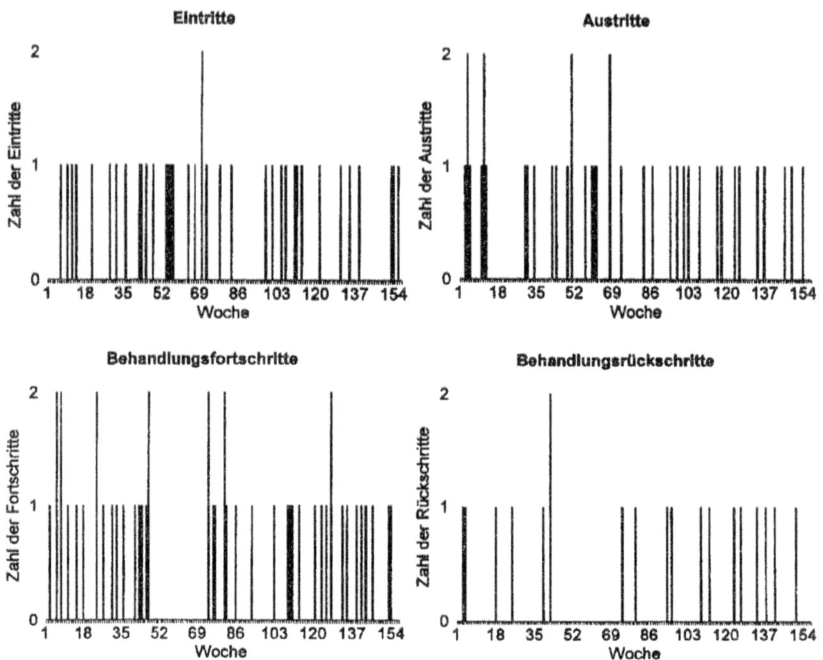

Abbildung 3 a-d: Wöchentliche Eintritte, Austritte, Fort- und Rückschritte über einen Zeitraum von 156 Wochen.

Modellidentifikation und Modellschätzung. Die graphische Darstellung in Abbildung 3 zeigt, daß die untersuchten Variablen einen annähernd stationären Verlauf nehmen. Das heißt, die Mittelwerte und die Variation der Zeitreihen erscheinen über den gesamten Zeitraum weitgehend homogen. Allerdings lassen die betrachteten Ereignisse erkennbar nicht die im Modell geforderte Normalverteilung der Residuen erwarten. Insofern stellen die nachfolgenden Koeffizienten und Signifikanzaussagen nur Approximationen der tatsächlichen Beziehungen dar.[3]

Die Modellspezifikation erfolgt unter Einbeziehung von additiven Konstanten. Erwartungsgemäß halten sich Eintritte und Austritte die Waage, die Zahl der Behandlungsfortschritte überwiegt die der Rückschritte. Bei den zeit*gleichen* Beziehungen ergibt sich die betragsmäßig höchste Korrelation für Aufnahmen und Behandlungsrückschritte. Der Wert dieses Koeffizienten liegt bei -0.11 und ist - ebenso wie die anderen zeitgleichen Koeffizienten - statistisch nicht signifikant.

Die Modellidentifikation erbringt hinsichtlich der Kreuzkorrelationen in den

Lags 1-6 signifikante Lead-Lag-Beziehungen der Behandlungsrückschritte und der Behandlungsfortschritte in ein- sowie zweiwöchentlichem Abstand. Für Lag 4 gehen Eintritte einer erhöhten Zahl von Behandlungsfortschritten voraus. Für dieselbe Periode weisen die Austritte eine negative Autokorrelation auf. Das AIC ist minimal für Lag 1. Auch die auf 10 bzw. 5 Prozent signifikante Chi^2-Statistik spricht für die Aufnahme von Lag 1 und Lag 4.
Ausgehend vom vollen AR-Modell für Lag 1 werden zunächst jene Positionen auf 0 gesetzt, deren Werte deutlich geringer als die zugehörigen Standardfehler sind. Am Ende verbleiben zwei signifikante Koeffizienten im restringierten AR(1)-Modell (Abbildung 4a): Der zeitversetzte Zusammenhang der Rückschritte und Fortschritte sowie der negative Zusammenhang von Aufnahmen und Rückschritten sind in diesem Modell signifikant. Je mehr Rückschritte in der Vorwoche auftreten, desto mehr Fortschritte zeigen sich demnach aktuell. Je mehr Aufnahmen in der Vorwoche, desto weniger Rückschritte in der jeweils aktuellen Woche.
Da die Residuen des AR(1)-Modells allerdings noch signifikante Kreuzkorrelationen aufwiesen, erfolgt die Hinzunahme weiterer Lags. Schließlich resultiert sich ein Modell mit je einem signifikanten Regressionskoeffizienten in Lag 1 und Lag 2 sowie zwei signfikanten Positionen für Lag 4 (Abbildung 4b).

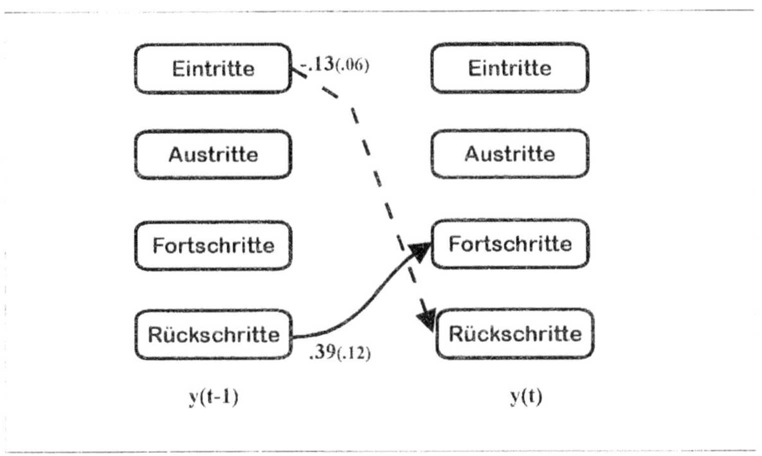

Abbildung 4 a: Zeitversetzte Regressionsbeziehungen im multivariaten AR(1)-Modell. In Klammern die zugehörigen Standardfehler.

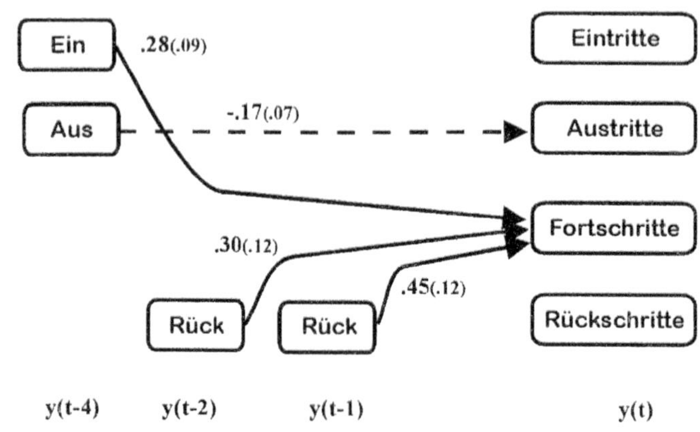

Abbildung 4 b: Zeitversetzte Regressionsbeziehungen im multivariaten AR(1,2,4)-Modell. In Klammern die zugehörigen Standardfehler.

Fazit. Zeitgleiche Beziehungen zwischen den Variablen können nicht nachgewiesen werden. Ein- und Austritte, Fort- und Rückschritte zeigen im Wochenraster keinen unmittelbaren Zusammenhang. Es resultieren jedoch zeitversetzte Regressionsbeziehungen zwischen den Variablen, die sich im Sinne eines homöostatischen Modells gut interpretieren lassen: So ziehen in beiden Modellen Behandlungsrückschritte in ein- oder zweiwöchigem Abstand Behandlungsfortschritte nach sich. Eintritte gehen nachfolgend mit weniger Rückschritten einher oder weisen - im erweiterten Modell - ebenfalls eine Beziehung zu den Behandlungsfortschritten auf. Schließlich zeigen Austritte eine negative Autokorrelation zum Lag 4.

Zusammenfassung und Ausblick

Das ARIMA-Interventionsmodell hat sich mittlerweile als quantitatives Instrument der Einzelfallanalyse bewährt. Es ermöglicht die einzelfallbezogene Überprüfung von Therapiemaßnahmen sowie die differenzierte Beschreibung von Einzelfallverläufen. Insbesondere können damit auch gegenläufige Tendenzen innerhalb und zwischen Individuen oder anderen Beobachtungseinheiten aufgezeigt werden. Anwendungsmöglichkeiten ergeben sich sowohl für forschungsbezogene Fragestellungen als auch im Bereich der Qualitätssicherung. Einschränkend ist allerdings anzumerken, daß Interventionen in der psychotherapeutischen Praxis zumeist nicht einem „experimental schedule“ folgen, sondern auf die aktuelle Aufnahmebereitschaft und Aufnahmefähigkeit des Klienten oder Patienten bezogen sind. Wie in Studie 1 kann das

Instrumentarium der Interventionsanalyse in solchen Fällen gleichwohl zur Identifikation und Bestätigung unterschiedlicher Therapiephasen herangezogen werden.

Mit Blick auf die serielle Abhängigkeitsstruktur überwogen in unseren Analysen einfache Modelle - wenn serielle Abhängigkeit gegeben war, dann ließ sie sich zumeist durch einfache AR(1)-Modelle beschreiben. Häufig waren MA- und AR-Komponenten austauschbar.

Transfermodelle erster Ordnung können recht unterschiedliche Verlaufsformen beschreiben. Ihre potentielle Relevanz steht damit außer Frage. Allerdings zeigen unsere Beispiele, daß Anstieg und Verzögerung häufig hochgradig korreliert und damit redundant sein können. Solange die Parameterschätzungen dadurch nicht beeinträchtigt werden, wird man möglicherweise dazu neigen, inhaltliche Erwägungen voranzustellen, und ein weniger sparsam parametrisiertes Modell heranziehen.

Verschiedentlich wurde die Erwartung geäußert, daß sich multivariate ARMA-Modelle (multivariate Zeitreihenmodelle) insbesondere zur Modellierung der systemischen Vernetzung von psychischen Prozeßvariablen eignen sollten (Keeser & Bullinger, 1984; Schmitz, 1989; Strauß, 1986). Die aus solchen Modellen resultierenden Annahmen über die Dependenz- und Interdependenzbeziehungen zwischen Variablen sind qualitativ völlig verschieden von korrelativen Aussagen, die aus den üblichen Querschnittsuntersuchungen resultieren (vgl. auch Schmitz, in diesem Band). Der korrelative Zusammenhang zweier Größen - die sich beispielsweise auf Selbstwirksamkeitserwartung und Wohlbefinden beziehen - ist völlig anders zu interpretieren, je nachdem, ob ein Koeffizient auf Gruppenbasis berechnet wird oder ob dieser Zusammenhang basierend auf Zeitreihen der Individuen erkundet wird. Im ersten Fall beruht das Vorgehen letztlich auf dem True-Score-Konzept der Klassischen Testtheorie, das - situationsunabhängig - stabile interindividuelle Relationen der Skalenausprägungen impliziert (qua Reliabilität!) und situative Einflüsse oder Interaktionseffekte von Situation und Person dem Meßfehler zuordnet. Auf dieser Grundlage gewonnene Aussagen über die korrelativen Beziehungen zweier Größen bilden methodisch-strukturell bedingt - unabhängig vom Inhalt - Aussagen über traitäquivalente Konstrukte. Im Unterschied hierzu konzeptualisieren ARMA-Modelle die intraindividuellen Abweichungen vom Mittelwert nicht als „Fehler", sondern als stochastisch-regelhafte Fluktuationen eines stationären Prozesses. Es resultieren Aussagen folgender Art: „An Tagen, an denen Person *i* eine relativ hohe Selbstwirksamkeitserwartung entwickelt, empfindet sie relativ großes Wohlbefinden. Tage mit relativ hoher Selbstwirksamkeitserwartung gehen Tagen mit relativ hohem Wohlbefinden voran. Das Wohlbefinden vom Vortag hat (k)einen Einfluß auf das aktuelle Wohlbefinden und die aktuelle Selbstwirksamkeitserwartung".

Für prozeßorientierte Fragestellungen, die sich auf das Wechselwirken individueller psychischer Prozeßvariablen richten, ist diese Form von Aussagen ganz offensichtlich angemessener als Aussagen, die auf der Basis einmalig erhobener, gruppenbasierter Zusammenhangsmaße getroffen werden können. Replikationen über Individuen oder Beobachtungseinheiten geben darüber hinaus die Möglichkeit zu nomothetischen Verallgemeinerungen. Über die Konvergenz von gruppenbezogener Korrelation und aggregierten Einzelfallanalysen kann dabei ohne empirische Prüfung lediglich spekuliert werden. So ist es auch im genannten Beispiel theoretisch möglich, daß - trotz identischer wahrer Werte im Sinne der Klassischen Testtheorie - für verschiedene Personen völlig unterschiedliche intraindividuelle Regulationsmodelle von Selbstwirksamkeitserwartung und Wohlbefinden resultieren.
Gegenwärtig scheinen die multivariaten ARMA-Modelle vor allem heuristisch interessant. Als Anwendungsgebiete kommen Organisationspsychologie, Familien- und Paartherapie und Psychosomatik gleichermaßen in Frage. Eine Reihe von technischen Aspekten müssen aber sorgfältig beachtet werden, bevor sinnvolle Ergebnisse erwartet werden können. Zusätzlich zu den formal-methodischen Voraussetzungen sollte eine geeignete Auswahl weniger Variablen und ein geeignetes Zeitraster gegeben sein. Die bislang in der Literatur vorliegenden Anwendungsbeispiele geben erste Hinweise auf geeignete Operationalisierungen von Verlaufsvariablen. Sie demonstrieren allerdings auch die große interindividuelle Varianz der jeweils untersuchten Regulationsprozesse. Wünschenswert sind künftig Bemühungen zur Replikation von Regulationsmechanismen über Personen oder andere Beobachtungseinheiten hinweg.

Fußnoten

1 autoregressive integrated moving average

2 Unterstreichungen kennzeichnen Vektoren und Matrizen

3 Es handelt sich quasi um 0/1-Variablen. Während die Kreuzkorrelationen auch für dichotome Merkmalsausprägungen herangezogen werden können, bleibt unklar, inwiefern die Schätzung der Regressionskoeffizienten und insbesondere deren Signifikanzbeurteilung beeinträchtigt werden. Entsprechende Sensitivitätsanalysen erscheinen wünschenswert.

Literatur

Ackermann, K., Streit U., Ebell, H., Steitz, A., Zalaman, I.M., Revenstorf D. (1992). Using multivariate time series models in systemic analysis. In Tschacher, W., Schiepek, G., Brunner, E.J. (Eds.) Self Organization and Clinical Psychology. Empirical Approaches to Synergetics in Psychology. Berlin: Springer.

Aebi, E., Ackermann, K., Revenstorf, D. (1993). Ein Konzept der sozialen Unterstützung für akut Schizophrene. Zeitreihenanalysen täglicher Fluktuationen psychotischer Merkmale. Zeitschrift für Klinische Psychologie, Psychopathologie und Psychotherapie, 41, 18-30.

Aoki, M. (1987). State space modeling of time series. Berlin: Springer.

Appelt, H. & Strauß, B. (Hrsg.). (1985). Ergebnisse einzelfallstatistischer Untersuchungen in Psychosomatik und klinischer Psychologie. Berlin: Springer.

Barlow, D.H., Hayes, S.C. & Nelson, R.O. (1984). The scientist practitioner. New York: Pergamon.

Hersen, M. & Barlow, D.H. (1976). Single Case Experimental Designs. Strategies for Studying Behavior Change. New York: Pergamon.

Beneke, M. (1981). Zeitreihenanalysen in der klinischen Psychopharmakologie. Dissertation zur Erlangung des Doktorgrades der Philosophischen Fakultät der Christian-Albrechts-Universität zu Kiel.

Box, G.E.P. & Tiao, G.C. (1965). A change in level of a nonstationary time-series. Biometrika, 52, 181-192.

Box, G.E.P. & Tiao, G.C. (1975). Intervention analysis with applications to economic and environmental problems. Journal of the American Statistical Association, 70, 70-79.

Bräuer, W. (1992). Morbus Crohn - Zeitreihenanalyse (Interventionsanalyse) nach dem ARIMA-Modell. Praxis der Klinischen Verhaltensmedizin und Rehabilitation, 227-234.

Brosig, B., Kupfer, J. & Brähler, E. (1993). Neurodermitis und Asthma. ARIMA-Impact-Analyse eines stationären Therapieverlaufs. In U. Gieler, U. Stangier & E. Brähler (Hrsg.): Hauterkrankungen in psychologischer Sicht, S. 164-179. Göttingen: Hogrefe.

Burgmeier, M., Strauß, B., Böhme-Bloem, C. & Speidel, H. (1988). Einzelfallorientierte Verlaufsbeobachtung gruppenpsychotherapeutischer Prozesse. In H. Speidel & B. Strauß (Hrsg.): Zukunftsaufgaben der psychosomatischen Medizin, S. 406-421. Berlin: Springer.

Bullinger, K. & Keeser, W. (1985). Befindlichkeitsverläufe unter Luftschadstoffeinfluß in unterschiedlich umweltbelasteten Gebieten: ein zeitreihenanalytischer Ansatz. In H. Appelt & B. Strauß (Hrsg.), Ergebnisse einzelfallstatistischer Untersuchungen in Psychosomatik und klinischer Psychologie. Berlin: Springer.

Fichter, M.M. (1989). Versuchsplanung experimenteller Einzelfalluntersuchungen in der Psychotherapieforschung. In F. Petermann (Hrsg.), Einzelfallanalyse. 2., völlig überarb. Auflage. München: Oldenbourg.

Freyberger, H.J., Richter, R., Dahme, B., Schwedler, H.-J. & Bührig, M. (1988). Zur Identifikation symptomspezifischer Reaktionstendenzen in psychosomatischen Erstinterviews bei Patienten mit herzneurotischem Bescherdebild. In H. Speidel & B. Strauß (Hrsg.): Zukunftsaufgaben der psychosomatischen Medizin. Berlin: Springer.

Friebel, V. (1992) Morbus Crohn und Streß. Eine zeitreihenanalytische Studie über die Beziehungen zwischen Streßeinschätzung und wahrgenommenen Krankheitssymptomen bei Patienten mit Morbus Crohn. Unveröffentlichte Dissertation. Psychologisches Institut der Eberhard-Karls-Universität Tübingen.

Glass, G.V., Willson V.L. & Gottman, J.M. (1975). Design and analysis of time series experiments. Boulder: University Press.

Grawe, K. (1988). Zurück zur psychotherapeutischen Einzelfallforschung. Editorial. Zeitschrift für Klinische Psychologie, 17, 1-7.

Gregson, R.A.M. (1983). Time series in psychology. Hillsdale, N.J.: Lawrence Erlbaum Associates.

Hankin, J.R., Sloan, J.J, Firestone, I.J., Ager, J.W., Sokol, R.J., Martier, S.S. & Townsend J. (1993a). The alcohol beverage warning label: When did knowledge increase. Alcoholism: Clinical and Experimental Research, 17, (2), 428-430.

Hautzinger, M., Baumgartner, P., Neßhöver, W. & Schmitz, B. (1987). Zeitreihenanalysen kognitiver Verhaltenstherapie bei depressiven Patienten. Zeitschrift für Klinische Psychologie, 16, 256-263.

Huber, H. P. (1985). Entwicklungstendenzen in der Einzelfallstatistik: Eine Standortbestimmung. In D. Czogalik, W. Ehlers & R. Teufel: Perspektiven der Psychotherapieforschung: Einzelfall-Gruppe-Institution. Freiburg i. Br.: Hochschulverlag.

Jüttemann, G. & Thomae, H. (Hrsg.) (1987). Biographie und Psychologie. Berlin: Springer.

Kaschel, R. (1994). Verhaltensorientierte neuropsychologische Rehabilitation. Weinheim: PVU.

Kazdin, A. E. (1982). Single-case research designs. New York: Oxford University Press.

Keeser, W. & Bullinger, M (1984). Process-oriented evaluation of a coginitive behavioral treatment for clinical pain: A time-series approach. In B. Bromm (Ed.): Pain measurement in man. Amsterdam: Elsevier, 417-428.

Kirchgässner, G. (1981). Einige neuere statistische Verfahren zur Erfassung kausaler Beziehungen zwischen Zeitreihen. Göttingen: Vandenhoeck & Ruprecht.

Kluck, M., Gerber, W.D., Haag, G., Lutzenberger, W. & Birbaumer, N. (1985). Wunsch und Wirklichkeit bei der Therapieerfolgskontrolle: Mittelwertsvergleiche versus Zeitreihenanalyse bei Migränetherapiestudien. In D. Vaitl, T.W. Knapp & N. Birbaumer (Hrsg.) Psychophysiologische Merkmale klinische Symptome. Band I: Psychophysiologische Dysfunktionen. Weinheim: Beltz.

Kraemer, S., Sulz, K.H.D., Schmid, R., Lässle, R. (1987). Cognitive therapy of schizophrenic patients under standard care. Nervenarzt, 58, 84-90.

Laessle, R.G. & Kraemer, S. (1985). Zwei Beispiele für Einzelfalldesigns in der klinisch-psychiatrischen Praxis: kontrollierte Therapie bei frei flottierender Angst und Anorexia nervosa. In H. Appelt & B. Strauß (Hrsg.): Ergebnisse einzelfallstatistischer Untersuchungen in Psychosomatik und klinischer Psychologie. Berlin: Springer.

Leplow, B. (1990). Heterogenity of biofeedback training effects in spasmodic torticollis: a single-case approach. Behavior Research and Therapy, 28, 359-365.

Liu, L.-M., & Hudak, G.B. (1986,1989). The SCA statistical system reference manual for forecasting and time series analysis (Version III). DeKalb: SCA.

Lütkepohl, H. (1991). Introduction to multiple time series analysis. Berlin: Springer.

Mayer, H., & Revenstorf, D. (1990). Zeitreihenanalytische Untersuchungen zu Nebenwirkungen von Antiepileptika auf psychomotorische, kognitive und soziale Funktionen. In Baumann, U., Fähndrich, E., Stieglitz, R.-D., Woggon, B. (Hrsg.) Veränderungsmessung in Psychiatrie und Klinischer Psychologie. München: Profil.

McCleary R., & Hay, R.A.,Jr. (1980). Applied time series analysis for the social sciences. Beverly Hills: Sage.

Meier, F. (Hrsg.). (1988). Prozeßforschung in den Sozialwissenschaften. Anwendungen zeitreihenanalytischer Methoden. Stuttgart: G. Fischer.

Möbus, C. & Nagl, W. (1983). Messung, Analyse und Prognose von Veränderungen. In J. Bredenkamp & H. Feger (Hrsg.), Enzyklopädie der Psychologie. Themenbereich B: Methodologie und Methoden. Serie I: Forschungsmethoden der Psychologie. Band 5: Hypothesenprüfung. Göttingen: Hogrefe.

Molenaar, P.C.M., De Gooijer, J.G. & Schmitz, B. (1993). Dynamic factor analysis of nonstationary multivariate time series. Psychometrika, 57, 333-349.

Noack, H. (1989). Neuere Entwicklungen, Software und Kritik zur Zeitreihenanalyse nach der ARIMA-Methodik. In F. Petermann (Hrsg.), Einzelfallanalyse (2., völlig überarb. Auflage). München: Oldenbourg.

Norpoth, H. (1988). Krieg und Regierungspopularität: Der Fall Falklands. In F. Meier (Hrsg.), Prozeßforschung in den Sozialwissenschaften. Anwendungen zeitreihenanalytischer Methoden. Stuttgart: G. Fischer.

Ostrom, W. (1990). Time Series Analysis Regression Techniques (2nd ed). Newbury Park, CA: Sage.

Petermann, F. (1982). Einzelfalldiagnose und klinische Praxis. Stuttgart: Kohlhammer.

Petermann, F. (Hrsg.). (1989). Einzelfallanalyse. 2., völlig überarb. Auflage. München: Oldenburg.

Petermann, F. & Bochmann, F. (1993). Metaanalyse von Kinderverhaltenstrainings: Eine erste Bilanz. Zeitschrift für Klinische Psychologie, 22, 137-152.

Plaum, E. (1992). Psychologische Einzelfallarbeit. Stuttgart: Enke.

Reinecker, H. (1987). Grundlagen der Verhaltenstherapie. München: Psychologie-Verlags-Union.

Revenstorf, D. & Keeser, W. (1989). Zeitreihenanalyse in Therapieverläufen - ein Überblick. In F. Petermann (Hrsg.), Einzelfallanalyse. 2., völlig überarb. Auflage. München: Oldenbourg.

Richter, R. (1994). Qualitätssicherung in der Psychotherapie. Editorial. Zeitschrift für Klinische Psychologie, 23, 233-235.

Schiepek, G. (1994). Der systemwissenschaftliche Ansatz in der Klinischen Psychologie. Zeitschrift für Klinische Psychologie, 23, 77-92.

Schmitz, B. (1987). Zeitreihenanalysen in der Psychologie. Verfahren zur Veränderungsmessung und Prozeßdiagnostik. Weinheim: Deutscher Studien Verlag.

Schmitz, B. (1989). Einführung in die Zeitreihenanalyse. Modelle, Softwarebeschreibung, Anwendungen. Bern: Verlag Hans Huber.

Schmitz, B., & Skinner, E. (1993). Perceived control, effort, and academic performance: interindividual, intraindividual, and multivariate time-series analyses. Journal of Personality and Social Psychology, 64, 1010-1028.

Schubert, H.-J. (1989). Psychosoziale Faktoren bei Hauterkrankungen. Göttingen: Vandenhoeck & Ruprecht.

Selbmann, H.K. (1992). Qualitätssicherung in der ambulanten Versorgung. Sicht des Sachverständingenrates für die Konzertierte Aktion im Gesundheitswesen. Fortschritte der Medizin, 110, 183-186.

Siebald, H. (1989). Therapieverlaufskontrolle bei Asthma bronchiale - eine Einzelfalldarstellung. Praxis der Klinischen Verhaltensmedizin und Rehabilitation, 2, 88-94.

Stern, W. (1994). Die Differentielle Psychologie in ihren methodischen Grundlagen. Nachdruck der 2. Aufl. Leipzig, Barth, 1911. Bern: Huber.

Strauß, B. (1986). Einzelfallstatistische Analysen täglicher Selbstbeurteilungen. Frankfurt: Lang.

Tiao, G.C. & Box, G.E.P. (1981). Modeling Multiple Time Series with Applications. Journal of the American Statistical Association, 76, 802-816.

Tschacher, W., Schiepek, G., Brunner, E.J. (Eds.). (1992). Self Organization and Clinical Psychology. Empirical Approaches to Synergetics in Psychology. Berlin: Springer.

Westmeyer, H. (1989). Wissenschaftstheoretische Grundlagen der Einzelfallanalyse. In F. Petermann (Hrsg.), Einzelfallanalyse. 2., völlig überarb. Auflage. München: Oldenbourg.

2. Qualitative Verfahren

Toni Faltermaier

Qualitative Forschungsmethoden in der Gesundheitsforschung: Gegenstände, Ansätze, Probleme

Der Aufschwung der Public-Health-Forschung, der inzwischen auch in Deutschland zu spüren ist, bietet die Chance, daß nun der Gegenstand der Gesundheitswissenschaften, nämlich Gesundheit und Krankheit, aus der Perspektive und mit dem theoretischen und methodischen Möglichkeiten von verschiedenen Disziplinen beleuchtet und untersucht werden kann. Damit verbessern sich tendenziell die Erkenntnismöglichkeiten; die vielbeschworene interdisziplinäre Zusammenarbeit kann sich hier ganz konkret realisieren. Die bisherigen Erfahrungen in der Forschungspraxis der Public-Health-Verbünde zeigen jedoch, daß hierbei noch beträchtliche Entwicklungsarbeit zu leisten ist, um die Kooperation von Projekten aus doch sehr unterschiedlichen Denk- und Forschungstraditionen (naturwissenschaftlich, sozial- und geisteswissenschaftlich) zu gewährleisten. Um die Grundlagen und das notwendige Vertrauen für eine Zusammenarbeit zu schaffen, ist es zunächst wichtig, die anderen Disziplinen und Ansätze auch verstehen zu lernen. Viele Voraussetzungen für die Kooperation zwischen Forschungsprojekten und -ansätzen aus unterschiedlichen wissenschaftlichen Paradigmen müssen erst gelegt werden. Um die Kommunikation und das gegenseitige Verstehen zu fördern, ist schon die einfache Vermittlung des begrifflichen, theoretischen und methodischen Handwerkszeugs der verschiedenen beteiligten wissenschaftlichen Disziplinen (Medizin, Epidemiologie, Soziologie, Psychologie, Ökonomie, etc.) ein sehr wichtiger Schritt.

Dieser Beitrag wird sich darauf konzentrieren, die Bedeutung der Tradition und Methoden einer qualitativen Sozialforschung für die Gesundheitsforschung zu klären und ihre Möglichkeiten und Grenzen zu beschreiben. Ich möchte zeigen, daß qualitative Forschungsansätze auch für viele Fragestellungen der Gesundheitswissenschaften dringend notwendig sind und daß sie - international gesehen - bereits vielfach und mit zunehmender Tendenz eingesetzt werden. Führende Medizinsoziologen wie die Amerikaner David **Mechanic** (1989) oder Leonard **Pearlin** (1992) sprechen inzwischen davon, daß die deutliche Zunahme qualitativer Studien in den letzten 10 bis 15 Jahren heute quasi zu einer Aufteilung der sozialwissenschaftlichen Gesundheitsforschung in zwei methodische Kulturen geführt hat, eine quantitative und qualitative Forschungstradition; diese nehmen sich aber gegenseitig kaum wahr und kommunizieren wenig miteinander. Um diese unfruchtbare Ignoranz oder Konfrontation aufzuheben, plädieren sie dafür, die Stärken der beiden methodischen Zugänge zu verbinden. In diese Richtung

zielt auch mein Beitrag.
Um möglichen Mißverständnissen schon vorab zu begegnen, die nach meiner Erfahrung in der Diskussion um die „richtigen" Methoden oder gar um die „Wissenschaftlichkeit" von Forschungsansätzen immer wieder zu stereotypen Wahrnehmungen „fremder" Ansätze und zu pauschalen und unfruchtbaren Kontroversen führen, sind einige Vorklärungen notwendig. Ein qualitativer Forschungsansatz ist zunächst eine empirisch orientierte Forschung wie jede andere auch, d.h. sie versucht, mit erfahrungswissenschaftlichen Methoden die Wirklichkeit zu erkennen und angemessen abzubilden. Der Begriff „qualitativ" bedeutet dabei natürlich nicht den Anspruch einer „besseren Qualität" der Forschung, sondern er bezieht sich darauf, daß diese im Vergleich zu den eher quantitativ-messenden Zugängen stärkeres Gewicht auf die Erfassung oder Deskription der Qualitäten von empirischen Phänomenen legt. Es gibt aber eine große Bandbreite qualitativer Forschungsansätze und dabei bei weitem keinen einheitlichen methodologischen und wissenschaftstheoretischen Standpunkt. Die häufige Konfrontationsstellung zwischen den qualitativen und quantitativen empirischen Methoden ist dabei unsinnig. Beide methodische Orientierungen sind notwendig und wissenschaftlich legitim und sie können sich sinnvoll ergänzen, wenn die häufig impliziten Abwertungen der Gegenseite überwunden werden. Es sind vielmehr die Gegenstände und die Fragestellungen, die bestimmen, welcher methodische Zugang jeweils angemessen ist.
Qualitative Methoden sind in den Sozialwissenschaften keineswegs eine neue Errungenschaft oder lediglich ein neuer modischer Trend. Sie haben vielmehr bereits eine lange Tradition in den Sozial- und Geisteswissenschaften (vgl. Mayring, 1990a, Lamnek, 1993, Flick et al., 1991), die bis zu den Anfängen dieses Jahrhunderts zurückreicht. Nach einer Phase der Zurückdrängung durch die Dominanz „härterer" Verfahren zeigen sie in den letzten 20 Jahren eine deutliche Renaissance in allen Bereichen der Sozialwissenschaften.
Die **Ziele** dieses Beitrags bestehen nun darin, zunächst etwas ausführlicher zu begründen, warum qualitative Methoden für bestimmte Gegenstände und Fragestellungen der Gesundheitsforschung notwendig sind, um Erkenntnisfortschritte zu erzielen. Dann werde ich einen knappen Überblick über die verschiedenen Ansätze in der qualitativen Tradition der Gesundheitsforschung geben (vgl. ausführlicher: Mayring, in diesem Band). Und schließlich werde ich noch einige offene Fragen und Probleme ansprechen, die in dieser Forschungstradition natürlich auch bestehen und einer Lösung bedürfen.

1. Warum qualitative Methoden in der Gesundheitsforschung? - Neue Fragen machen neue methodische Zugänge notwendig

Ich gehe zunächst von der Prämisse aus, daß die Wissenschaftlichkeit und Güte einer empirischen Untersuchung nicht an den verwendeten Methoden allein zu erkennen ist, sondern immer erst an der Angemessenheit eines methodischen Zugangs im Verhältnis zu dem untersuchten Gegenstand. In diesem Sinne werde ich die Gegenstände und Fragestellungen einer vorwiegend sozialwissenschaftlichen Gesundheitsforschung in ihrer (historischen) Veränderung Revue passieren lassen und daran die Notwendigkeit qualitativer Forschungsansätze begründen. In einem ersten Schritt werde ich die ätiologisch orientierte Gesundheitsforschung betrachten, in einem zweiten Schritt werden stärker die auf bereits eingetretene Krankheiten bezogene Forschungsfragen herangezogen.

1.1 Gegenstände einer ätiologisch orientierten Gesundheitsforschung

Die Entwicklung im Gegenstandsverständnis über die Genese von Krankheiten könnte man unter die Überschrift stellen: „Von der (Sozial-) Epidemiologie zur subjektorientierten Gesundheitsforschung". Anhand der Abbildung 1 möchte ich exemplarisch die allmähliche Ausdifferenzierung der Forschungsrichtungen, ausgehend von den ursprünglich untersuchten epidemiologischen Zusammenhängen bis hin zu sehr komplexen ätiologischen Prozeßmodellen, demonstrieren. Ich beziehe die sechs Spalten der Abbildung 1 sukzessive, von außen nach innen vorgehend, mit ein und beschreibe in aller Kürze die damit verbundenen Forschungsfelder.

soziodemographische + ökologische Indikatoren	**Risiko- und Belastungsfaktoren**	**Ressourcen**	**subjektive Einschätzungen**	**Bewältigungs- und Gesundheitsverhalten**	**Krankheiten**
soziale Schicht Geschlecht Stadt / Land Umwelt Kultur / Gesellschaft	Lebensereignisse Dauerbelastungen "daily hassles" Umweltschadstoffe Pathogene	personale Ressourcen soziale Ressourcen materielle Ressourcen körperliche Ressourcen kulturelle Ressourcen	subjektive Bedeutung "primary appraisal" "secondary appraisal" subjektive Belastung subjektive Theorie von Gesundheit	Bewältigungsverhalten Risikoverhalten Hilfesuchverhalten präventives Gesundheitsverhalten	Alltagskrankheit akute Krankheit chronische Krankheit Gesundheitszustand

Abb.1: Gegenstände einer ätiologisch orientierten Gesundheitsforschung

Ein wichtiger Ausgangspunkt für die ätiologische Forschung war die Epidemiologie und ist es heute noch. Die epidemiologische Deskription und Analyse von Krankheitsraten in der Bevölkerung gibt erste Hinweise auf mögliche ätiologische Einflüsse und Zusammenhänge (vgl. Härtel, 1994). Über die

Analyse der Variationen der Morbidität (Prävalenz oder Inzidenz) oder der Mortalität oder von globalen Maßen des allgemeinen Gesundheitszustands in der Bevölkerung (oder in durch diverse Indikatoren beschreibbarer Gruppen der Bevölkerung) lassen sich empirische Hinweise auf Bedingungsfaktoren von Krankheiten gewinnen. Die Raten der untersuchten akuten oder chronischen Krankheit (in Abbildung 1 die Spalte ganz rechts) werden zum Beispiel in der Sozialepidemiologie den Unterschieden in verschiedenen soziodemographischen oder ökologischen Indikatoren (in Abb.1 die Spalte ganz links: soziale Schicht, Geschlecht, Stadt/Land, Umwelt, Kultur oder Gesellschaftsform) gegenübergestellt. Zeigt sich ein korrelativer Zusammenhang zwischen demographischen Indikatoren und Krankheitsrate, also etwa eine negative Korrelation zwischen der sozialen Schicht und einer psychischen Krankheit wie Schizophrenie oder einer körperlichen Krankheit wie der koronaren Herzerkrankung, dann sind mindestens zwei Interpretationen dieses Befunds möglich: Die Lebensbedingungen in den unteren sozialen Schichten tragen zur Genese der Krankheit bei (Hypothese einer sozialen Kausalität) oder die Menschen, die an dieser Krankheit leiden, steigen als Folge davon sozial ab (Drift-Hypothese). Auf der Ebene korrelativer epidemiologischer Zusammenhänge ist zunächst keine Entscheidung zwischen diesen Hypothesen möglich. Wohl aber kann die Erkenntnis eines epidemiologischen Zusammenhangs anregen, nach spezifischeren ätiologischen Faktoren (hier: in den Lebensbedingungen der unteren Schichten) zu suchen oder die sozialen Prozesse zu untersuchen, die durch eine Krankheit ausgelöst werden. Historisch gesehen ist genau das geschehen: Es erfolgte eine allmähliche **Ausdifferenzierung** der epidemiologischen Forschungsrichtung in verschiedene Forschungsrichtungen, die neue und spezifischere Fragestellungen über die Art des Zusammenhangs untersuchten. Die vier inneren Spalten von Abb. 1 repräsentieren somit Forschungsgegenstände, die spezifischere ätiologische Bedingungen und zum Teil eigenständige Forschungsfelder umfassen; zusammengenommen läßt sich die Abbildung 1 (von links nach rechts) als ein Prozeßmodell der Genese von Krankheit lesen, das die wesentlichen ätiologischen Faktoren enthält, die heute in der sozialwissenschaftlichen Gesundheitsforschung bekannt sind. Ich gehe auf die verschiedenen Faktoren und die damit verbundenen Forschungsrichtungen der Reihe nach und in aller Kürze ein.

Die Untersuchung spezifischer **Risiko- und Belastungsfaktoren**, die hinter den globalen sozialen und ökologischen Indikatoren stehen, hat inzwischen schon eine lange Tradition und umfaßt umfangreiche Forschungsaktivitäten. In der sozialwissenschaftlichen Gesundheitsforschung beschäftigten sich große Forschungsfelder wie z.B. die Life-Event-Forschung oder die Streß- und Belastungsforschung (z.B. über den Zusammenhang von belastenden Arbeitsbedingungen und koronaren Erkrankungen) mit der Untersuchung der ätiologischen Einflüsse von Lebensereignissen, Dauerbelastungen oder sozialen Stressoren (Rollenbelastungen) oder von kleineren Alltagsbelastungen („daily hassles") auf diverse körperliche und psychische Erkrankungen (vgl. etwa Adler & Matthews, 1994, Brown & Harris, 1989, Faltermaier, 1987, Pearlin, 1983, DeLongis et al., 1982, Maschewsky, 1981). Die stärksten, auch prospektiven Belege für den ätiologischen Einfluß von Streßfaktoren liegen einerseits für kardiovaskuläre Krankheiten, Infektionskrankheiten und Schwangerschaftskomplikationen vor (Adler & Matthews, 1994), andererseits für psychische Störungen wie Depression, Angst und Schizophrenie (Brown & Harris, 1989). Die Untersuchung des Einflusses diverser Umweltschadstoffe (am Arbeitsplatz, in der Luft, in der Nahrung, etc.) und anderer Pathogene auf die Genese einer Reihe von Krankheiten kann als (umwelt- und arbeits-)medizinisches Pendant der sozialwissenschaftlichen Untersuchung psychosozialer Faktoren gesehen werden.

In der Gesundheitsforschung wurde zunehmend die Notwendigkeit einer stärkeren Einbeziehung von Variablen auf der Verhaltensebene erkannt. Das betrift einmal die Untersuchung einer intervenierenden Variablen zwischen Stressoren und Krankheit, dem **Bewältigungsverhalten** bei Belastungen („coping behavior") (vgl. Lazarus & Folkman, 1984) und zum anderen die Untersuchung der ätiologischen Relevanz spezifischer **Verhaltensindikatoren**, seien es die bekannten Risikoverhaltensweisen (Rauchen, Alkohol, Übergewicht, etc.) oder - in neuer Zeit zunehmend - präventive Gesundheitsverhaltensweisen („preventive health behaviors", Bewegung, Entspannung, etc.)(vgl. Schwarzer, 1992, von Troschke, 1993). Und natürlich gehört auch das Hilfesuchverhalten („help seeking behavior") bei körperlichen oder psychischen Beschwerden, Alltagserkrankungen, etc., im professionellen System oder im Laiensystem, zu den Faktoren, die Einfluß auf die Genese einer Krankheit haben. Zu allen diesen Klassen von Verhaltensvariablen existieren heute eigenständige und ausgedehnte Forschungsrichtungen, die einen wichtigen Beitrag zur Ätiologieforschung geleistet haben. Die vorliegenden Erkenntnisse sind jedoch nicht ausreichend, weil zum einen die Motivierung dieser Verhaltensweisen noch wenig verstanden ist. Zum anderen sind die verschiedenen Verknüpfungen zwischen Verhaltensindikatoren und anderen ätiologischen Faktoren noch kaum untersucht; so deutet sich z.B. an, daß Individuen unter Streß mehr dazu tendieren, riskante Verhaltensweisen einzusetzen (als Bewältigung), und gleichzeitig weniger dazu in der Lage sind, präventives Verhalten zu zeigen (vgl. Adler & Matthews, 1994). Der umgekehrte Zusammenhang zeigt sich mit sozialer Unterstützung: Sozial eingebundene Individuen zeigen mehr positives Gesundheitsverhalten und weniger Risikoverhalten (ebd.).

Eine weitere Ebene von ätiologischen Faktoren wurde über die Untersuchung der moderierenden Effekte von **Ressourcen** einbezogen. Dabei standen in der Gesundheitsforschung insbesondere soziale Ressourcen im Mittelpunkt, die in der massenhaften Erforschung der gesundheitlichen Effekte von sozialer Unterstützung („social support") zum Ausdruck kamen. Als personale Ressourcen für

Gesundheit wurden insbesondere spezifische Persönlichkeitsmerkmale (Kontrollüberzeugung, Optimismus, Selbstwertgefühl, Kompetenzerwartungen oder „self efficacy" versus Typ-A-Verhaltensdisposition, Ärger, Feindseligkeit, Depression) einbezogen (vgl. Adler & Matthews, 1994). Die „social-support"- und Netzwerk-Forschung (Röhrle, 1994) trug viel dazu bei, die differentielle Wirkung von Streßfaktoren in Abhängigkeit vom Ausmaß sozialer Unterstützung zu belegen und die protektive gesundheitliche Funktion der sozialen Einbindung zu erkennen. Der Einbezug von Persönlichkeitsmerkmalen wie z.B. die Typ-A-Disposition, Kontrollüberzeugungen, „hardiness" oder Selbstwertgefühl erhöhte die prädiktive Erklärungskraft von streßtheoretischen Modellen für bestimmte Krankheiten und gab empirische Hinweise, daß es bestimmte psychische Dispositionen geben könnte, die für Krankheiten gefährden oder vor ihnen schützen.

Eine große Errungenschaft der Streßforschung war die empirisch fundierte Erkenntnis der 60er Jahre, daß Streßfaktoren unterschiedlich wirken, je nachdem wie sie von den betroffenen Individuen **subjektiv eingeschätzt** werden. Damit war der Weg zu einer psychologischen Streßforschung frei, die besonders mit dem amerikanischen Psychologen Richard S. Lazarus verbunden ist. In Lazarus' transaktionaler Streßtheorie (vgl. Lazarus & Folkman, 1984) erwiesen sich etwa kognitive Prozesse wie die „primary appraisal" von Belastungssituationen in Hinblick auf ihre Bedrohlichkeit oder die „secondary appraisal" im Hinblick auf Bewältigungsmöglichkeiten als entscheidende Variablen, um die gesundheitlichen Folgen von Stressoren vorherzusagen. Ähnlich bahnbrechend war die Entwicklung in der „life event"-Forschung, die der Engländer George Brown vorangetrieben hat, daß die ätiologische Relevanz von Lebensereignissen erst voll erfaßt werden kann, wenn die subjektive Bedeutung von Lebensereignissen berücksichtigt wird (vgl. Brown & Harris, 1978). In neuerer Zeit wird zunehmend die Einschätzung des subjektiven Risikos, von bestimmten Krankheiten betroffen zu werden, einbezogen (vg. Bengel, 1993, Schwarzer, 1993), um zu erklären, warum Individuen sich gesundheitlich riskant oder vorsorgend verhalten. Die Untersuchung der subjektiven Konzepte und Theorien von Gesundheit ist eine ganz neue Forschungsrichtung (vgl. Faltermaier, 1994), welche komplexe kognitive Dispositionen und Motivationsfaktoren für ein präventives Gesundheitshandeln zum Gegenstand macht. So unterschiedlich man auch die Relevanz dieser psychischen Faktoren im einzelnen einschätzen mag, in jedem Fall wird heute in der Gesundheitsforschung der **subjektiven Bewertung und Bedeutung** von Belastungs- und Risikofaktoren im ätiologischen Prozeß von vielen Krankheiten eine sehr viel größere Rolle zuerkannt und damit in den Designs verstärkt „subjektive Maße" mit einbezogen.

Wie kann man nun diese hier nur kurz skizzierten **Veränderungen** im Verständnis der ätiologischen Einflüsse zusammenfassen?

Die Forschungsgegenstände der ätiologischen Gesundheitsforschung bewegten sich in Richtung einer stärkeren Einbeziehung des **Individuums** und von **psychosozialen Einflüssen**: Die konkreten Lebensumstände und die psychosoziale Lebenssituation von Individuen, spezifische Verhaltensweisen sowie die subjektiven Einschätzungen und Bedeutungszuschreibungen von Individuen werden nun als wesentliche Einflüsse auf die Entstehung von Krankheiten gesehen. Das Individuum ist auf diese Weise nicht mehr nur als ein (passives) Opfer von Pathogenen konzipiert, sondern es wird potentiell als ein **handelndes Subjekt** verstanden, das über sein Copingverhalten, sein Gesundheits- oder Risikoverhalten aktiven Einfluß auf das Krankheitsgeschehen nehmen kann. Die **ätiologischen Modelle** werden dann allerdings sehr **komplex**, wenn man alle diese Einflüsse zusammen berücksichtigt: Sie enthalten eine Fülle von Variablen und ihre interaktiven Zusammenhänge, deren Erfassung großen methodischen Aufwand erfordert und deren statistische Auswertung tendenziell eine Reihe von Schwierigkeiten mit sich bringt. Die Prüfung von Modellen mit vielen Variablen und diversen Interaktionseffekten macht große Fallzahlen notwendig, die Messung vieler ähnlicher Variablen wird immer die Gefahr der Konfundierung von Messungen mit sich bringen, und Pfadmodelle können nur dann einen Prozeß abbilden, wenn auch eine Längsschnitterhebung erfolgt ist. In den Modellen müssen zudem **Prozesse** der Entstehung von Belastungen/Risikofaktoren, der Interaktion zwischen Belastungen und Ressourcen und Prozesse des Umgangs mit den Belastungen (der Bewältigung) und den gesundheitlichen Risiken unterstellt werden; diese Prozesse sind nicht nur aktualgenetisch zu verstehen, sondern können in langfristigen, **biographischen** Dimensionen erfolgen. Die stärkere Berücksichtigung psychosozialer Einflüsse impliziert zudem, daß diese nur dann angemessen erfaßt werden können, wenn auch der **lebensweltliche** Zusammenhang mit berücksichtigt wird.

In methodischer Hinsicht bedeutet diese komplexere Konzeption des Gegenstands der ätiologischen Gesundheitsforschung **erstens**, daß nun höhere Anforderungen an die **Datenerhebung** bestehen, um die verschiedenen ätiologischen Faktoren und ihr Zusammenwirken angemessen erfassen zu können. Dabei muß ein stärkeres Gewicht auf die subjektiven Äußerungen der Probanden gelegt werden, und die lebensweltlichen Kontexte der Befragten müssen miterhoben werden, weil nur auf diesem Hintergrund die spezifischen Bedeutungen von Einflüssen abzuschätzen sind. Die üblicherweise verwendeten quantitativen Forschungsinstrumente, Fragebogen oder standardisierte Interviews, sind jedoch nur begrenzt dazu in der Lage, subjektive Bedeutungen und Kontexte zu erfassen. Auf jeden Fall müssen die Forscher schon vorab bei der Erstellung eines Instruments wissen, wonach sie suchen; sie müssen bereits wissen, welche subjektive Bedeutung oder Qualität eines Phänomens zentral ist, um sie auch erheben zu können. Dieses Vorwissen kann aber bei vielen der aktuellen Forschungsfragen gerade nicht vorausgesetzt werden.

Man könnte die methodischen Probleme, die hier angesprochen sind, im Prinzip an jeder der oben diskutierten Variablen verdeutlichen. Ein Blick in die Forschungsliteratur wird schnell zeigen, welchen großen Raum die Diskussion von methodologischen Problemen bei der Erfassung von Variablen wie „social support", „coping", „perceived stress", „life events" einnimmt. Oft erweisen sich unterschiedliche oder widersprüchliche Ergebnisse der Forschung als Folge uneinheitlicher Operationalisierungen von Variablen und divergierender Erhebungsinstrumente. Erkenntnisfortschritte ergaben sich oft erst dann, wenn die Grenzen von über viele Jahre verwendeter Standarderhebungsmethoden allmählich offensichtlich wurden. Ich möchte hier zur Illustration nur ein Beispiel aus der Life-Event-Forschung herausgreifen:

Seit Ende der 60er Jahre wird der bekannte Fragebogen von Holmes & Rahe (1967) zur Erfassung von Lebensereignissen in unzähligen Untersuchungen und in diversen Variationen immer wieder verwendet. Dieses Instrument hat aber große methodische Schwächen, die seit langem bekannt sind (vgl. Katschnig, 1986); dennoch wurden und werden diese Ereignis-Listen gerne und häufig verwendet, v.a. weil sie sehr ökonomisch einsetzbar sind. Derartige Instrumente sind jedoch vielfach konfundiert, sie reduzieren das Erleben von einschneidenden Lebensveränderungen auf die Häufigkeit einer (willkürlichen) Auswahl von 43 Ereignissen; dabei ignorieren sie vor allem die subjektive Bedeutung von Lebensereignissen, die für deren gesundheitliche Auswirkung entscheidend ist. Es gibt seit langem ein sehr viel überzeugenderes, aber auch aufwendigeres Interviewverfahren, das von Brown und MitarbeiterInnen (England) entwickelt wurde (Brown & Harris, 1978); in diesem Interviewverfahren wird versucht, über die Erhebung der sozialen und biographischen Kontexte eines Ereignisses die Bedeutung für das betroffene Individuum zu erfassen. In der Entstehung von klinisch relevanten Depressionen erwiesen sich z.B. nur bestimmte subjektive Qualitäten von Ereignissen (und nicht deren Zahl) als entscheidende ätiologische Bedingungen. Das Brown'sche Interview ist zwar auch ein quantifizierendes Instrument, aber es versucht, der Komplexität und erlebnis- und individuumspezifischen Qualität, die ein Lebensereignis wie z.B. ein Partnerverlust oder ein Arbeitsplatzwechsel nun einmal besitzt, auch gerecht zu werden anstatt die Ereignisse zu normieren.

Noch offensichtlicher wird die Notwendigkeit, in der Datenerhebung komplex und offen vorzugehen und Raum für die subjektive Sicht der Probanden zu lassen, bei einem ziemlich neuen Forschungsgebiet, in dem die subjektiven Konzepte und Theorien von Gesundheit bei Laien erhoben werden, um ihr präventives Gesundheitsverhalten erklären zu können (vgl. Flick, 1991, Faltermaier, 1994). Es ist schnell einsichtig, daß diese Phänomene nur sehr begrenzt über Fragebogen zu erfassen sind, da noch weitgehend offen ist, welche Konzepte und Theorien in verschiedenen Bevölkerungsgruppen zu erwarten sind. Die Untersuchung dieser subjektiven Vorstellungen von Gesundheit verlangt beim aktuellen Erkenntnisstand eine Methode, die Raum für diese Komplexität und für nicht antizipierte Qualitäten und Zusammenhänge läßt.

Qualitative Erhebungsmethoden sind nun in der Lage und gerade dazu entwickelt worden, diese Anforderungen zu erfüllen. Sie sind einmal so konzipiert, daß sie **subtile Bedeutungen** erfassen können. Qualitativ arbeitende GesundheitsforscherInnen werden daher auch gelegentlich als „meaning seekers" gekennzeichnet (Pearlin, 1992), weil sie Sinn und Bedeutung im sozialen Leben erkennen wollen; quantitative ForscherInnen werden im Gegensatz dazu als „structure seekers" gesehen, weil sie eher an den sozialen Strukturen und ihren Auswirkungen auf die Gesundheit interessiert seien. Qualitative Methoden beziehen in viel stärkerem Maße die **Sicht des Subjekts** mit ein und sind damit in der Lage, in angemessener Weise die subjektiven Einschätzungen von Belastungen zu erfassen, die sich als kritisch für ihre Wirkung erwiesen haben. Die Befragten werden weiterhin als die Experten ihrer Lebenssituation betrachtet, was dann zentral ist, wenn diese lebensweltlichen Bedingungen als zentrale ätiologische Einflüsse gesehen werden. Es geht dabei gerade darum, die Erhebungssituation so zu gestalten, daß die Probanden möglichst authentisch und ausführlich zu Wort kommen, anstatt sie auf wenige Antwortalternativen zu reduzieren und anstatt ihnen den Zweck des Forschungsunternehmens zu verschleiern. Qualitative Methoden berücksichtigen zudem den **Kontext**, in dem das Individuum handelt, und sie können auch biographisch relevante Prozesse erfassen. Die größere **Offenheit** von qualitativen Methoden der Datenerhebung (z.B. von offenen oder halbstrukturierten Interviews) ist vor allem dann von großem Vorteil, wenn ein Gegenstand noch wenig (oder unzureichend) erkannt ist, wenn empirische Phänomene und komplexe Zusammenhänge beschrieben und Theorien entwickelt werden müssen. Qualitative Verfahren ermöglichen es auch, Phänomene, die bei der quantitativen Datenerhebung als Fehlermöglichkeiten gewertet würden (z.B. das sprachliche Verständnis von Fragen, die Interaktionen zwischen Interviewer und Probanden), mit zu berücksichtigen und als Teil der Daten auszuwerten.

In methodischer Hinsicht bedeutet das inzwischen erkennbare komplexe Geflecht von Variablen und ätiologischen Einflüssen **zweitens** höhere Anforderungen in der **Auswertung** von Daten. In der Genese einer Reihe von gut untersuchten Krankheiten müssen nach dem heutigen Forschungsstand die in Abbildung 1 aufgeführten Arten von Variablen, ihre Ausprägungen, diverse Interaktionen zwischen diesen Variablen oder gar Rückkopplungsprozesse berücksichtigt werden. Um die damit verbundenen Schwierigkeiten in der Auswertung quantitativer Daten zu illustrieren, sei als Beispiel eine bekannte medizin-soziologische Untersuchung von Pearlin et al. (1981) angeführt. Diese sehr aufwendige quantitative Studie zu den gesundheitlichen Folgen (hier Depression) von verschiedenen Rollenbelastungen legte ein sehr umfassendes Forschungsmodell des Streßprozesses zugrunde, in dem viele der oben beschriebenen Variablen berücksichtigt wurden; an einer Stichprobe von über 2000 erwachsenen Personen in Chicago wurde versucht, das Pfadmodell zu prüfen. Im Gegensatz zum Großteil

der Untersuchungen in der Streßforschung zeichnet sich diese Studie dadurch aus, daß verschiedene Arten von Belastungsfaktoren (Lebensereignisse und Dauerbelastungen), diverse Bewältigungsstile sowie personale und soziale Ressourcen berücksichtigt wurden; zudem war sie durch zwei Erhebungszeitpunkte longitudinal angelegt und damit in der Lage, einen Streßprozeß abzubilden und die gesundheitlichen Auswirkungen vorherzusagen. Das komplexe Pfadmodell mit postulierten Interaktionseffekten ließ sich jedoch trotz der großen Fallzahl nur für einen eingeschränkten Satz von Variablen überprüfen; zudem war die Gefahr der Konfundierung der gemessenen Variablen groß. Die (meist schwachen) korrelativen Zusammenhänge konnten den postulierten Streßprozeß nur beschränkt bestätigen. Derartig komplexe Prozeßmodelle, die zwar der Kompexität des Gegenstands angemessener sind, entziehen sich aber - so meine These - tendenziell der quantitativ-statistischen Überprüfung.
Qualitative Auswertungsmethoden ermöglichen dagegen eine stärker einzelfallorientierte Gewichtung von subjektiven Bedeutungen, ein Erkennen von komplexen Zusammenhängen und Widersprüchen und auch die Abbildung von biographisch relevanten Prozessen. Damit eignen sie sich dazu, gegenstandsangemessene Theorien aus den empirischen Daten zu entwickeln. Eine derartige eher explorative Forschungsstrategie ist gerade bei einem Stand der Forschung zu empfehlen, in dem zwar viele Hinweise auf ätiologische Zusammenhänge und ätiologische Faktoren vorhanden sind, aber nur wenig Wissen über das „Wie" ihres Zusammenwirkens. Eine stärkere Öffnung der Gesundheitsforschung für qualitative Methoden könnte dazu beitragen, daß wirklich neue Fragen in der Ätiologie von Krankheiten formuliert werden, die - wie man weiß - oft der erste Schritt zu neuen Erkenntnissen sind. Allzulange scheint nämlich ein quantitativer methodischer Rigorismus verhindert zu haben, daß weiterführende theoretische Überlegungen in der Gesundheitsforschung zu neuen Forschungsfragen führen: Die Standards quantitativer Methodologie zensierten somit oft schon die Gegenstände der Forschung.

1.2 Gegenstände einer krankheitsbezogenen Gesundheitsforschung

Als nächstes konzentriere ich mich auf die Gegenstände der Gesundheitsforschung, die auf das Eintreten und den Verlauf einer (körperlichen oder psychischen) Krankheit bezogen sind. Auch in der Krankheitsverlaufsforschung läßt sich in den letzten Jahrzehnten eine deutliche Veränderung im Gegenstandsverständnis erkennen, die sich unter die Überschrift bringen läßt: „Von epidemiologischen Follow-up-Studien (Katamnesen) zur Untersuchung der subjektiven und sozialen Bewältigung von Krankheit". Die folgende Abbildung 2 faßt die allmähliche Ausdifferenzierung der in der Krankheitsverlaufsforschung untersuchten Fragen zusammen:

Gesundheit Krankheit	subjektive Einschätzungen	Ressourcen	Bewältigungs- und Krankheitsverhalten	Professionelles System	Gesundheit Krankheit
Gesundheitszustand Beschwerden Alltagserkrankung akute Krankheit chronische Krankheit	subjektive Bedeutung subjektive Belastung subjektive Theorie von Gesundheit Körperbewußtsein subjektive Theorie von Krankheit	personale Ressourcen soziale Ressourcen materielle Ressourcen körperliche Ressourcen kulturelle Ressourcen	Umgang mit Beschwerden Krankheitsverhalten Bewältigung von Krankheit Hilfesuchverhalten Krankheitskarriere	Hilfesuchen bei Experten Zugang zu Experten Interaktion mit Professionellen soziale Reaktionen Patientenkarriere	Gesundheitszustand, -verlauf Beschwerden Alltagserkrankung akute Krankheit, chronische Krankheit Krankheitsverlauf

Abb. 2: Gegenstände einer krankheitsbezogenen Gesundheitsforschung

Ausgangspunkt für viele Forschungsfragen waren und sind die epidemiologischen Follow-up-Studien über den Krankheitsverlauf und seine Folgen, über das „outcome" spezifischer Erkrankungen. Als Maße des „outcome" wurden in diesen Untersuchungen ursprünglich ausschließlich Veränderungen im Krankheitszustand erfaßt. Die Frage war beispielsweise, wie verläuft eine koronare Herzerkrankung, die etwa durch einen Herzinfarkt ausbricht, über einen bestimmten Zeitraum, in welchem organischen Zustand befinden sich die Patienten etwa nach ein oder zwei Jahren. Später wurden auch Indikatoren mit einbezogen, die über die Beschreibung der organischen Krankheit hinausgingen und z.B. die soziale Integration der Patienten, Indikatoren ihres psychischen Erlebens oder der Lebensqualität mit einbezogen. In Abbildung 2 ist das ursprüngliche Design solcher Studien in den beiden Außenspalten repräsentiert, die jeweils Maße für Gesundheit/Krankheit (akute, chronische Krankheit, allgemeiner Gesundheitszustand etc.) anführen, wobei in der Spalte links außen eine diagnostizierte Krankheit zum Zeitpunkt t1 und in der Spalte rechts außen diese Krankheit zum Zeitpunkt t2 vorzustellen ist. Die Outcome-Maße zum Zeitpunkt t2 wurden meist im Zusammenhang mit Indikatoren der Krankheit selbst (z.B. Schwere, Verlauf) gebracht oder in Abhängigkeit von der Art der professionellen Behandlung, von der „compliance" der Patienten mit den Behandlungsmaßnahmen und von soziodemographischen Merkmalen, analysiert.

Eine allmähliche **Ausdifferenzierung** der epidemiologischen Untersuchung des Krankheitsprozesses erfolgte in verschiedenen Schritten, die in den vier inneren

Spalten von Abbildung 2 zum Ausdruck gebracht und nun der Reihe nach (von rechts nach links vorgehend) angesprochen werden:

Lange Zeit standen in der Untersuchung des Krankheitsverlaufs Merkmale des professionellen Gesundheitssystems und seiner Inanspruchnahme im Vordergrund (Mechanic, 1983). Der Krankheitsverlauf wurde vor allem im Zusammenhang mit dem **Hilfesuchen** („helpseeking") des Patienten bei ärztlichen Experten, mit dem angemessenen Zugang zu Institutionen des Gesundheitssystems und mit einer zuverlässigen Mitarbeit des Patienten bei den Behandlungsmaßnahmen („compliance") gesehen. Wenn Patienten das professionelle Gesundheitssystem vernünftig nutzen, so die optimistische Botschaft hinter diesen Untersuchungsgegenständen, dann ist der Verlauf auch einer schweren Krankheit optimal zu gestalten. In diesem sehr positiven Bild vom Behandlungssystem mischten sich jedoch vor allem bei psychischen Krankheiten schon früh Widersprüche. Vor allem in den 70er Jahren wurde in vielen Studien deutlich und empirisch belegt, daß psychische Krankheiten auch als soziale Abweichungen zu verstehen sind und das professionelle System (hier in Form der Psychiatrie) auch eine Form sozialer Kontrolle über diese Abweichungen ausübt. Damit gerieten generell die **sozialen Reaktionen** auf Krankheit in das Blickfeld und die professionelle Behandlung konnte auch als Teil eines Systems der sozialen Kontrolle gesehen werden, die natürlich auch zu einer Stigmatisierung der Betroffenen beitragen kann. Der Krankheitsprozeß wurde nun als Labellingprozeß in einen größeren gesellschaftlichen Rahmen gestellt (Keupp, 1979). Der Verlauf von Krankheiten war so gesehen nicht mehr ausschließlich ein objektiv beschreibbarer Prozeß, der durch sachkundige Hilfe optimal gestaltet werden kann, sondern er ist nun auch als sozialer Prozeß zu verstehen, in dem Betroffene, Angehörige und Experten als soziale Akteure aufeinander bezogen handeln und in dem soziale Normen und Rollen sowie Prozesse der Abweichung und Normalisierung wirksam sind. Die Karriere eines Patienten ist somit immer auch sozial bestimmt und muß daher als soziale Konstruktion konzipiert werden.

Zu diesem neuen Verständnis des kranken Menschen gehört auch eine genauere Analyse der **sozialen Interaktionen** zwischen Patienten und Professionellen und der Arbeitsteilungen, Interaktionen und Abstimmungen zwischen den Berufsgruppen in den Institutionen des Gesundheitssystems. Diese Interaktionen zwischen Kranken und Helfern sind nicht mehr ausschließlich als Anpassung des Patienten an rationale professionelle Vorgaben zu verstehen, sondern sie stellen einen Interaktionsprozeß mit eigener Dynamik dar, der auf dem Hintergrund von sozialen Rollen, sozialen Interpretationsfolien und miteinander verschränkten Sozialisationsprozessen abläuft.

Neben dieser stärker soziologischen Perspektive auf das Krankheitsgeschehen stellt sich die eher psychologische Frage, was denn die Betroffenen im einzelnen unternehmen, um ihre Krankheit zu bewältigen und um geeignete Hilfen zu erlangen. Die Untersuchung des **Krankheitsverhaltens** („illness behavior") entwickelte sich zu einem wichtigen Forschungsfeld (vgl. Mechanic, 1983) und umfaßte nach der bekannten Definition von Kasl & Cobb (1966) alle Verhaltensweisen von Laien, die bei vorhandenen Symptomen darauf gerichtet sind, eine Diagnose oder eine geeignete Behandlung zu erlangen. Das **Krankenrollenverhalten** („sick-role behavior") meint dagegen jene Verhaltensweisen, die darauf abzielen, bei einer bereits diagnostizierten Krankheit eine Behandlung zu erlangen, die die Gesundheit wiederherstellt oder ein Fortschreiten der Krankheit verhindert (ebd.). Wesentliche Schwergewichtsverschiebungen ergaben sich dadurch, daß zum einen die enge Bezogenheit des Patienten auf Hilfen im Expertensystem aufgegeben wurde und nun auch Hilfen im Laiensystem oder eine Selbstbehandlung im Alltag als Teil des Krankheitsverhaltens untersucht wurden; zum anderen wurden auch die Mechanismen einer Laiendiagnose und die sozialen Prozesse bei der Definition einer Krankheit zum Gegenstand der Gesundheitsforschung. Die Untersuchung der individuellen und sozialen **Krankheitsbewältigung** („coping"- Forschung) nahm in den 80er Jahren einen großen Aufschwung (vgl. Heim & Perrez, 1994, Badura, 1981) und konzentrierte sich vor allem auf die häufigsten chronischen und degenerativen Erkrankungen (Herz- und Kreislauferkrankungen, Krebserkrankungen, rheumatische Erkrankungen, später auch Aids). Auch in diesem Forschungsfeld wurden in wachsendem Maße soziale **Ressourcen** („social support"-Forschung) und andere (personale, materielle, körperliche, kulturelle) Ressourcen einbezogen, weil die soziale Unterstützung und verschiedene Persönlichkeitsdispositionen nicht nur die Bewältigung von Lebensbelastungen erleichtern können, sondern auch wichtige Funktionen in der Bewältigung einer Krankheit haben können.

Ähnlich wie in der ätiologisch orientierten Coping-Forschung wurde auch in der Untersuchung der Krankheitsbewältigung deutlich, daß diese die subjektiven Einschätzungen der Krankheit durch das betroffene Individuum einbeziehen muß, um das Verhalten erklären zu können. Somit wurde zunehmend auch die **subjektive Bedeutung und Erfahrung von Krankheit** in die Krankheitsforschung einbezogen und damit Krankheit aus einer Innenperspektive untersucht (Conrad, 1987). Zu den Gegenständen gehören so unterschiedliche kognitive Variablen und Prozesse wie z.B. die erlebten Belastungen einer Krankheit, die subjektive Erklärung der Krankheit und entsprechende Kausalattributionen, die subjektiven Krankheitstheorien sowie die subjektive Bedeutung und der persönliche Sinn einer Erkrankung (vgl. Filipp, 1990).

Insgesamt wird der **Krankheitsverlauf** zunehmend als Prozeß konzipiert, der in biographisch relevanten Zeiträumen verläuft. Die in Abbildung 2 schematisch aufgeführten Gegenstände können somit (von links nach rechts) als Prozeß gelesen werden. Krankheit wird heute als Prozeß in ihren objektiven und subjektiven Dimensionen untersucht und in einem sozialen und biographischen Kontext gesehen. In diesem Sinne kann Krankheit zum einen als ein biographischer Bruch (Bury, 1982) oder als ein kritisches Lebensereignis verstanden werden; sie impliziert zum anderen einen sozialen Bruch mit der Alltagsroutine, eine soziale Abweichung und Desintegration, deren Folgen über die Krankheit im engeren Sinne hinausgehen und zusätzlich bewältigt werden müssen.

Die **Veränderungen und Differenzierungen** in der krankheitsbezogenen Gesundheitsforschung lassen sich somit wie folgt zusammenfassen: Krankheit wird heute stärker aus einer **Innenperspektive** untersucht (als „illness" und nicht nur als „disease", im Sinne eines nur objektiv und physiologisch beschreibbaren Ereignisses) und aus der Sicht der von Krankheit betroffenen Menschen betrachtet (und nicht nur aus der Sicht der medizinischen Experten). Damit gewinnen Fragen nach der subjektiven Einschätzung, nach der Bedeutung und dem Sinn von Krankheit einen größeren Stellenwert. Das kranke Individuum wird nicht mehr ausschließlich als das Opfer seiner Krankheit betrachtet, sondern als ein potentiell handelndes **Subjekt** verstanden, das sich das Krankheitsereignis aktiv und auf dem Hintergrund seiner sozialen Lage aneignet. Krankheit wäre somit weit mehr als ein reaktives Anpassungsgeschehen; der Gegenstand „Krankheit" ist immer auch als eine **subjektive und soziale Konstruktion** zu verstehen. Die Auseinandersetzung mit einer Krankheit und die Versuche ihrer **Bewältigung** müssen daher auch in diesem subjektiven und sozialen Kontext gesehen werden. Das individuelle Handeln von kranken Menschen sollte daher nicht nur im Zusammenhang mit den Formen **sozialer Unterstützung im Alltag** untersucht werden, sondern im weiteren Sinne als Teil der sozialen Interaktionen eines „Laiengesundheitssystems". Eine Krankheit wird schließlich zunehmend als **biographisches Ereignis** und als Teil eines biographischen Prozesses verstanden; es erlangt erst in diesem Kontext seine spezifische Bedeutung und muß biographisch „be- und verarbeitet" werden (Identitätsarbeit). Sucht der kranke Mensch Hilfe bei Experten und im professionellen Gesundheitssystem, dann spielen neben den schon beschriebenen Prozessen die **sozialen Interaktionen mit den Experten** und die soziale Konstruktion (und soziale Kontrolle) von Krankheit durch das Behandlungssystem eine zentrale Rolle.

Qualitative Methoden sind notwendig und geeignet, um die beschriebenen Fragestellungen zum Krankheitsprozeß zu erfassen. Sie werden in der aktuellen Gesundheitsforschung bereits vielfach und mit steigender Tendenz eingesetzt. Insbesondere ermöglichen sie es, die subjektiven Einschätzungen und die subjektive und soziale Bedeutung von Krankheit zu rekonstruieren, die sozialen Unterstützungsprozesse in ihrer alltäglichen Komplexität und Widersprüchlichkeit abzubilden, das oft langfristige Bewältigungshandeln der Betroffenen und ihres sozialen Bezugssystems im Lebenslauf zu erfassen sowie die sozialen Interaktionen bei Behandlung, Pflege und Rehabilitation im Gesundheitssystem zu erkennen.

Zwei Beispiele seien noch herangezogen, um die Bedeutung qualitativer Untersuchungsansätze in der krankheitsbezogenen Gesundheitsforschung zu belegen. Zu den Klassikern der qualitativen Sozialforschung im Gesundheitsbereich zählen die Studien des amerikanischen Soziologen Anselm Strauss und seiner Mitarbeiter über den Umgang mit chronischer Krankheit und mit dem Sterben auf Krankenhausstationen (Glaser & Strauss, 1965, Strauss et al., 1985). Diese Studien basieren auf der teilnehmenden Beobachtung der Interaktionen zwischen dem medizinischen Personal und den Patienten im Krankenhaus und sind eine der Grundlagen für die Ausarbeitung des bekannten methodischen Ansatzes der „grounded theory“ (Glaser & Strauss, 1967) geworden. Die qualitative Interviewstudie der deutschen Sozialwissenschaftlerin Uta Gerhardt über die soziale Bewältigung und Krankheitskarriere bei chronischen Nierenerkrankungen (Gerhardt, 1986) ist ein gutes Beispiel für eine theoretisch fundierte und methodisch innovative Studie. Sie zeichnet sich dadurch aus, daß sie die Krankheitsbewältigung als ein notwendigerweise soziales Coping in Ehe und Familie und als einen biographisch eingebetteten Karriereprozeß konzipiert. In methodischer Hinsicht ist insbesondere die Elaborierung einer Auswertungsstrategie von qualitativem Material hervorzuheben, die als Typenbildung verstanden wird.

Es soll abschließend betont werden, daß die Untersuchung der oben aufgeführten Fragestellungen zum Krankheitsprozeß potentiell große Bedeutung für die Praxis im Gesundheitssystem haben kann. Aus Untersuchungen über den Krankheitsprozeß in seinen psychischen, sozialen, körperlichen und kulturellen Dimensionen lassen sich Schlußfolgerungen für die Konzeption der Gesundheitsarbeit im Krankenhaus, im ambulanten und rehabilitativen Bereich ziehen und Hinweise für eine effektive Beratungsarbeit im Gesundheitswesen gewinnen.

2. Qualitative Ansätze und Methoden in der Gesundheitsforschung

Nachdem die Fragen und Gegenstandsbereiche angeführt wurden, die heute in der Gesundheitsforschung auf der Tagesordnung stehen und empirisch untersucht werden müssen, soll als nächstes ein kurzer Überblick über die qualitativen Ansätze und Methoden gegeben werden, die sich zur Untersuchung dieser Fragen eignen (vgl. zum allgemeinen Überblick: Flick u.a., 1991, Lamnek, 1993, 1989). Ich gehe zunächst auf die Datenerhebung ein und beschreibe dann Möglichkeiten einer qualitativen Auswertung.

2.1 Datenerhebung

Qualitativ orientierte empirische Untersuchungen in der Gesundheitsforschung verwenden zur Erhebung von Daten überwiegend die Methode des qualitativen Interviews und der teilnehmenden Beobachtung. In der Gesundheitsforschung haben **Interviewstudien**, die mit verschiedenen Formen qualitativer Interviews arbeiten, eine herausragende Bedeutung. Qualitative Interviews werden vor allem in der Streß- und Belastungsforschung und für die Untersuchung von sozialen

Netzwerken und Bewältigungsprozessen eingesetzt. Sie spielen eine große Rolle in biographischen Studien zum Krankheitsverlauf und zur Krankheitsbewältigung. In neuerer Zeit werden sie aber auch für stärker salutogenetische Fragestellungen verwendet, in denen es z.B. um die Rekonstruktion von komplexen subjektiven Konzepten und Theorien von Gesundheit und Krankheit bei Laien und um das Gesundheitsverhalten im Alltag geht.

Die Interviewmethode eignet sich vor allem dann, wenn es in einer Studie darum geht, die Sicht des Subjekts zu eruieren, wenn die Probanden als Experten ihrer Lebenssituation gesehen werden, wenn der lebensweltliche Kontext von Gesundheit und Krankheit rekonstruiert werden soll und wenn auch biographische Prozesse thematisiert werden sollen. Genau diese Fragestellungen sind aber - wie oben gezeigt wurde - die Themen der neueren Gesundheitsforschung. Wenn es um das Innenleben von Menschen geht, die von einer schweren chronischen Krankheit betroffen sind, dann können oft nur sensible Gespräche mit diesen Menschen dazu beitragen, ihre Erfahrungen, ihre Gefühle und ihre Verstehensbemühungen zu rekonstruieren. Die Anwendung von Copingfragebögen bei schwer kranken Menschen kann gelegentlich schon aus forschungsethischen Gründen verfehlt sein; oft sind sie auch aus wissenschaftlichen Gründen ungeeignet zu erfassen, was kranke Menschen wirklich erleben. Wenn es um die Frage geht, wie ein Mensch und seine soziale Umgebung das Leben mit einer unheilbaren Krankheit organisiert und über Jahre hinweg versucht, die Krankheit in seine Identität zu integrieren, dann kann oft nur ein biographisch orientiertes Interview diese Prozesse und sozialen Abstimmungen erfassen. Neue methodische Ansätze sind auch notwendig, um der inzwischen erreichten konzeptionellen Komplexität gerecht zu werden und die theoretischen Modelle empiriebezogen weiter zu entwickeln. So ist beispielsweise die Untersuchung der gesundheitlichen und psychosozialen Auswirkungen der langdauernden Pflege eines kranken Angehörigen in der Familie nur unzureichend zu leisten, wenn die Belastungen des pflegenden Angehörigen nur durch einen Streßfragebogen und die Unterstützungsleistungen durch ein „Social Support“- Instrument erfaßt werden; die komplexen Qualitäten einer Beziehung zwischen Familienangehörigen und ihre Entwicklung hin zu einer vorwiegend pflegenden Interaktion mit allen ihren Belastungen, Überforderungen, Freuden und Leiden sowie den vielen Ambivalenzen und Gewissenskonflikten lassen sich wohl erst in ausführlichen Gesprächen mit den Beteiligten (Einzel- und Gruppeninterviews, eventuell auch teilnehmende Beobachtungen) rekonstruieren, geben dann aber bessere Hinweise für die Möglichkeiten einer unterstützenden professionellen Pflege. Oder, um noch einen ganz anderen Forschungsgegenstand anzudeuten, die Überlegungen, die sich heute gesunde Menschen im Alltag machen, wenn es um ihre gesundheitlichen Risiken geht und darum, wie sie ihr Leben gesünder gestalten können, sind noch so wenig erschlossen, daß es nicht sehr sinnvoll wäre, dazu ein Forschungsinstrument mit geschlossenen Fragen zu entwickeln; dagegen ist hierzu ein offenes, thematisch strukturiertes, qualitatives Interview die Methode der Wahl, weil es auch nicht antizipierbare Überlegungen und die für die Umsetzung einer gesunden Lebensweise bestehenden Hindernisse sichtbar machen kann.

In qualitativen Interviews wird in der Regel ein Gesprächsleitfaden verwendet, der auch deutlich machen kann, welchen theoretischen Input ein Forschungsprojekt einfließen läßt. Die Interviews sind thematisch zwar strukturiert, folgen ansonsten aber einem flexiblen Gesprächsverlauf. Sie können aber auch stärker als narrative oder biographische Interviews angelegt sein; das bedeutet dann, daß die Interviewer sich noch stärker zurücknehmen und mehr darauf konzentrieren müssen, Erzählimpulse zu setzen. Die Durchführung von qualitativen Interviews bedarf großer Erfahrung, breiter kommunikativer Kompetenzen und eingehender Vertrautheit mit der Fragestellung und dem theoretischen Hintergrund der Untersuchung. Eine qualitative Interviewstudie ist daher in keiner Weise für das schnelle Anlernen von Interviewern geeignet, sondern sie sollte immer von hauptamtlichen ForscherInnen mit Fortbildung in der qualitativen Methodenlehre durchgeführt werden. Es ist auch ein weit verbreitetes Mißverständnis, wenn geglaubt wird, daß offene qualitative Interviews ohne eingehende theoretische Vorbereitung auskämen. Die Fragestellung einer qualitativen Untersuchung muß genauso sorgfältig aus der Sichtung der Forschungsliteratur und aus theoretischen Modellen abgeleitet werden wie bei jeder anderen Methode auch; nur geht es hier nicht primär um die Überprüfung spezifischer Hypothesen, sondern um die Entwicklung von Theorien, um neue Einsichten in Zusammenhänge, um die Beschreibung subjektiver Relevanzsysteme und um die Rekonstruktion von Alltagswissen. Als oberste Prinzipien bei der Interviewdurchführung müssen die Herstellung einer Vertrauensbeziehung, die Offenheit für alle Äußerungen der Probanden zu den Themen des Leitfadens und die möglichst erfolgreichen Bemühungen um ein Verstehen des Befragten und seiner Lebenssituation im Gesprächskontext gelten. Denn was im Gespräch nicht verstanden wurde (oder entsprechend durch Nachfragen präzisiert worden ist), das kann auch in einer noch so intensiven Auswertung nicht mehr erfaßt werden. Diese kommunikative Haltung kann auch als Form der Validierung im Interview verstanden werden. In der Technik des Fragens bietet sich eine Mischung von offenen Fragen, Erzählanstößen und spezifischen Nachfragen an. In der Regel wird jedes qualitative Interview auf Tonband mitgeschnitten und anschließend wörtlich transkribiert (nach bestimmten Transkriptionssystemen).

Studien mit teilnehmender **Beobachtung** eignen sich vor allem dann, wenn der Fokus einer Untersuchung auf den sozialen Interaktionen liegt und sich systematische Interviews aus verschiedenen Gründen schwer durchführen lassen. Beobachtungsstudien wurden bisher insbesondere über die sozialen Interaktionen im professionellen Gesundheitssystem durchgeführt, also über die Inhalte und Formen der Kommunikation zwischen Arzt, Pflegepersonal und Patienten. Derartige Methoden eignen sich aber auch dazu, gesundheitsbezogene Gruppen, soziale Systeme oder Interaktionen (wie z.B. Selbsthilfegruppen, Stationen, Krankenhäuser, Pflegeheime, Familie, Arbeitsplatz) zu untersuchen. Studien mit teilnehmender Beobachtung würden sicher auch in gesundheitsbezogenen Subkulturen (Drogenszene, Wohnsitzlose, Psychiatriebetroffene) sinnvoll sein. Oft bietet sich auch eine Kombination von Interview- und Beobachtungsmethoden an, so z.B. in der Evaluations- und Begleitforschung. Qualitative Studien lassen sich generell gut in der **Praxisforschung** einsetzen; sie erbringen in der Regel Ergebnisse, die gut in die Praxis übersetzbar sind, weil sie alltagsnah und fallbezogen formuliert werden können.

2.2 Auswertungsansätze und -methoden

Es gibt viele Ansätze und Methoden zur Auswertung von qualitativ erhobenem Datenmaterial. Qualitative Auswertungsmethoden setzen in der Regel an Texten an, die entweder durch die wörtliche Transkription von auf Band mitgeschnittenen Interviews oder durch Protokolle von Beobachtungssequenzen erzeugt wurden. Bei der qualitativen Auswertung handelt es sich um einen kontrollierten wissenschaftlichen Prozeß der Interpretation, des Fremdverstehens, der sinnvollen Reduktion von Information (z.B. Kodierung) und der Generalisierung von Aussagen, der viel Erfahrung und systematische Aus- und Weiterbildung erfordert.

Die verschiedenen **Auswertungsansätze** unterscheiden sich darin, wie stark sie strukturiert sind, wie sehr sie einzelfallanalytisch oder fallvergleichend vorgehen, wie schnell sie allgemeine Kategorien anlegen und wie intensiv und tief die Interpretationen ansetzen. Es liegen verschiedene Verfahren der Generalisierung mit unterschiedlicher Offenheit und Fallbezogenheit vor. Ein Überblick ist deshalb schwierig zu geben, weil in den meisten Untersuchungen die Methode der Auswertung nicht in Reinform angewendet, sondern flexibel an die jeweiligen Erfordernisse des Gegenstands angepaßt wird. Mindestens drei grundlegende Ansätze lassen sich aber voneinander abgrenzen: Die qualitative Inhaltsanalyse (vgl. Mayring, 1990b), der „grounded theory"- Ansatz (Glaser & Strauss, 1967, Strauss, 1994) und diverse interpretative und hermeneutische Verfahren, z.B. die Deutungsmusteranalyse oder die „objektive Hermeneutik" (Oevermann et al., 1979). Es ist hier nicht der Ort, um diese auch nur halbwegs angemessen darzustellen, zum Teil werden sie auch in Beiträgen in diesem Band vorgestellt (vgl. Mayring, i.d.Bd., Fischer-Rosenthal, i.d.Bd.), zum Teil muß auf die einschlägige Methodenliteratur verwiesen werden (Flick u.a., 1991, Lamnek, 1993, 1989).

Die **qualitative Inhaltsanalyse** ist ein im deutschen Raum sehr beliebtes Verfahren, das klar strukturiert und relativ leicht erlernbar ist. Es setzt eher an der Oberflächenstruktur des Textes an und versucht, rasch zu allgemeinen Kategorien zu kommen, denen dann in verschiedenen Analyseschritten Textausschnitte zugeordnet werden. Dabei ist auch eine Quantifizierung der erhaltenen Kategorien möglich. Es wurde bisher sehr häufig in der Belastungs- und Bewältigungsforschung angewendet. Die **„grounded theory"- Methode** ist international wohl das am weitesten verbreitete und das bekannteste Verfahren; es wurde zudem in der Gesundheitsforschung entwickelt, hat dort eine lange Tradition und wurde häufig zu gesundheitsbezogenen Fragestellungen angewendet. Die Methode ist gut ausgearbeitet und zielt auf die Entwicklung von gegenstandsbezogenen Theorien. Das Vorgehen besteht darin, Texte durch verschiedene Formen des Kodierens zusammenzufassen und zu interpretieren; dabei werden vergleichende Analysen innerhalb und zwischen den Fällen angestellt. Durch das Schreiben von theoretischen Memos während des Kodierens werden theoretische Einfälle gesammelt und systematisch zu Begriffssystemen und Theorien ausgebaut. Dabei können weitergehende Forschungsfragen entstehen, die zu einer erneuten Datenerhebung führen; über ein „theoretisches Sampling" wird ergänzendes Material in die Analyse und Entwicklung der Theorien mit einbezogen.

Hermeneutische Verfahren wie z.B. die „objektive Hermeneutik" zielen darauf ab, durch eine sehr intensive Textinterpretation Tiefenstrukturen von Bedeutungen in jedem Fall zu erkennen, die so an der Textoberfläche nicht sichtbar sind. Sie sind in der Regel sehr zeitaufwendig und werden häufig in Teams von Interpreten vorgenommen. Das Vorgehen einer sequentiellen Interpretation des Textes führt zur Generierung möglichst vieler Hypothesen über den Fall, die in der weiteren Analyse sukzessive bestätigt oder verworfen werden. Durch Fallanalysen und Fallvergleiche werden Verallgemeinerungen über soziale (objektive) Bedeutungsstrukturen vorgenommen. Hermeneutische Auswertungsverfahren werden häufig in biographischen Untersuchungen verwendet und können in dieser Form auch eine gute Methode zur biographischen Analyse von Krankengeschichten abgeben.

Der großer Aufwand der qualitativen Auswertung hält viele Forscher davon ab, qualitative Studien durchzuführen. Die Aufzeichnung und Fixierung der Daten (z.B. durch Transkription) ist in der Tat ein sehr zeitaufwendiger Schritt, läßt sich aber meist nicht umgehen, weil erst die Fixierung der Daten als Texte die notwendige Grundlage für eine kontrollierte und reflektierte Auswertung abgibt. Alle subjektiven Daten und Äußerungen (Texte) müssen interpretiert werden, weil ihre Bedeutung eben nicht evident ist; das gilt im übrigen auch bei quantitativen Daten, wobei deren Interpretation selten reflektiert und kontrolliert vorgenommen wird, damit oft eine Fehlerquelle darstellt. Der Interpretationsprozeß und die Auswertung muß möglichst kontrolliert und nachvollziehbar erfolgen. Alle Aussagen und Verallgemeinerungen müssen im Prinzip durch Textstellen belegbar sein und in ihrem Zustandekommen transparent sein. Die Ergebnisse können dann über Formen einer kommunikativen Validierung weiter abgesichert werden. Die Transparenz des Forschungsprozesses und die Nachvollziehbarkeit der Ergebnisse sind wesentliche Qualitätskriterien in der qualitativen Forschung.

Folgt die Auswertung diesen Prinzipien, dann zeigt sich der wissenschaftliche

Nutzen eines qualitativen Forschungsansatzes in der Gesundheitsforschung vor allem an dem Reichtum an Einsichten in die subjektive Sicht von Gesundheit und Krankheit, an neuen Erkenntnissen über die komplexen Zusammenhänge zwischen Gesundheit und Lebensbedingungen und am besseren Verstehen der psychosozialen Dimensionen in der Gesundheitspraxis.

2.3 Offene Fragen und Probleme einer qualitativen Gesundheitsforschung

Natürlich bestehen in der qualitativen Forschung noch eine Fülle offener Fragen und methodischer Probleme, die ihre weitere Verbreitung auch in der Gesundheitsforschung behindern. Sie seien hier kurz angesprochen, um nicht den Eindruck zu vermitteln, daß qualitative Methoden ein problemlos anzueignendes Methodenarsenal darstellen und daß durch einen Griff in die „Methodenkiste" immer das für jede Forschungsfrage geeignete Verfahren zu finden ist.
Die Schwierigkeiten liegen einmal in der noch geringen Kodifizierung der Methoden und der oft fehlenden Explikation der Qualitätsstandards für die qualitative Forschung. Da die einfache Übernahme der Gütekriterien einer quantitativen Methodologie weder sinnvoll noch machbar ist, andererseits aber die qualitativen Methoden oft flexibel an die jeweilige Fragestellung angepaßt werden, fehlt immer noch ein Konsens über die Qualitätsstandards und dabei auch über das zentrale Verhältnis von Subjektivität und Objektivität. Das ist vor allem deshalb fatal, weil sich mit zunehmender Verbreitung auch schon ein Schuß Beliebigkeit in der qualitativen Forschung eingeschlichen hat und durchaus auch schlechte und schlampige Arbeiten zu finden sind, die dem wissenschaftlichen Ruf natürlich nicht zuträglich sind. Es gibt durchaus Versuche, eigenständige Gütekriterien für die qualitative Forschung zu formulieren (vgl. Faltermaier, 1990, Flick u.a., 1991), aber der Klärungsprozeß ist hier bei weitem noch nicht so fortgeschritten wie es notwendig wäre. Die Standards müßten dann die Aus- und Weiterbildung in der qualitativen Forschung anleiten.
Von einem forschungspragmatischen Standpunkt ist es natürlich ein beträchtliches Problem, daß immer noch ein großer Aufwand sowohl in der Datenerhebung als auch in der Auswertung betrieben werden muß, um eine gute qualitative Untersuchung durchzuführen. Das schreckt einerseits potentielle Interessenten ab, führt andererseits aber auch zu Versuchen, an unzuläßiger Stelle den Forschungsaufwand abzukürzen. Die geringen Fallzahlen, die sich in qualitativen Untersuchungen meist nur realisieren lassen, schränken natürlich die Reichweite (Repräsentativität) der Ergebnisse ein; sie sind die „Kosten" für die größere Intensität der empirischen Analyse und Repräsentanz des Einzelfalls. Damit wird die Verallgemeinerung der Ergebnisse zu einem schwierigen Unterfangen, welches immer wieder neu begründet werden muß. Manche mit der Fallzahl verknüpfte Schwierigkeiten werden aber eher von außen an die qualitative Forschung herangetragen. Die Frage nach dem N ist schon in der quantitativen Forschung fast zu einem Mythos geworden, der mit dem wissenschaftlichen Wert

einer Studie oft wenig zu tun hat. Um so problematischer ist es, wenn die Güte einer qualitativen Untersuchung ganz platt und ohne Berücksichtigung von Gegenstand und Erhebungsmethode an der Zahl der befragten Probanden gemessen wird. Die Größe der Stichprobe ist als Hauptkriterium für Beurteilung einer qualitativen Studie unsinnig. Die Frage nach der Reichweite und der Repräsentativität der Ergebnisse ist immer eine eigens zu klärende Frage, die, wenn sie nicht durch Verweis auf statistische Operationen erfolgen kann, inhaltlich begründet werden muß. Weiterhin ist in der qualitativen Forschung die Frage der angemessenen Darstellung der Ergebnisse noch nicht gelöst. Es erweist sich immer wieder als schwierig, die Ergebnisse so zu präsentieren, daß die zentralen Aussagen schnell erfaßt werden können und dennoch die rekonstruierte Komplexität sichtbar bleibt und das methodische Vorgehen transparent wird. Die Präsentation von Ergebnissen quantitativer Studien in Form von Tabellen ist in der Regel leichter und ökonomischer als das Nachvollziehen komplexer Analysen von Interviews.

Viele Schwierigkeiten der qualitativen Forschung ergeben sich aber durch die immer noch in vielen Forschungsfeldern fehlende Akzeptanz qualitativer Methoden als gleichberechtigte Forschungsmethoden. Das macht es immer wieder notwendig, einen qualitativen Ansatz besonders aufwendig zu legitimieren; dabei müssen immer wieder und mühsam Selbstverständlichkeiten ausgewiesen werden und grundlegende Zweifel an der „Wissenschaftlichkeit“ einer Methode ausgeräumt werden. Es wäre schon viel gewonnen, wenn auch in den Gesundheitswissenschaften eine Pluralität von methodischen Zugängen anerkannt würde, die in anderen Bereichen der Sozialwissenschaften inzwischen selbstverständlich geworden ist. Dann könnte man sich der wesentlicheren und immer wieder neu zu beantwortenden Frage zuwenden, ob der methodische Zugang dem Gegenstand der Untersuchung angemessen ist.

Schlußbemerkung

Ich habe in diesem Beitrag den Versuch gemacht, die Notwendigkeit einer qualitativen Forschung für die aktuellen Fragestellungen der Gesundheitswissenschaft zu begründen und mögliche Entwicklungslinien anzudeuten. Damit verbinde ich die Hoffnung, daß sich qualitative Methoden zu einem wichtigen und selbstverständlichen Teil der Forschungslandschaft auch in einer Public-Health-Forschung entwickeln. Über die Verbreiterung der Erfahrungen mit qualitativer Gesundheitsforschung, ihre zunehmende Routinisierung als Forschungsansatz und über die stärkere Vermittlung des qualitativen methodischen Knowhows in den Studiengängen für Gesundheitsberufe werden sich auch bessere Kooperationsmöglichkeiten zwischen quantitativen und qualitativen Zugängen ergeben. Angesichts der drängenden gesellschaftlichen Probleme und Veränderungen, die auch wesentlich die Gesundheit der Bevölkerung betreffen, müssen die

Gesundheitswissenschaften ihre durchaus vorhandenen vielfältigen Ressourcen nutzen und auch innovativen Ansätzen in Forschung und Praxis eine Chance geben. Es ist durchaus nicht zu übersehen, daß die mit qualitativen Methoden angegangenen Gegenstände auch neue Fragen in der Gesundheitsforschung aufwerfen. Hinter diesen Fragen verbirgt sich sicher auch ein anderes Menschenbild und ein anderes Forschungsverständnis. In der Gesunderhaltung, in der Krankheitsbewältigung, in der Interaktion mit Professionellen und in der Interaktion mit den Forschern scheint darin der Stellenwert des Subjekts und von psychosozialen Einflüssen sehr viel stärker ausgeprägt als es in der bisherigen Gesundheitsforschung und -praxis üblich war. Vielleicht ist die noch verbreitete Abwehrhaltung gegenüber diesem so wenig naturwissenschaftlichen Zugang auch auf diesem Hintergrund zu verstehen und damit weniger wissenschaftlich-methodisch begründet als darin, daß in der methodischen Innovation die Aufweichung des biomedizinischen Paradigmas befürchtet wird.

Literatur

Adler, N. & Matthews, K. (1994). Health psychology: Why do some people get sick and some stay well? Annual Review of Psychology, 45, 229-259.

Badura, B. (Hrsg.)(1981). Soziale Unterstützung und chronische Krankheit: Zum Stand sozialepidemiologischer Forschung. Frankfurt: Suhrkamp.

Bengel, J. (1993). Gesundheit, Risikowahrnehmung und Vorsorgeverhalten. Göttingen: Hogrefe.

Brown, G.W. & Harris, T. (1978). Social origins of depression: A study of psychiatric disorder in women. London: Tavistock.

Brown, G.W., Harris, T.O. (Eds.)(1989). Life events and illness. London: Unwin Hyman.

Bury, M. (1982). Chronic illness as a biographical disruption. Sociology of Health and Illness, 2, 167-182.

Conrad, P. (1987). The experience of illness: Recent and new directions. In J.A. Roth & P. Conrad (Eds.), Research in the sociology of health care (Vol. 6, pp. 1-31). Greenwich, Conn.: JAI Press.

DeLongis, A., Coyne, J.C., Dakof, G., Folkman, S. & Lazarus, R.S. (1982). Relationship of daily hassles, uplifts, and major life events to health status. Health Psychology, 1, 119-186.

Faltermaier, T. (1987). Lebensereignisse und Alltag. Konzeption einer lebensweltlichen Forschungsperspektive und eine qualitative Studie über Belastungen und Bewältigungsstile von jungen Krankenschwestern. München: Profil.

Faltermaier, T. (1994). Gesundheitsbewußtsein und Gesundheitshandeln. Über den Umgang mit Gesundheit im Alltag. Weinheim: Beltz (Psychologie Verlags Union).

Filipp, S.H. (1990). Subjektive Theorien als Forschungsgegenstand. In R. Schwarzer (Hrsg.), Gesundheitspsychologie (S. 247-262). Göttingen: Hogrefe.

Flick, U. (Hrsg.). (1991). Alltagswissen über Gesundheit und Krankheit. Subjektive Theorien und soziale Repräsentationen. Heidelberg: Asanger.

Flick, U., Kardorff, E. von, Keupp, H., Rosenstiel, L. von & Wolff, S. (Hrsg.). (1991). Handbuch Qualitative Sozialforschung. München: Psychologie Verlags Union.

Gerhardt, U. (1986). Patientenkarrieren. Eine medizinsoziologische Studie. Frankfurt/M.: Suhrkamp.

Glaser, B.G. & Strauss, A. (1965). Awareness of dying. Chicago: Aldine.

Glaser, B.G. & Strauss, A. (1967). The discovery of grounded theory: Strategies for qualitative research. Chicago: Aldine.

Heim, E. & Perrez, M. (Hrsg.)(1994). Krankheitsverarbeitung. Jahrbuch der Medizinischen Psychologie, 10. Göttingen: Hogrefe.

Härtel, U. (1994). Mediensoziologische Perspektiven von Gesundheit und Krankheit. In E. Pöppel, M. Bullinger & U. Härtel (Hrsg.), Medizinische Psychologie und Soziologie (S. 259-291). London: Chapman & Hall.

Holmes, T.H. & Rahe, R.H. (1967). The social readjustment rating scale. Journal of Psychosomatic Research 11, 213-218.

Kasl, S.V. & Cobb, S. (1966). Health behavior, illness behavior and sick role behavior: I. Health and illness behavior. Archives of Environmental Health, 12, 246-266.

Katschnig, H. (Ed.)(1986). Life events and psychiatric disorders: Controversial issues. Cambridge: Cambridge University Press.

Keupp, H. (Hrsg.)(1979). Normalität und Abweichung. Fortsetzung einer notwendigen Kontroverse. München: Urban & Schwarzenberg.

Lamnek, S. (1989). Lehrbuch zur qualitativen Sozialforschung. Band 2. Methoden und Techniken. Weinheim: Psychologie Verlags Union.

Lamnek, S. (1993). Qualitative Sozialforschung. Band 1, Methodologie. Weinheim: Psychologie Verlags Union.

Lazarus, R.S. & Folkman, S. (1984). Stress, appraisal, and coping. New York: Springer.

Maschewsky, W. (1981). Machen bestimmte Arbeitsplätze krank - oder kommen Kranke auf bestimmte Arbeitsplätze? Psychosozial, 4 (2), 125-139.

Mayring, P. (1990a). Einführung in die qualitative Sozialforschung. München: Psychologie Verlags Union.

Mayring, P. (1990b). Qualitative Inhaltsanalyse. Grundlagen und Techniken. Weinheim: Deutscher Studien Verlag (2. Auflage).

Mechanic, D. (1983). The experience and expression of distress: The study of illness behavior and medical utilization. In D. Mechanic (Ed.), Handbook of health, health care, and the health professions (pp. 591-607). New York: Free Press.

Mechanic, D. (1989). Medical sociology: Some tensions among theory, method and substance. Journal of Health and Social Behavior, 30 (2), 147-160.

Oevermann, U., Allert, T., Konau, E. & Krambeck, J. (1979). Die Methodologie einer „objektiven Hermeneutik" und ihre allgemeine forschungslogische Bedeutung in den Sozialwissenschaften. In Soeffner, H.-G. (Hrsg.) Interpretative Verfahren in den Sozial- und Textwissenschaften. (S. 352-343). Stuttgart: Metzlersche Verlagsbuchhandlung.

Pearlin, L.J. (1983). Role strains and personal stress. In H.B. Kaplan (Ed.), Psychosocial stress: Trends in theory and research (pp. 3-32). New York: Academic Press.

Pearlin, L.J. (1992). Structure and meaning in medical sociology. Journal of Health and Social Behavior, 33, 1-9.

Pearlin, L.J., Lieberman, M.A., Menaghan, E.G. & Mullan, J.T. (1981). The stress process. Journal of Health and Social Behavior, 22, 337-356.

Röhrle, B. (1994). Soziale Netzwerke und soziale Unterstützung. Weinheim: Psychologie

Verlags Union.
Schwarzer, R. (1992). Psychologie des Gesundheitsverhaltens. Göttingen: Hogrefe.
Schwarzer, R. (1993). Defensiver und funktionaler Optimismus als Bedingungen für Gesundheitsverhalten. Zeitschrift für Gesundheitspsychologie, 1(1), 7-31.
Strauss, A. (1994). Grundlagen qualitativer Sozialforschung. München: Fink.
Strauss, A., Fagerhaugh, S., Suczek, B. & Wiener, C. (1985). Social organization of medical work. Chicago: University of Chicago Press.
Troschke, J. von (1993). Gesundheits- und Krankheitsverhalten. In K. Hurrelmann & U. Laaser (Hrsg.), Gesundheitswisssenschaften (S. 155-175). Weinheim: Beltz.

Philipp Mayring

Exemplarische qualitative Ansätze und ihre Bedeutung für die Gesundheitsforschung

1. Einleitung

Qualitative Ansätze der Forschungsmethodologie haben sich in den letzten Jahren vom Einzelgänger- und Außenseitertum wegentwickelt zu einer vielleicht schon gleichberechtigten Alternative wissenschaftlicher Vorgehensweise. Dies gilt allerdings in den auch für 'Public Health'-Forschung relevanten einzelnen humanwissenschaftlichen Subdisziplinen in unterschiedlicher Weise:

❍ Die **Medizin** kennt eine fallanalytische Tradition vorallem zu deskriptiven Zwecken (Beschreibung einzelner Krankheitsbilder am Beispiel konkreter Patienten) bis heute. Besonders in der Psychiatrie, war es immer ein zentrales methodisches Vorgehen, solche Patientengeschichten systematisch zu sammeln, in denen auch die ärztlichen Behandlungen festgehalten werden, in der Hoffnung, später über den Vergleich ähnlicher Fälle zu allgemeinen Schlußfolgerungen über die richtigen Behandlungen zu gelangen (vgl. z.B. Jaspers, 1912; Tölle, 1987). Allerdings gilt in der medizinischen Forschung experimentell-quantitatives Vorgehen wohl heute als das zentralere, abgesichtertere, anerkanntere.

❍ In der **Soziologie** sind qualitative Ansätze heute wahrscheinlich am stärksten anerkannt, wohl weil sich hier schon sehr früh (zu Beginn unseres Jahrhunderts) biographische, einzelfallbezogenen Ansätze als Alternative zur quantitativen Survey-Forschung (repräsentative Fragebogenerhebungen) etablierten (vgl. dazu Paul, 1979; Fuchs, 1984; Denzin, 1989). Die amerikanische Chicago-Schule der Soziologie hat mit biographischen Mitteln Standardwissen etwa zur sozialen Determination abweichenden Verhaltens geliefert. So gibt es auch heute eine Sektion der Deutschen Gesellschaft für Soziologie, die die biographisch-qualitative Tradition pflegt. In dieser Folge sind heute auch sehr offene qualitative Ansätze wie die 'Grounded Theory' (vgl. Strauss & Corbin, 1990; Strauß, 1987) durchaus anerkannt in der Soziologie.

❍ In der **Psychologie** ist eine quantitative Orientierung heute noch am stärksten vorherrschend. Das liegt wohl daran, daß sich qualitativ-geisteswissenschaftliche Ansätze z.B. in der Persönlichkeitspsychologie relativ lange gehalten haben, bevor in den 50er Jahren unseres Jahrhunderts hier quantitative faktorenanalytische Vorgehensweisen sich endgültig durchsetzten („Amerikanisierung der deutschen Psychologie", vgl. Metraux, 1985). In der bis heute gültigen Diplomordnung wurde dann ein solches quantitatives Wissenschaftsverständnis festgeschrieben (Methodenausbildung). Erst in den letzten Jahren regen sich hier zaghafte Versuche der Wiederbelebung, Übertragung und Neuentwicklung qualitativer Ansätze (z.B. Jüttemann, 1985; Jüttemann & Thomae, 1987; Bergold & Flick, 1987; Banister, Burman, Parker, Taylor & Tindall, 1994). Allerdings gelten sie heute noch nicht als gleichwertig anerkannt.

Nimmt man diese Entwicklungen zusammen, so könnte man den Stand der qualitativen Forschung in drei Punkten zusammenfassen:

❍ Es sind mittlerweile eine Vielzahl unterschiedlicher qualitativ orientierter Ansätze in den verschiedenen human- und sozialwissenschaftlichen Disziplinen in Gebrauch. Solche Ansätze lassen sich ordnen nach qualitativ orientierten Untersuchungsanlagen (Designs), Erhebungsmethoden, Material Aufbereitungsmethoden und Auswertungsmethoden. Wir haben an anderer Stelle solche Ansätze gesammelt (Mayring, 1993). Abbildung 1 soll einen Überblick geben, ohne daß hier im einzelnen darauf eingegangen werden kann.

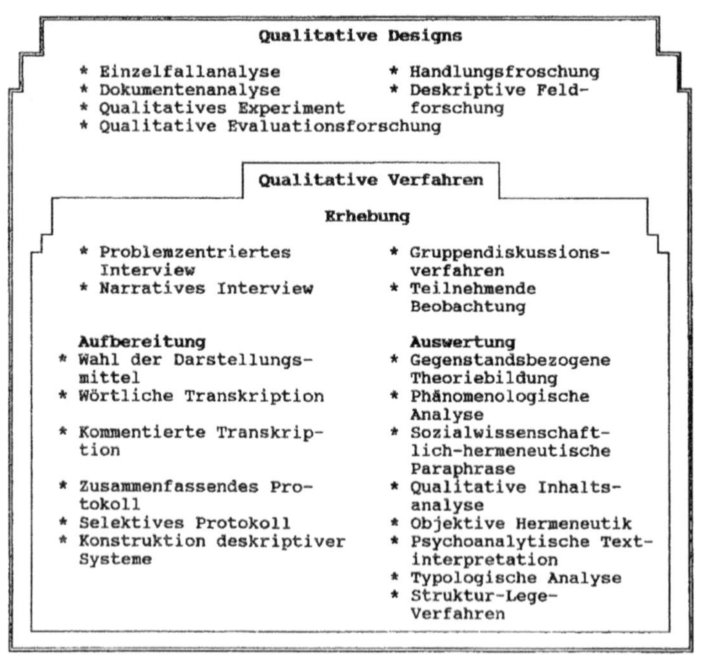

Abb. 1: Neuere qualitativ orientierte Ansätze (vgl. Mayring, 1993)

❍ Solche Ansätze verstehen sich heute nicht mehr ausschließlich einzelnen Schulen zugeordnet. Ein solches Schulendenken, in dem sich einzelne Wissenschaftler exklusiv einer Methodik verschrieben, einer Methodik, die nur bei den jeweiligen Vertretern erlernbar ist, gilt heute als überwunden. Qualitative Vorgehensweisen sind zugänglich, genau beschreibbar, je nach Verwendbarkeit einsetzbar. Dadurch sind solche Ansätze auch inventarisierbar als Methodensammlung. Kriterien des Methodeneinsatzes sind ausschließlich die Angemessenheit für Fragestellung und Gegenstand der Untersuchung.

❍ Damit wird auch klar, daß sich qualitative Ansätze nicht mehr im Gegensatz zu quantitativen Ansätzen verstehen (vgl. dazu ausführlich Abschnitt 3). Eine genaue definitorische Abgrenzung war sowieso nie völlig gelungen, es gibt zu viele Überschneidungen. Deshalb soll hier auch nur von qualitativ *orientierten* Ansätzen gesprochen werden. Heute werden die Integrationsmöglichkeiten in der Methodik immer mehr betont. Es muß jeweils entschieden werden, wiederum an Fragestellung und Gegenstand begründet, wo im Analysegang quantitative und/oder qualitative Analyseschritte mit welchem Ziel eingesetzt werden.

2. Einige ausgewählte qualitativ orientierte Ansätze

Im folgenden sollen nun einige neuere qualitativ orientierte Ansätze vorgestellt werden, die vielleicht von besonderer Bedeutung für die Gesundheitsforschung sein können. Hier möchte ich zunächst auf die qualitative Tradition von Fallanalysen eingehen.

2.1 Qualitativ orientierte Fallanalysen

Im Gegensatz zu den quantitativ orientierten Fallanalysen im Rahmen von Zeitreihenstudien, wie sie in diesem Band vorgestellt wurden, haben qualitativ orientierte Fallanalysen eine spezifische Zielrichtung (vgl. z.B. in der Pädagogik Herrmann, 1987; in der Psychologie Bromley, 1986; Jüttemann & Thomae, 1987, in der Soziologie Plummer, 1983; Yin, 1984 mit ausführlicher annotierter Bibliographie; Ragin & Becker, 1992). Ich möchte hier nur drei Punkte herausgreifen:

- Fallanalysen sollen die „Ganzheit" eines Falles erfassen, um ein Korrektiv zu variablenisolierenden Vorgehensweisen zu bilden. So ist jederzeit bei der Interpretation von Ergebnissen, z.B. Variablenzusammenhängen, ein Rückgriff auf den Fall, eine Plausibilitätsprüfung anhand des Falles möglich.
- Am einzelnen Fall sind komplexe Variablenzusammenhänge formulierbar, diskutierbar, interpretierbar, was bei größeren Stichproben nur mit großem Aufwand darstellbar ist.
- Auch eine längsschnittliche Betrachtungsweise, in vielen Bereichen immer wieder gefordert (z.B. bei therapeutischen oder entwicklungspsychologischen Fragestellungen), ist am einzelnen Fall leicht möglich, z.B. in Form biographischer Analysen.

Allerdings kämpften bisher Fallanalysen auch immer mit typischen Problemen. Erstens war die Vorgehensweise der Fallanalysen meist völlig unterschiedlich, individuell, nicht regelgeleitet. Damit war das Vorgehen im eigentlichen Sinn nicht methodisch abgesichert, relativ beliebig. Zweitens wurden die Verallgemeinerungsmöglichkeiten der Ergebnisse zu wenig reflektiert.

Deshalb soll hier ein methodisch kontrollierteres Vorgehen vorgeschlagen werden, wie es sich in folgendem Ablaufschema zeigt:

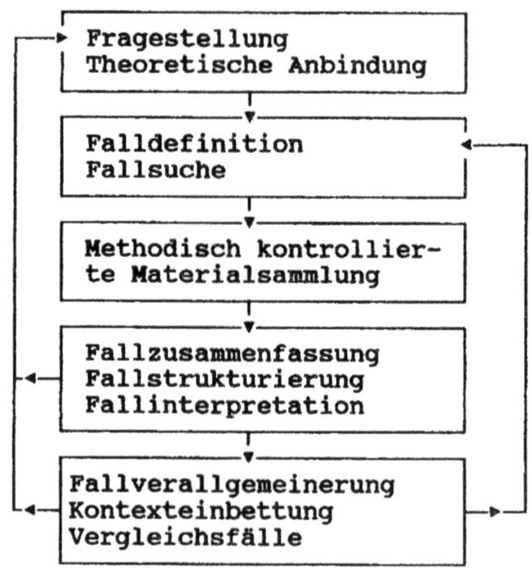

Abb.2: Ablaufmodell Fallanalyse

Folgende Punkte sind hier zentral:

1. Es muß eine Fragestellung expliziert werden, bevor die Fallanalyse beginnt. Die Fragestellung muß durch theoretische Anbindung (Aufarbeiten des Stands der Forschung zum jeweiligen Gegenstand) abgesichert werden.

2. Die Falldefinition und die darauf bezogene Fallsuche darf zwecks späterer Verallgemeinerbarkeit nicht beliebig sein. Man kann Fälle nach kontrollierten Zufallsstichprobenziehungen aber auch nach theoretisch abgesicherten inhaltlichen Gesichtspunkten bestimmen. Möglich wäre hier die Suche nach
   - einem typischen Fall,
   - einem besonders häufigen Fall,
   - einem theoretisch interessanten Fall,
   - einem Extremfall,
   - einem Kontrastfall zu einem bereits analysierten Fall.

   In der Regel sollten Fallanalysen mehrere Einzelfälle (2 bis 4) zugrundeliegen.

3. Für die Materialsammlung sollte vorher eine Erhebungsmethode zugrundegelegt werden, die sich an qualitativen Methoden orientiert (vgl. Mayring, 1993). In Frage kommen z.B. offene Interviews oder teilnehmende Beobachtung. Inhaltlich sollte die Datenerhebung sich
   - auf eine ganzheitliche Erfassung des Falls und
   - auf eine Materialerhebung entlang der Auswertungsgesichtspunkte konzentrieren.

   Oft ist auch eine zusätzliche Sammlung von Falldokumenten (Akten, Fotos, ...) sinnvoll; sie sollte aber begründet sein und sich an den methodischen Regeln der Dokumentenanalyse (vgl. Mayring, 1993, Kap. 3.2) orientieren.

4. Die Auswertung sollte immer mit einer Fallzusammenfassung beginnen, die einen komprimierten Überblick gibt (pro Fall). Für die weitere Auswertung ist eine Strukturierung notwendig, in der je nach zugeordneter Disziplin und je nach Gegenstandsbereich (Fragestellung) Grundkategorien herausgestellt werden.

5. Der erste Schritt zur Verallgemeinerung der Ergebnisse ist die genaue Kontexteinbettung des Falls. Personcharakteristika (Geschlecht, Alter,...), sozialstrukturelle Merkmale (Schicht), institutionelle Merkmale (vorallem bei institutioneller Erziehungsmaßnahme) und historische Merkmale stehen dabei im Vordergrund. Verallgemeinerungen können zunächst nur auf Bereiche bezogen werden, die nach diesen Merkmalen ähnlich sind. Dazu ist es jedoch notwenig, zu analysieren, ob der spezielle Fall für die jeweilige Kategorie typisch ist (vgl. dazu Mayring, 1993, Kap. 4.3.17). Dies sollte genau beschrieben werden. Eine weitere Verallgemeinerung ist durch Heranziehen von

Vergleichsfällen möglich, entweder in der eigenen Untersuchung oder aus vorangegangen Projekten. Dazu sind entweder möglichst ähnliche Fälle oder nach bestimmten, theoretisch begründeten Kriterien unterschiedliche Fälle (Kontrastfälle) verwertbar. Solche Grundgedanken der Fallverallgemeinerung durch Vergleichsfälle werden heute in der Psychologie wieder betont (vgl. Foppa, 1986; Jüttemann, 1990).

Die besondere Bedeutung von qualitativ orientierten Fallanalyse für die Gesundheitsforschung dürfte gerade in dem Anknüpfen an der medizinischen Tradition liegen. Aber auch allgemein gilt heute die Fallanalysen fast schon als Königsweg qualitativ orientierter Sozialforschung. Ein wichtiger Aspekt könnte hier auch die Verwendbarkeit der Fallanalyse für didaktische Zwecke in der Lehre sein. Auch dafür gibt es eine medizinische (aber auch juristische) Tradition. Die Erziehungswissenschaften versuchen heute, dies wiederzubeleben (Fallanalysen für die Lehrerausbildung z.B.), indem entlang des Lehrbuchwissens systematische Fallsammlungen angelegt werden (vgl. dazu Kowalski, Weaver & Henson, 1990; Silvermann, Welty & Lyon, 1992; Shulman, 1992; Kagan, 1993).

2.2 Qualitative Evaluationsforschung

Qualitativ orientierte Evaluationsforschung ist ein Bereich neuerer Forschungsansätze, der gerade in der heutigen Zeit immer mehr an Bedeutung gewinnt. Evaluationsforschung will Praxisveränderungen auf ihre Effizienz hin überprüfen, ein auch in der Gesundheitsforschung zentraler Punkt (vgl. Brennecke, 1992). Gerade unter Bedingungen knapper Haushaltsmittel, Kürzungen im Gesundheits- und Sozialbereich wird Evaluationsforschung verstärkt gefordert. Das betrifft in der Gesundheitsforschung alle Interventionsprojekte, in der Psychologie vorallem in Zusammenhang mit Psychotherapie, psychosozialer Versorgung, aber auch Arbeits-, Betriebs- und Organisationspsychologie, in der Erziehungswissenschaft vorallem Curriculumforschung, Schulbegleitforschung, pädagogische Projekte, in der Soziologie Projekte, die mit Veränderungen sozialer Strukturen zusammenhängen, Reformbegleitung, Politikberatung. Das Grundschema der Evaluationsforschung wird dabei oft in fünf Schritten beschrieben (vgl. Wottawa & Thierau, 1990):

- Aufstellen des Evaluationsdesigns, der Untersuchungsplanes,
- Zielexplikation,
- Operationalisierung der Ziele der Praxisveränderung,
- Aufstellen und Operationalisieren von Bewertungskriterien,
- Schlußbewertung der Praxisveränderung, Bericht.

Dabei ist in der Evaluationsforschung immer wieder ein rigides quantitatives Vorgehen kritisiert worden, bei dem nur nach vorab festgelegten Effizienzkriterien signifikante Veränderungen am Schluß überprüft werden (einfaches Vorher-Nachher-Design). Dem ist eine qualitativ orientierte Evaluationsforschung gegenüberzustellen (Guba & Lincoln, 1981; Patton, 1990), der es auf folgende Punkte ankommt:

- Eine intensivere, auch einzelfallbezogene Prozeßbeschreibung soll neben die Produktbewertung am Ende gestellt werden (formative Evaluation).
- Dabei sollte es auch möglich sein, aus den beobachteten Prozessen heraus neue Bewertungskriterien induktiv aufzustellen und zu begründen, wenn es für sinnvoll erachtet wird.
- Eine naturalistische, alltagsbezogene Perspektive legt eher teilnehmende Beobachtung und Ansätze der Feldforschung nahe statt einer distanzierten Bewertung von außen.
- Dazu gehört auch, daß die in der Praxis beteiligten Personen selbst zu Wort kommen sollen, an der Evaluation beteiligt werden sollen (Selbstevaluation, vgl. Heiner, 1988).
- Schließlich soll auch Raum sein für eine offene, ganzheitliche Schlußbewertung, die den Gesamteindruck der abgelaufenen Praxisveränderungen zusammenfassen kann. Im folgenden Ablaufschema einer qualitativ orientierten Evaluationsforschung kommt dies zum Ausdruck.

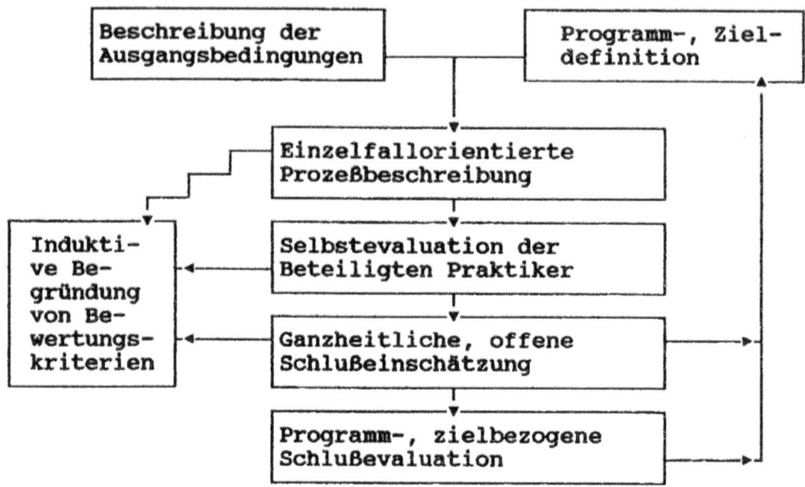

Abb.3: Ablaufmodell Qualitative Evaluation

Dabei bestehen große Überschneidungen mit dem Konzept der Handlungsforschung (action research), die vorallem von Kurt Lewin in der Nachkriegszeit angeregt wurde und heute besonders in den Erziehungswissenschaften einen neuen Aufschwung erlebt (vgl. z.B. Altrichter, 1990). Hier geht allerdings die Praxisbegleitung weiter, indem als Wissenschaft in die Praxis verändernd eingegriffen wird.

Die besondere Relevanz solcher praxisnahen Forschungsstrategien in der Gesundheitsforschung ist wohl evident, da Gesundheitsforschung in der Regel an konkreten Praxisproblemen (z.B. Gesundheitsgefährdungen) ansetzt und ihre Ergebnisse in der Regel direkt in Praxis umsetzt (Gesundheitsförderungsprogramme). Ein Forschungsdesign, das stärker an der Praxis orientiert ist, wird hier wohl gegenstandsadäquatere und schneller verwertbare Ergebnisse bringen können.

2.3 Struktur-Lege-Verfahren zur Rekonstruktion Subjektiver Theorien

In den letzten 15 Jahren hat sich ein Forschungsprogramm etabliert, das abstrahierte kognitive Strukturen (subjektive Theorien), die hinter Handlungen von Subjekten stehen und diese erklären können, bei Probanden und mit Probanden zusammen rekonstruieren möchte (vgl. Groeben, Wahl, Schlee & Scheele, 1988). Dabei wird ein bestimmtes Strukturraster vorgegeben, den Probanden/-innen erklärt und dann mit ihnen zusammen ausgefüllt. Beispiele für solche Vorgehensweisen sind (vgl. Scheele & Groeben, 1988; Scheele, 1992):

- Die Heidelberger Struktur-Lege-Technik (SLT), bei der nach einem Interview Grundbegriffe zu der jeweiligen Thematik auf Kärtchen geschrieben werden, und ihre Relation mittels logischer Zeichen und Verknüpfungen definiert wird. Das Beispiel in Abb. 4 zeigt die rekonstruierte Erklärung einer Probandin zur Genese ihrer Krankheit (Morbus Crohn).

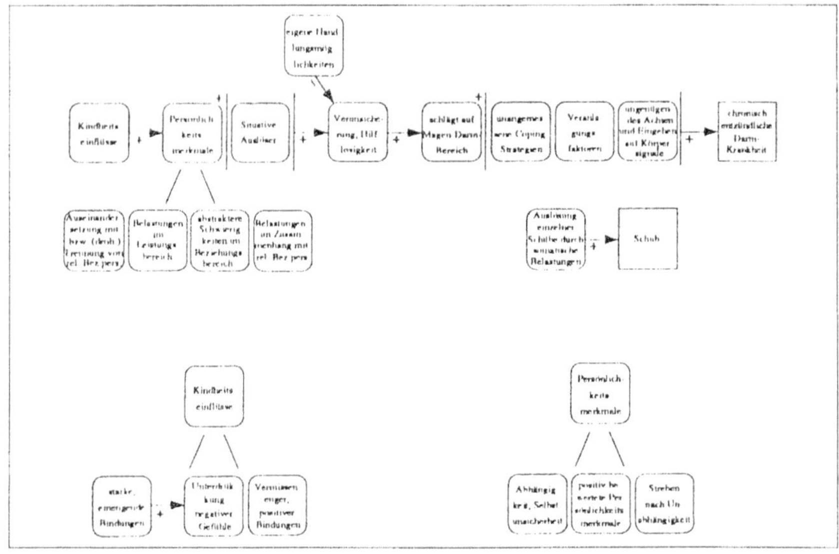

Abbildung 4: Beispiel einer Subjektiven Theorie, rekonstruiert nach der Struktur-Lege-Technik (Scheele, 1992, S. 363)

- Die Weingartener Appraisal Legetechnik (WAL, vgl. dazu Wahl, 1991) interviewt die Probanden direkt nach einer Handlung zur Handlungserklärung und läßt dann, durch Auswerter und Proband unabhängig voneinander, Verknüpfungen zwischen Situationsklassen und Handlungsklassen graphisch veranschaulicht daraus rekonstruieren. Danach werden diese beiden Perspektiven in der Diskussion (Dialog-Konsens), als Form einer kommunikativen Validierung, vereinheitlicht.

- Die Interview- und Legetechnik zur Rekonstruktion kognitiver Handlungsstrukturen (ILKHA) der Arbeitsgruppe um H.-D. Dann erweitert das Modell, indem auch Handlungsbedingungen, Handlungsziele, Handlungsketten, Handlungsergebnisse und -folgen graphisch veranschaulicht werden.

- Die Flußdiagramm-Darstellung (Scheele & Groeben, 1988) arbeitet mit den Darstellungsmitteln des Flußdiagrammes, so wie sie vom Deutschen Institut für Normung festgelegt wurden.

Solche rekonstruktiven Vorgehensweisen folgen in etwa dem folgenden Ablaufmodell (Abb. 5):

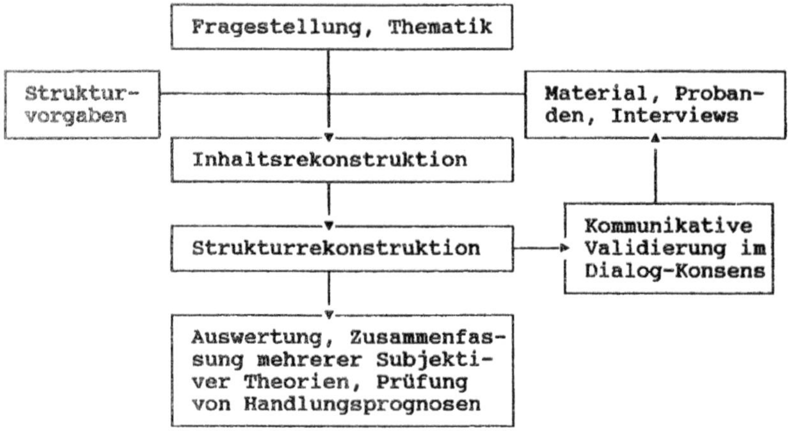

Abbildung 5: Ablaufmodell von Struktur-Lege-Verfahren

Der Grundgedanke dieser Verfahren ist also die Rekonstruktion kognitiver Strukturen nach einem vorgegebenen Strukturraster im Dialog mit den jeweiligen Forschungssubjekten. In einem weiteren Schritt wird dann versucht, mehrere Subjektive Theorien einer Person und auch mehrerer Personen zusammenzufassen.

Die Hauptfunktionen eines solchen qualitativ orientierten Verfahrens sind (Dann, 1992):

- eine übersichtliche, verständliche Strukturveranschaulichung,
- die Präzisierung der Struktur im Rekonstruktionsprozeß,
- die direkte Strukturrepräsentation ohne rechnerische oder interpretative Zwischenschritte,
- die leichte Korrigierbarkeit der Struktur im Analyseprozeß,
- die leichte Auswertungsfähigkeit der Struktur-Darstellung (Ableitbarkeit von

Prognosen z.B.).

Insofern lassen sich diesem Ablaufschema auch weitere rekonstruktive qualitative Verfahren zuordnen, wie konversationsanalytische Verfahren, in denen Dialogstrukturen rekonstruiert werden (vgl. Bergmann, 1991) oder auch die Rekonstruktion persönlicher Konstrukte nach Kelly (vgl. Banister et al, 1994, Kap. 5).

2.4 Qualitative Inhaltsanalyse

Die Qualitative Inhaltsanalyse ist mittlerweile zu einem oft gebrauchten Auswertungsinstrument geworden (Mayring, 1994). Innerhalb des Spektrums qualitativ orientierter Ansätze gehört sie zu den strukturiertesten, am stärksten regelgeleiteten Vorgehensweisen, während vielleicht die modernen phänomenologischen und hermeneutischen Ansätze und die 'Grounded theory' (vgl. Mayring, 1993) den anderen Pol dieser Dimension darstellen. Inhaltsanalyse ist immer dann einsetzbar, wenn es um fixiertes Kommunikationsmaterial, in der Regel um Texte, geht. Und hier gibt es auch innerhalb der Gesundheitsforschung vielfältige Ansatzpunkte, z.B. bei der Auswertung von transkribierten offenen Interviews, von Beobachtungsprotokolle, oder bei Dokumentenanalysen.

Der Grundgedanke der Qualitativen Inhaltsanalyse ist dabei, die Vorteile, die Systematik der quantitativen Inhaltsanalyse beizubehalten, ohne in vorschnelle Quantifizierungen zu geraten. Ihre Charakteristika sind dabei die strenge Regel- und Theoriegeleitetheit, die schrittweise Materialbearbeitung (Definition von Analyseeinheiten dafür), das Arbeiten mit einem theoretisch und am jeweiligen Gegenstand begründeten Kategoriensystem und der systematische Einsatz von Gütekriterien (z.B. Interkoderreliabilität). Im Rahmen qualitativer Inhaltsanalyse sind nun verschiedene Techniken vorgeschlagen worden (Zusammenfassung, Kontextanalysen, Strukturierungen), die an anderer Stelle beschrieben wurden (Mayring, 1994). Interessant dürften hier die neueren Versuche sein, die Vorgehensweisen der zusammenfassenden Inhaltsanalyse für eine induktive Kategorienbildung zu benutzen. Die Kategorienbildung ist ein bei Quantitativer Inhaltsanalyse völlig vernachlässigter Bereich (vgl. Kripendorff, 1980). In qualitativ orientierter Forschung wird aber auf eine systematische Ableitung von Auswertungsgesichtspunkten aus dem Material, also eine induktive Kategorienbildung, großer Wert gelegt. Dies ist auch ein zentraler Prozeß innerhalb der gegenstandsbezogenen Theorebildung (grounded theory, vgl. Strauss, 1987; Strauss & Corbin, 1990), wo von „offenem Kodieren" die Rede ist. Dort wurde eine Reihe von Faustregeln für offenes Kodieren entwickelt und dabei ein schrittweises, zeilenweises Vorgehen empfohlen. Innerhalb der Inhaltsanalyse ist die Kategorienentwicklung nun systematischer angelegt; sie kann dabei dieselbe

Logik, dieselben reduktiven Prozesse benutzen, die bei zusammenfassender qualitativer Inhaltsanalyse verwendet werden. Das folgende Prozeßmodell faßt den Analyseablauf zusammen.

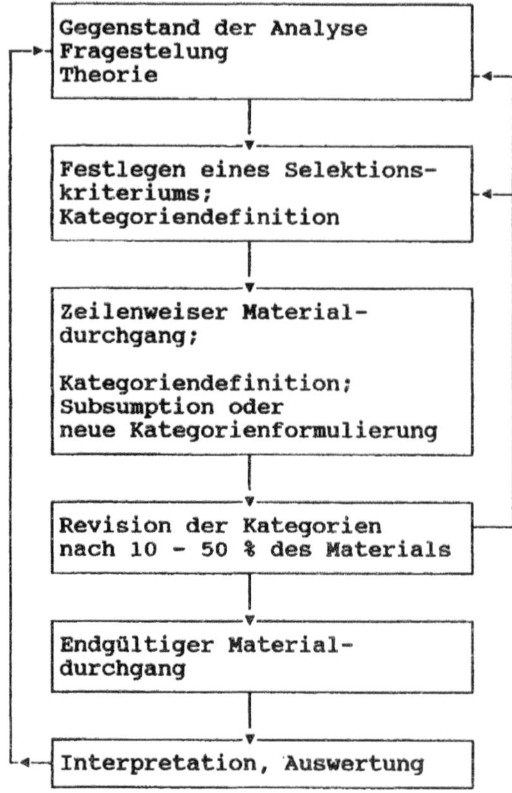

Abbildung 6: Ablaufmodell induktiver Kategorienbildung

Innerhalb der Logik der Inhaltsanalyse muß die Kategorisierungsdimension und das Abstraktionsniveau vorab definiert werden. Es muß ein Selektionskriterium für die Kategorienbildung festgelegt werden. Dies ist ein deduktives Element und muß mit theoretischen Erwägungen über Gegenstand und Ziel der Analyse begründet werden. Mit dieser Definition im Hinterkopf wird das Material Zeile für Zeile durchgearbeitet.

Wenn das erste Mal eine zur Kategoriendefinition passende Textstelle gefunden wird, wird dafür eine Kategorie konstruiert. Ein Begriff oder Satz, der möglichst nahe am Material formuliert ist, dient als Kategorienbezeichnung. Wird im weiteren Analyseverlauf wieder eine dazu passende Textstelle gefunden, so wird sie dieser Kategorie ebenfalls zugeordnet (Subsumption). Wenn die neue Textstelle die allgemeine Kategoriendefinition erfüllt, aber zu der (den) bereits induktiv gebildete(n) Kategorie(n) nicht paßt, so wird eine neue Kategorie induktiv, aus dem spezifischen Material heraus, formuliert.

Nach einem Teil des Materialdurchgangs (etwa 10 bis 50 %,), wenn so gut wie keine neuen Kategorien mehr gebildet werden können, wird das gesammelte Kategoriensystem überarbeitet. Es muß geprüft werden, ob die Logik klar ist (keine Überlappungen) und der Abstraktionsgrad zu Gegenstand und Fragestellung paßt. Falls dadurch Veränderungen des Kategoriensystems vorgenommen werden mußten, wird das Material nochmals von Anfang an bearbeitet.

Das Ergebnis dieser Analyse ist ein Set von Kategorien zu einer bestimmten Thematik, dem spezifische Textstellen zugeordnet sind. Die weitere Auswertung kann nun in verschiedene Richtungen gehen:

- Das gesamte Kategoriensystem kann in Bezug auf die Fragestellung und dahinterliegende Theorie interpretiert werden.
- Die Zuordnungen von Textstellen zu Kategorien können quantitativ ausgewertet werden. Es kann z.B. überprüft werden, welche Kategorien am häufigsten kodiert wurden.

In diesem letzten Punkt wird wieder deutlich, wie wenig qualitative und quantitative Analyseschritte als Gegensätze verstanden werden können, wie eng sie miteinander verbunden werden können, oft sogar müssen.

3. Verbindung von qualitativen und quantitativen Forschungsansätzen

Neben den Verfahren qualitativer Inhaltsanalyse lassen sich weitere Beispiele anführen, die eine enge Verbindung qualitativer und quantitativer Analyseschritte aufzeigen. Dazu gehören die neueren Bestrebungen einer Computerunterstützung in der qualitativen Forschung (vgl. Pfaffenberger, 1988; Tesch, 1990; Fielding & Lee, 1991; Huber, 1992). Solche Ansätze entstanden primär in Folge der Transkription von Protokollen mittels Textverarbeitungsprogrammen. Warum sollte man nicht, wenn das Protokoll schon in computerisierte Form vorliegt, weitere Auswertungshilfen durch den Computer nutzen? Daraus entwickelten sich eine ganze Reihe an speziellen PC-Programmen der Unterstützung qualitativer Auswertung. Die Leistungen solcher Programme liegen dabei in folgenden Punkten (Mayring, 1993, Kap. 5):

- Markieren von Textbestandteilen und Kennzeichnung mit einer Auswertungskategorie (Kodierung);
- Markierung weiterer Textbestandteile (Zitate) unter derselben Kategorie

(Kodierung);

- Zusammenstellung aller Zitate pro Kodierung, auch über größere Textkorpora hinweg;
- Rückverfolgung aller Textstellen in ihrem Kontext pro ausgewertetem Kode;
- Veränderbarkeit der Kategorien oder Kodes im Analyseablauf;
- Bildung von Über- oder Unterkategorien;
- Graphische Veranschaulichung der Ober- und Unterkategorien in Netzwerken;
- Suchfunktionen nach zentralen Begriffen im Text, um Anhaltspunkte für weitere Kodierungen zu bekommen;
- Kommentierung von Kategorien oder Kodes zur genaueren Definition und eventuellen Revision;
- Schnelles Finden von typischen Beispielzitaten für eine Kodierung, auch als Belege für den Schlußbericht;
- Vorbereitung möglicher quantitativer Analysen bei mehrmals kodierten Kategorien; eigene quantitative Programme oder Verbindung zu Statistikprogrammen.

Entscheidend ist dabei, daß die eigentliche qualitative Auswertungsarbeit, die Formulierung von Kategorien und die Zuordnung von Kategorien zu Textbestandteilen weiterhin durch den Auswerter als interpretativer Akt vollzogen wird und nicht (wie beispielsweise bei quantitativer Computerinhaltsanalyse) durch den Computer selbst geschieht. Insofern ist hier von einer computer*unterstützten* qualitativen Analyse zu sprechen.

Abb. 7 gibt ein Beispiel für den Aufbau eines solchen PC-Programmes. Hier ist das Programm ATLAS/ti dargestellt, das an der TU Berlin entwickelt wurde (Muhr, 1993; Böhm et al., 1994). Der Bildschirm ist in Fenstertechnik unterteilt und enthält gleichzeitig das jeweilige Protokoll, eine Liste aller Protokolle, die für die Auswertungseinheit verwendet werden (oben links), eine Liste aller bisher formulierten Kategorien (oben rechts), eine Liste von zusätzlichen Auswertungsnotizen („Memos“, unten rechts). Mit Maustechnik sind einzelne Textpassagen unterstreichbar und mit Kategorien verknüpfbar. Das Programm ATLAS/ti ermöglicht ein Auswerten nach der „Grounded theory“ und nach den Techniken qualitativer Inhaltsanalyse. Dabei werden für die Inhaltsanalyse in einem zusätzlich aktivierbaren Bildschirm (unten Mitte bis rechts) Möglichkeiten für Zusammenfassungsmasken, Explikationsmasken oder Kodieranleitungen („Kodierleitfaden“) zur Verfügung gestellt.

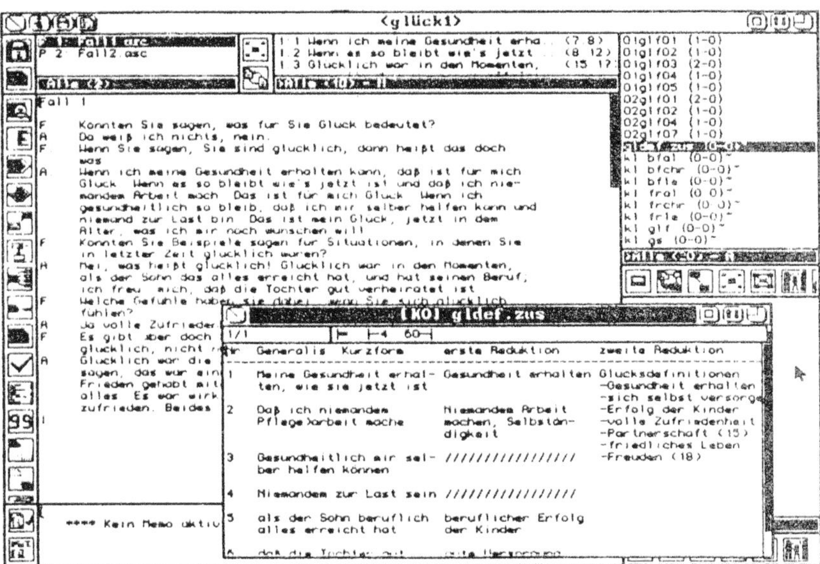

Abbildung 7: Beispielbildschirm im PC-Programm ATLAS/ti

Der Grundgedanke einer Verbindung von qualitativer und quantitativer Analyse geht aber weiter. Letztlich sind in fast allen Forschungszusammenhängen beide Analyseschritte miteinander verbunden. Quantitativ ausgelegte Projekte enthalten qualitative Analyseschritte, wenn es um die Entwicklung des Analyseinstrumentariums und um die Interpretation der Ergebnisse geht. Qualitativ ausgelegte Forschungsprojekte enthalten oft quantitative Argumente und Analyseschritte, wenn es um die Verallgemeinerung der Ergebnisse geht. Wenn man den unseligen Gegensatz zwischen quantitativ und qualitativ überwinden möchte, so könnte man dies dadurch erreichen, daß man beide den gleichen Wissenschaftskriterien unterstellt, dann aber in einer etwas offeneren Form als es heute meist formuliert wird:

- Beide, quantitativ und qualitativ orientierte Forschungsansätze, müssen eine Fragestellung zu Beginn aufstellen, theoretisch absichern und auf das Material hin konkretisieren. Dies kann, muß aber nicht, in Form von Hypothesen geschehen.
- Beide müssen eine empirische Basis für ihre Untersuchung definieren und begründen. Das kann eine große Stichprobe sein, kann aber auch ein sorgfältig ausgewählter Einzelfall sein.
- Beide müssen Argumente für die Verallgemeinerung der Ergebnisse anbringen. Das kann der Verweis auf Repräsentativität einer Stichprobe oder Standardisiertheit eines Instrumentes sein; das können aber auch Ähnlichkeitsargumente, systematische Vergleiche von Einzelfällen u.s.w. sein.

Wenn sich quantitativ und qualitativ orientierte Untersuchungsansätze den gleichen Wissenschaftstandards stellen, so kann dadurch die Dichotomosierung überwunden werden, so können dadurch beide profitieren im Sinne einer fundierteren und gegenstandsangemesseneren Forschung, auch in der Gesundheitspsychologie.

Literatur:

Altrichter, H. (1990). Ist das noch Wissenschaft? Darstellung und wissenschaftstheoretische Diskussion einer von Lehrern betriebenen Aktionsforschung. München: Profil.

Banister, P., Burman, E., Parker, I., Taylor, M. & Tindall, C. (1994). Qualitative methods in psychology. A research guide. Buckingham: Open University Press.

Bergold, J.B. & Flick, U. (Hrsg.) (1987). Ein-Sichten. Zugänge zur Sicht des Subjekts mittels qualitativer Forschung. Tübingen: DGVT.

Bergmann, J.R. (1991). Konversationsanalyse. In Flick, U. et al.(Hrsg.), Handbuch Qualitative Sozialforschung (S. 213-218). München: Psychologie Verlags Union.

Boehm, A., Mengel, A. & Muhr, Th. (Hrsg.)(1994). Texte verstehen. Konzepte, Methoden, Werkzeuge. Konstanz: Universitätsverlag.

Brennecke, R. (Hrsg.) (1992). Sozialmedizinische Ansätze der Evaluation im Gesundheitswesen. Berlin: Springer.
Band 1: Grundlagen und Versorgungsforschung
Band 2: Qualitätssicherung in der ambulanten Versorgung und medizinische Rehabilitation

Bromley, D.B. (1986). The case-study method in psychology and related disciplines. New York: Wiley.

Dann, H.-D. (1992). Variation von Lege-Strukturen zur Wissensrepräsentation. In Scheele, B. (Hrsg.), Struktur-Lege-Verfahren als Dialog-Konsens-Methodik (S. 3 - 41). Münster: Aschendorff.

Fielding, N.C. & Lee, R.L. (1991). Using computers in qualitative research. London: Sage.

Foppa, K. (1986). 'Typische Fälle' und der Geltungsbereich empirischer Befunde. Psychologie 45, 151-164.

Fuchs, W. (1984). Biographische Forschung. Eine Einführung in Praxis und Methode. Opladen: Westdeutscher Verlag.

Groeben, N., Wahl, D., Schlee, J. & Scheele, B. (1988). Das Forschungsprogramm Subjektive Theorien. Eine Einführung in die Psychologie des reflexiven Subjekts. Tübingen:

Guba, E.G. & Lincoln, Y.S. (1981). Effective evaluation: improving the usefulness of evaluation results through responsive and naturalistic approaches. San Francisco: Jossey-Bass.

Heiner, M. (Hrsg.)(1988). Selbstevaluation in der sozialen Arbeit. Freiburg: Lambertus.

Herrmann, U. (1987). Biographische Konstruktionen und das gelebte Leben. Prolegomena zu einer Biographie- und Lebenslaufforschung in pädagogischer Absicht. Zeitschrift für Pädagogik, 33, 303-323.

Huber, G.L. (Hrsg.)(1992). Qualitative Analyse. München: Oldenbourg Verlag.

Jaspers, K. (1912). Die phänomenologische Forschungsrichtung in der Psychopathologie. Zeitschrift für die gesamte Neurologie und Psychiatrie, 9, 391-408.

Jüttemann, G. (Hrsg.)(1985). Qualitative Forschung in der Psychologie. Grundfragen, Verfahrensweisen, Anwendungsfelder. Weinheim: Beltz.

Jüttemann, G. & Thomae, H. (Hrsg.) (1987). Biographie und Psychologie. Berlin: Springer.

Jüttemann, G. (Hrsg.). (1990). Komparative Kasuistik. Heidelberg: Asanger.

Kagan, D.S. (1993). Contexts for the use of classroom cases. American Educational Research Journal, 30, 703 - 723.

Kowalski, T.J., Weaver, R.A. & Henson, K.T. (1990). Case studies on teaching. London: Longman.

Krippendorff, K. (1980). Content analysis. An introduction to its methodology. Beverly Hills, CA: Sage.

Mayring, Ph. (1993). Einführung in die qualitative Sozialforschung. Eine Anleitung zu qualitativem Denken (2. Auflage). München: Psychologie Verlags Union.

Mayring, Ph. (1994). Qualitative Inhaltsanalyse. Grundlagen und Techniken (5. Auflage). Weinheim: Deutscher Studien Verlag.

Métraux, A. (1985). Der Methodenstreit und die Amerikanisierung der Psychologie in der Bundesrepublik 1950 -1970. In M.G. Ash & U. Geuter (Hrsg.), Geschichte der deutschen Psychologie im 20. Jahrhundert (S. 225-251). Opladen: Westdeutscher Verlag.

Muhr, A. (1993). ATLAS/ti. Computerunterstützte Textinterpretation. Manual zur Version 1.0 D. Berlin: Technische Universität.

Patton, M. (1990) Qualitative evaluation methods (second edition). Beverly Hills, CA: Sage.

Paul, S. (1979). Begegnungen. Zur Geschichte persönlicher Dokumente in Ethnologie, Soziologie und Psychologie. 2 Bände. Hohenschäftlarn: Renner.

Pfaffenberger, B. (1988). Microcomputer applications in qualitative research. Beverly Hills, CA: Sage.

Plummer, K. (1983). Documents of life. London: Allen & Underwill.

Ragin, C.C & Becker, H.S. (1992). What is a case? Exploring the foundations of social inquiry. Cambridge: University Press.

Scheele, B. & Groeben,N. (1988). Dialog-Konsens-Methoden zur Rekonstruktion Subjektiver Theorien: Die Heidelberger Struktur-Lege-Technik (SLT), konsensuale Ziel-Mittel-Argumentation und kommunikative Flußdiagramm-Beschreibung von Handlungen. Tübingen: Franke.

Scheele, B. (Hrs.)(1992). Struktur-Lege-Verfahren als Dialog-Konsens-Methodik. Münster: Aschendorff.

Shulman, J.H. (Ed.)(1992). Case methods in teacher education. New York: Teachers College Press.

Silverman. R., Welty, W.M. & Lyon, S. (1992). Case studies for teacher problem solving. New York: McGraw-Hill.

Strauss, A.L. (1987). Qualitative analysis for social scientists. Cambridge: University of Cambridge Press.

Yin, R.K. (1984). Case study research. Design and methods. Beverly Hill: Sage.

Strauss, A. & Corbin, J. (1990). Basics of qualitative research. Grounded theory procedures and techniques. Newbury Park, CA.: Sage.

Tesch, R. (1990). Qualitative research: Analysis types and software tools. London: Falmer Press.

Tölle, R. (1987). Die Krankengeschichte in der Psychiatrie. In G. Jüttemann & H. Thomae (Hrsg.), Biographie und Psychologie (S. 3647). Berlin: Springer.

Wahl, D. (1991). Handeln unter Druck. Der weite Weg vom Wissen zum Handeln bei Lehrern, Hochschullehrern und Erwachsenenbildnern. Weinheim: Beltz.

Wottawa, H. & Thierau, H. (1990). Lehrbuch Evaluation. Bern: Huber.

Wolfram Fischer-Rosenthal

Strukturale Analyse biographischer Texte

Es ist vielleicht nicht ganz selbstverständlich, daß man sich als Soziologe oder als Public-Health-Forscher mit biographischem Material befaßt, denn es geht doch offenbar sowohl in der Soziologie wie auch in den Gesundheitswissenschaften, der „Public Health“ oder der Sozialmedizin nicht um den einzelnen, sondern ums Große und Ganze, also um das, was man landläufig und fast schon alltagssprachlich *„Strukturen“* nennt. Hier liegt jedenfalls auf den ersten Blick ein klarer Trennungsstrich zwischen der Therapie des einzelnen, der kurativen Medizin, einerseits und der Frage nach allgemeineren Bedingungen und Folgen von Gesundheit und Krankheit in unserer Gesellschaft andererseits.
In diesem Beitrag - oder allgemeiner in der soziologischen Biographieforschung und Narrationsanalyse[1] - wird eine methodologische Position vertreten, in der sowohl dem Individuell-Konkreten wie dem Soziologisch-Allgemeinen gleiche Berücksichtigung zuteil wird. Um nun nicht mit der Tür ins Haus zu fallen, also um den Leser nicht mit einer exemplarischen biographischen Analyse und ihren Verallgemeinerungen zu überfallen, ein Verfahren, das möglicherweise Voraussetzungen macht, die jemand, der in statistischen Allgemeinheitsbegriffen sozialisiert ist, nicht teilen kann oder will, werden im ersten Teil des Artikels folgende Fragen kurz behandeln:

1. Was interessiert eigentlich und ausgerechnet Soziologen und - spezieller - *Gesundheits-Soziologen* an Biographien?
2. Wird hier der übliche erfahrungswissenschaftliche Begriff von *Struktur und Sozialstruktur* nicht gesprengt?
3. Welche Relation zwischen *Biographie und Krankheit bzw. Gesundheit* wird hier unterstellt?

Im Zweiten Teil wird in kondensierter Form das **methodische Modell einer strukturalen biographischen Fallanalyse** an einem Beispiel vorgestellt.

I. Biographie als Orientierungsmittel in funktional und temporal flexibilisierten Gesellschaften

1. Was interessiert eigentlich und ausgerechnet Soziologen und - spezieller - Gesundheits-Soziologen an Biographien?

Soziologen befassen sich mit *Gesellschaft* - fragen danach, wie sie entsteht, was sie zusammenhält, wie sie sich gliedert und in ihren erkennbaren Teilen funktioniert. Nicht zuletzt interessiert sich Soziologie dafür, wie sich Gesellschaft von selbst - also autochthon und autopoietisch - verändert und auch möglicherweise durch geeignetes Steuerungshandeln verändern läßt.

Es geht also ums Große und Ganze - jedoch nur auf den ersten Blick, denn das haben schon die frühen soziologischen Entwürfe und erst recht die Klassiker des Fachs gesehen: Gesellschaft ist ein Konstrukt, ein Begriff der immer aus seinem Gegenkonstrukt und Gegenbegriff mitbestimmt ist: Subjekt und Gesellschaft, Individuum und Gesellschaft sind zwei Seiten einer Medaille, die wir Sozialwelt nennen können.

Eine der bereits klassisch gestellten Fragen lautete: wie hängen die einzelnen und die Gesellschaft zusammen, wie sind die wechselseitigen Einflüsse zu bestimmen und wie sind sie - möglicherweise - im Interesse des Menschen positiv zu beeinflussen. Das eine ist jedenfalls ohne das andere nicht vorstellbar, und wenn das eine floriert, entwickelt sich auch das andere; wenn das eine in Not gerät, hat dies auch Auswirkungen auf das andere.

Die soziologische, gesellschaftstheoretische Diskussion und die Frage nach der Aneignung von Gesellschaft durch das „Subjekt"[2] kann hier nicht skizziert werden. Eine zentrale These, sie betrifft den fundamentalen Unterschied zwischen Vormoderne und Moderne, soll jedoch genannt werden. Die Gesellschaften der Moderne haben sich in vieler Hinsicht von den topischen Ordnungsmodellen der Vormoderne abgelöst. Dies waren Ordnungen, in denen räumliche Gegebenheiten und Allokation innerhalb sozialer Schichtung als Strukturprinzipien[3] dominierten und weiterhin ein religiöses Weltbild für Natur und Sozialwelt eine einheitliche kosmische Ordnung versinnbildlichte. In der Moderne entwickeln sich prinzipiell andere Ordnungstypen, die sich den vormodernen überlagerten und sie z.T. ablösen. Die Ausbildung von institutionell selbständigen aber aufeinander bezogenen Bereichen wie Wirtschaft, Recht, Wissenschaft, Erziehung, Politik, Krankenbehandlung etc., verdeutlicht diesen Prozeß am sinnfälligsten. Es handelt sich um eine Gesellschaftsordnung nach *systemischer* Logik in der die Hauptrelationen *funktionaler* Art sind. Im Zuge dieser Differenzierung, die sich auch durch die antagonistischen Tendenzen zunehmender *Institutionalisierung* und gleichzeitig zunehmender *Individualisierung*[4] kennzeichnen läßt, reichen auch einfache „Platzanweisungen", topisch-statische Identitäten für die

Individuen in der Gesellschaft nicht mehr aus. Eine einfache temporale Flexibilisierung in dem Sinne, daß man heute dies sein darf und kann und morgen jenes, schafft zwar mehr Optionen für Indvididuum und Gesellschaft, erfüllt aber weder die für jede Ordnung notwendige wechselseitige Erwartungssicherheit („wen man vor sich hat") noch die subjektive Handlungszentrierung um ein Ich, das sich morgen noch selbst kennen will und sich selbst strukturiert als Einheit innerhalb eines Prozesses verstehen will und muß, um überhaupt erlebens- und handlungsfähig zu sein. Generell ist also eine symbolisch-semantische Form notwendig, die sowohl temporale Flexibilisierung liefert als auch *gleichzeitig* Kontinuitätserwartungen erfüllen kann. *Biographie* als Selbst- und Fremdbeschreibung von Prozessen und Erfahrungen, die sich über die Lebenszeit erstrecken, ist eine Form, die beide Anforderungen erfüllt und deren vermehrtes „Auftreten" bzw. Entwicklung in der Moderne sich zunehmend seit dem 18. Jahrhundert beobachten läßt. Diese Form, Biographie, wird sowohl von Indvididuen wie auch Institutionen genutzt, vielleicht ist es richtiger zu sagen, sie muß in der gesellschaftlichen Situation der Moderne genutzt und eingesetzt werden. Kurzum, *Biographien* und biographie-normierende Verfahren werden zu neuen wichtigen Ordnungsstrukturen.[5]

Die Antwort auf die erste Frage lautet also: *Moderne Gesellschaften brauchen und bilden Biographien aus, um bestimmte Orientierungsprobleme ihrer Mitglieder in der Gesellschaft und um Probleme der Integration der Gesellschaft selber, also ihres Zusammenhalts, zu lösen.*

Die These lautet, Individuum und Gesellschaft hängen genau *im Medium der Biographie* zusammen - und das ist nicht so, weil Soziologen das hineinprojezieren oder gerne so hätten, sondern weil sich beobachten läßt, daß Biographien Produkte und Mittel der Selbstbeschreibung der Moderne sind (vorher gibt es sie kaum) und weil das vermehrte Auftreten und Wichtigwerden von Biographie offenbar diese Integrationsfunktionen erfüllt. Man könnte auch sagen, in Biographien, und das gilt schon für jede einzelne, spielt sich Gesellschaft ab. Wenn man also etwas über das Funktionieren von Gesellschaft erfahren will, darüber wie Gesellschaft in ihrer Geschichte im Ablauf eines Lebens erlebt wird und wie sie, die Gesellschaft, auch im Handeln von Gesellschaftsmitgliedern modifiziert wird, dann kann man Biographien analysieren. Man kann eine konkrete Gesellschaft betrachten und studieren, indem man eine einzige Biographie betrachtet und studiert.

Das erstreckt sich dann auch auf speziellere Fragen, etwa die der Berufswelt - man kann hier Berufsbiographien als Manifestierungen der Gesellschaft studieren oder - und das ist wohl das Hauptinteresse innerhalb gesundheitswissenschaftlicher Methodik - man kann etwas über die *gesundheitsfördernden und krankheitsbezogenen Dimensionen* einer Gesellschaft erfahren, indem man *Biographien unter dem Aspekt von Gesundheit und Krankheit*[6] analysiert.

Bislang wurde nicht gesagt, was hier unter „Biographie“ verstanden wird, sondern darauf gebaut, daß jeder Leser etwas damit verbindet. Dies ist jetzt zu präzisieren und geschieht im Zusammenhang mit der Strukturfrage.

2. Wird in der Biographieanalyse der übliche erfahrungswissenschaftliche Begriff von Struktur und Sozialstruktur nicht gesprengt?

In der Gesundheitsforschung und sozialen Epidemiologie hat man sich weitgehend an einen Sprachgebrauch von „Struktur“ und „Sozialstruktur“ gewöhnt, der sich mit Meßgrößen und Algorithmen, mit Prävalenz und Inzidenz, mit „aggregierten Daten“ und Statistik, eher also mit „Verhältnissen“ statt mit „Verhalten“ verbindet. Auch die Soziologie, zumal die empirische Sozialforschung hat an dieser Begriffsverengung mitgewirkt, indem sie zum Teil „soziale Struktur“ und „soziales Handeln“ als gegensätzliche und sich scheinbar ausschließende Konzepte gegenüberstellte. Dieser landläufige Strukturbegriff stellt jedoch eine Verengung dar, weil er forschungsseitig prä-konzeptualisierter Metrisierung den Vorzug gibt und autopoietische, vom System selbstgesetzte Selektionen und soziales Handeln verfehlt. Anders gesagt, es werden sinn- und sprachgesteuerte Verhaltensweisen und Handlungen nicht als Strukturen wahrgenommen, weil man „von außen“ eine entsprechend den verfügbaren Meßverfahren selektive Matrix an die Beobachtungsobjekte legt; es wird nicht damit gerechnet, daß diese „Objekte“ in der eigenen Verhaltenssteuerung „Subjekte“ sind, die Kognitionen sinn-selektiv vornehmen, auf der Grundlage von Erwartungen und Erfahrungen agieren und sich so in ihren Umwelten selber steuern. Um diese intern konstituierte Strukturebene der „Sinn-Setzung und Sinn-Verarbeitung“ zu erreichen brauche ich im wissenschaftlichen Zugriff nicht meßlogische, sondern entdeckunglogische Verfahren[7]; sie sind in einem strengen Sinne „erfahrungs-wissenschaftlich“, weil sie mit Verstehens- und Erfahrungsstrukturierungen im Objektbereich rechnen und dies methodisch berücksichtigen. Der Verfasser stellt im zweiten Teil ein struktural-hermeneutisches Modell einer solchen Analyse vor. Doch inwiefern kann man nun im Zusammenhang von *Biographien* von sozialen „Strukturen“ sprechen? Die gegenwärtige soziologische Biographieforschung macht die Annahme, daß *Biographien sprachliche Mittel* sind, soziale Ordnungsleistungen für Individuen („Biographen“) und ihre Gesellschaft zu erbringen.[8] Sie sind dabei sowohl beteiligt an Prozessen der *Reproduktion* von Routine-Erwartungen und Allokationen der einzelnen in der Gesellschaft „wie üblich“, als auch beteiligt an der *Transformation* von jenen Routinen, etwa der Verarbeitung von plötzlich auftretendem Neuen, von Enttäuschungen, von Erwartungen, die nicht eintraten, von Veränderungen durch historische und soziale Verwerfungen. Zu solchen Transformationsaufgaben, die durch biographische Arbeit zu bewältigen sind, gehören immer auch Alternsprozesse, Krankheitsverarbeitung und das Coping mit Verlusten aller Art.

Was also ist eine Biographie, und wie kann sie die Aufgaben von Ordnungsreproduktion und Ordnungstransformation leisten?
Zunächst. Eine Biographie ist vor allem ein *Text*, sie ist vom gelebten Leben verschieden. Das *gelebte Leben* und das *textlich dargestellte Leben, das erzählte Leben,* sind verschieden, auch wenn sie irgendwie zusammenhängen.[9] Biographie ist ein Text über ein Leben, ist nicht einfach Phantasie, sondern hängt ab von einem gelebten Leben. Biographische Textualisierung geschieht primär im aktuellen Miteinandersprechen. Das „gelebte Leben" verschafft sich Sprache, wird besprochen[10]. Es wird gesagt, was war und was das bedeutet; Erinnerungen und Erwartungen werden so formiert und leisten Orientierung im Sinne von Erwartungssicherheit und von retrospektiver Interpretation. Dazu gehören Sprecher und Hörer in ihren konkreten sozialen Milieus, z.B. der Familie. Der vom „Autobiographen" produzierte biographische „Text" ist ein *gemeinsam* von Hörern und Sprecher hervorgebrachter; er richtet sich also stark nach den aktuellen Interessen, danach, was man sein will und darf, hören will und nicht hören will. Also hier spielen auch Familiengeheimnisse, Tabus im Milieu oder der Gesellschaft eine wichtige Rolle[11]; was verschwiegen wird, liefert so unter Umständen wichtigere Belege für die Handlungsstruktur eines Biographen, als das, was explizit dargestellt wird.
In der aktuellen narrrationsanalytischen Biographieforschung befaßt man sich vorwiegend mit solchen erstpersönlichen, gesprochenen biographischen Texten[12], also mit gesprochenen Autobiographien. Sie werden im Gespräch zusammen mit dem Soziologen produziert, wobei die Regel gilt, daß der oder die Biographin das Gespräch ganz weitgehend bestimmt und daß das Gespräch technisch so geführt wird, daß die Darstellungsform der Narration, also der Erzählung ermöglicht und bevorzugt wird.
Dabei werden zwei wichtige Dinge vorausgesetzt. *Erstens:* Menschen erzählen sich Erfahrungen, um anderen, die nicht dabei waren mitzuteilen, was sie erlebten und um sich *selber* darüber klar zu werden, was sie erlebt haben. Menschen können also erzählen und sie müssen es auch, um sich gegenseitig aneinander zu orientieren und um zu wissen, wer sie sind. *Zweitens:* Auch außerhalb der Interviewsituation erzählen sich Menschen Teile oder große Stücke ihrer Lebensgeschichte. Nur weil letzteres andauernd geschieht, ist eine solche Forschungsoperation überhaupt angebracht.
Wir brauchen diese uns selbst beschreibenden Texte, um uns selber zu verstehen und um von anderen verstanden zu werden und gemeinsam Dinge zu tun.
Wir verstehen uns nicht „von selber". Wir verstehen uns in der modernen Gesellschaft auch nicht einfach von dem „Platz", an dem wir in der Gesellschaft stehen - etwa von der beruflichen Position her, oder einfach von einer religiösen oder weltanschaulichen Identität her -, denn wir stehen gleichzeitig an sehr vielen verschiedenen und widersprüchlichen Plätzen, an die wir nie „ganz" gehören. Vielmehr verstehen wir uns als solche, die etwas im Laufe ihres Lebens erlebt

haben, die geworden sind, die sie sind. Wir wissen heute nur insofern, wer wir sind, insoweit wir unsere Geschichte erzählen können.
Das heißt auch im Extremfall, wenn wir etwas erlebt haben, was wir nicht erzählen können, wird uns das in der Regel empfindlich stören und unser weiteres Leben für uns und unsere Mitmenschen extrem belasten. Interaktionsstörungen und Krankheiten sind hier nicht selten. Zugespitzt läßt sich sagen, *nur insoweit wir etwas, was wir erlebt haben, erzählen können, gehört es zu unserem Leben.* Was nicht integrierbar ist, stört oder zerstört uns und unsere Beziehungen. Psychotherapeutische und psychosomatische Therapien setzen hier an[13] - sie bestehen generell oft darin, den Patienten ihr Leben erzählbar, anders erzählbar zu machen als zuvor. Biographien werden oft in solchen Therapien erst de-konstruiert, dann re-konstruiert.

Wer produziert die biographischen Texte?
Nach dem bisher Gesagten sollte deutlich geworden sein, biographische Selbstbeschreibungen finden nicht nur punktuell im Erwachsenenleben statt - etwa beim soziologischen Interview oder bei einer ausführlichen Anamnese im therapeutischen Setting, sondern sie begleiten das Erleben des Individuums von Anfang an; sie laufen als permanente biographische Arbeit im gelebten Leben mit. Einfach gesagt, aus dem Material unseres Lebens „schreibe" ich und „schreiben" alle, die mir zuhören, mich fragen, mit mir interagieren die Lebensgeschichte während dieses Leben lebt. Wieweit das gelebte Leben im biographischen Konstrukt der Selbst- und Fremdbeschreibung adäquat gefaßt und adäquat gesteuert wird, ist eine wichtige Frage. Jedenfalls kann eine solche Adäquanz nicht einfach vorausgesetzt werden. Es ist möglich, daß ein Biograph aus irgendwelchen Gründen eine andere Biographie entwickelt, als sie seinem real gelebten Leben entspricht; es ist auch möglich, daß seine Interaktionspartner ihm eine andere Biographie „verschreiben", als er sie in seinem gelebten Leben liefern konnte oder kann.

Doch nicht nur der einzelne braucht erinnnernd-erzählende Biographien zur Orientierung, sondern auch die Gesellschaft. *Wofür braucht Gesellschaft biographische Strukturen?*
Moderne Gesellschaften produzieren Wahlmöglichkeiten und Desorientierungen, die potentiell desintegrativ wirken, wenn Abläufe nicht in orientierender Weise regelbar sind. Gesellschaftliche Einrichtungen geben daher biographische Normal-Verläufe und Karriere-Muster vor, nach denen sich ihre Mitglieder richten sollen.[14] Dies ist besonders sichtbar im Berufsbereich, aber auch der Familienbereich mit Vorstellungen über die angemessenen Zeitpunkte von Familiengründung und Generationenwechsel gehören hierher. Weiterhin werden Personen nachträglich nach biographischen Schemata klassifiziert, um sie in gesellschaftlich erwünschter Weise zu „behandeln" und zu „prozessieren".

Diesen heteronom produzierten gesellschaftlichen biographischen Strukturen stehen die in Erleben und Erzählen autonom konstituierten Lebensgeschichten gegenüber. Sie sind die Realisierungen der vorgegebenen Möglichkeiten. Sie reproduzieren oder transformieren diese vorgegebenen Muster, die die Gesellschaft bereithält oder verordnet.
Was geschieht, wenn Gesellschaften in ihren Ordnungsleistungen ganz zusammenbrechen?
Gerade dann haben sich biographische Potentiale zu bewähren: In solchen Situationen wird Chaos und Wandel auch - nicht nur aber auch - dadurch prozessiert, daß man sich gegenseitig erzählt, wer man war, was man gemacht hat, was man erlebt: man „schreibt“, - spricht - aktualisierte Biographien, die es einem ermöglichen, mit sich auf dem laufenden zu bleiben, sich nicht zu verlieren. Die Situation im vereinigten Deutschland[15] nach 1989 gibt hierfür ein in der Forschung empirisch noch lange nicht ausgelotetes Beispiel.

3. Welche Relation zwischen Biographie und Krankheit bzw. Gesundheit wird hier unterstellt?
Krankheit und Gesundheit werden als integrale Aspekte des Biographischen angesehen. In dem Maße, in dem körperlich-leibliche Merkmale in reproduktiven und transformativen Ausprägungen das Biographische bestimmen, gehören Gesundheit und Krankheit in die Selbstwahrnehmung und biographische Selbstbeschreibung. Thure von Uexküll nennt die individuelle Wirklichkeit eines Menschen, zu dem auch seine Biographie gehört, ein Organ[16], das seine lebens- und sozial-geschichtliche Verortung herstellt und mit dem Körper in Wechselwirkung steht. Krankheit und Gesundheit sind identifizierbar in diesem Wechselwirkungs*prozeß* und betreffen immer die ganze bio-psycho-soziale Wirklichkeit des Menschen, nicht nur seinen Körper.
Entsprechend der Wahrnehmungs- und Thematisierungslogik, daß Routine und Normalität „Hintergrund“, „thematisches Feld“ - oder „Rauschen“ sind, ergibt sich im Sprechen eine logische Präferenz für Routineunterbrechungen, also ein Prä für eine Thematisierung von Krankheit. „Gesundheit“ ist zunächst eine Routine- und Normalitätsunterstellung; Körperliches wird erst zur Sprache gebracht, wenn „etwas nicht stimmt“. Ein Thematisierungsbedarf für „Gesundheit“ liegt - das gilt allgemein und auch biographisch - erst dann vor, wenn sie nicht mehr gegeben oder bedroht ist. Diese Asymmetrie konvergiert mit der üblichen Grundhaltung der kurativen Medizin, die angetreten ist, einen unerwünschten körperlichen Zustand, ein Unwohl- oder Kranksein zu behandeln. Letztlich will die kurative Medizin ihren Patienten wieder in einen „Normalzustand“, eine „lebbare Routine“ zurückführen. Das heißt, Krankheit wird in der allgemeinen alltäglichen Semantik als biographische Unterbrechung definiert und wird somit Gegenstand biographischer Konstruktion. Die schlichte Frage des Patienten: „Was bedeutet meine Krankheit für mich?“ impliziert alle

biographischen Dimensionen: Gegenwart, Zukunft, Vergangenheit. Sie enthält Fragen nach aktuellen oder möglichen Verlusten, der möglichen Ätiologie, der Diagnose und Therapie, der Prognose in verschiedenen theoretischen und praktischen Facetten. Weil jede Krankheit prinzipiell ein körperlich-leibliches Geschehen ist, das die Person in ihrer sozialen Einbettung betrifft, ist sie immer auch prinzipiell biographie-relevant in ihren Voraussetzungen, in ihrer aktuellen Gegebenheit und in ihren Folgen. Im medizinisch-kurativen setting ist die Anamnese-Erhebung[17] in der Erstbegegnung zwischen Arzt und Patient eine schwache und leider stark vernachlässigte Praktik, die diesen Umstand reflektiert. Dabei gibt es natürlich empirisch wichtige Differenzen. Handelt es sich um eine vorübergehende oder eine chronische Krankheit[18] lautet die Frage, die empirisch den größten Unterschied macht; dann ist innerhalb der akuten und der chronischen Erkrankungen weiter zu differenzieren und empirische Arbeit zu leisten. Dies soll jetzt an einem Fall geschehen.

II. Strukturale Narrationsanalyse eines biographischen Textes

Entsprechend dem Schwerpunkt dieses Bandes geht es dem Autor in der folgenden Analyse primär um das methodische Modell, weniger um den Fall selbst und seine erschöpfende Analyse, daher kann einiges vereinfacht werden. Für das Verständnis der Methode sind die folgenden methodischen Grundannahmen und Prinzipien[19] wichtig:

Erzählte Lebensgeschichten sind in ihrer Entstehung an die Gegenwart ihrer Produktion gebunden. Die gegenwärtige Lebenssituation des Erzählers, seine Gegenwartsperspektive bestimmt den Rückblick auf die Vergangenheit.[20] Indem sich die Erinnerung auf ein vergangenes Erlebnis bezieht und damit auf das Gesamtsystem der möglichen Perspektiven verweist, unter denen sich das Erlebnis für den Erinnernden darbieten kann, also auch auf die Perspektive kurz nach dem Erleben, wirkt die Vergangenheit auf die Gegenwart ein. Erzählte Lebensgeschichten verweisen damit immer sowohl auf das heutige Leben mit der Vergangenheit wie auch auf das damalige Erleben dieser vergangenen Ereignisse. Wollen wir interpretative Fehlschlüsse vermeiden, sind wir genötigt, beide Ebenen - die erlebte und die erzählte Lebensgeschichte - zu rekonstruieren, unabhängig davon ob wir in erster Linie an der Geschichte eines Lebenswegs oder an der Gegenwartsperspektive der BiographInnen interessiert sind. Die Analyse der erlebten Lebensgeschichte, die auf einem Text basiert, der sich in der Gegenwart des Sprechens oder Schreibens konstituiert und der auf eine gelebte Vergangenheit verweist, setzt die Analyse der Gestalt und Struktur eben dieser gegenwärtigen Produktions- und Reproduktionsleistung voraus. Die erste Frage, die an den *Text* gestellt werden muß, ist nicht: „Was wurde damals erlebt, und wie nah ist das in die Erzählung übersetzte Erinnerungsnoema am damaligen Erleben?", sondern zuerst muß die gegenwärtige Erzählsituation rekonstruiert werden, die heutige Perspektive der BiographInnen und damit die Mechanismen, die die Auswahl der erzählten Geschichten steuern. Das Umgekehrte gilt entsprechend: Will ich Aussagen über die biographische Gesamtsicht, über das Konstrukt „Biographie" machen, so setzt dies Wissen über dieses Leben voraus. Es ist nicht möglich zu bestimmen, wie Menschen heute mit ihrer Vergangenheit leben, wenn wir als InterpretInnen dieser Vergangenheit nicht auf die Spur zu kommen versuchen.

Aus diesen Überlegungen folgt, daß bei biographischen Fallrekonstruktionen zwei Ebenen zu unterscheiden sind: Die Rekonstruktion der *erlebten* Lebensgeschichte und die der *erzählten* Lebensgeschichte. Um die sequentielle Gestalt einer lebensgeschichtlichen Erzählung und ihr Wechselverhältnis mit der erlebten Lebensgeschichte erfassen zu können, um die einzelnen Sequenzen sowohl in ihrer latenten wie auch in ihrer manifesten Bedeutung im Kontext der *erzählten*, aber auch der *erlebten* Lebensgeschichte verstehen zu können, wird sowohl die sequentielle Gestalt der erzählten wie erlebten Lebensgeschichte rekonstruktiert. Bei der biographischen Analyse von Lebensgeschichten bedeutet Sequenzanalyse immer zweierlei: die sequentielle Analyse der erlebten und die sequentielle Analyse der erzählten Lebensgeschichte.

Die sequentielle Analyse der *erlebten* Lebensgeschichte, die genetische Analyse, dient zur Rekonstruktion der chronologischen Aufschichtung der biographischen Erlebnisse in der erlebten Zeit, der biographischen Bedeutung der Erlebnisse zur damaligen Zeit. Es geht um die biographischen Orientierungs-Strukturen, die sich im Verlauf der Sozialisation herausgebildet haben, um ihre Reproduktionen und Transformationen im lebensgeschichtlichen Ablauf. Bei der Analyse der *erzählten* Lebensgeschichte rekonstruieren wir hingegen an der Textgestalt des Interviews deren temporale und thematische Gestaltung mittels derer der Autobiograph seine biographische Selbstpräsentation vornimmt und die nicht selten einer text-steuernden Intention des Erzählers folgt. Hier konzentrieren wir uns auf die Analyse der biographischen Bedeutung der Erlebnisse in der Gegenwart, der biographischen Gesamtsicht und Gesamtevaluation, die den Gestaltungsprozeß im Interview konstituieren. Bei der genetischen Analyse wird also - soweit dies möglich ist - die temporale Abfolge der biographischen Erlebnisse (was im Lebenslauf zuerst und was später geschah) rekonstruiert sowie die Bedeutung, die diese Erlebnisse damals für den Autobiographen hatten. Es wird die Gestalt der erlebten Lebensgeschichte und die funktionale Bedeutsamkeit ihrer Teile hypothetisch rekonstruiert. Bei der Analyse der Lebens*erzählung* geht es dagegen darum, in welchen Sequenzen sich die biographische Selbstpräsentation gestaltet und welche Bedeutung die erzählten Erlebnisse heute für den Autobiographen haben. Hier wird die Gestalt der erzählten Lebensgeschichte und die funktionale Bedeutsamkeit ihrer Teile erfaßt.

Eine konsequent biographische Analyse erfordert damit die jeweilige Einbettung biographischer Erlebnisse und Erfahrungen in den Entstehungszusammenhang sowohl der Handlungsgeschichte der Biographie als auch den Entstehungsablauf der biographischen Selbstpräsentation. Damit verbietet sich eine subsumptionslogische Unterordnung biographischer Erlebnisse in von ForscherInnen vorab konzipierte Kategorien. Folgende Verfahrensregeln für die Analyse lassen sich also formulieren:

1. Die Daten-Ausgangsbasis ist ein transkribiertes narratives biographisches Interview. Es setzt eine Interviewführung voraus, bei der dem Interviewten Raum gegeben wird, sich entsprechend eigener Relevanzen darzustellen, und bei der die Interviewaufforderung sowie evtl. Nachfragen so zu gestalten sind, daß Narrationen im engeren Sinne gefördert werden.[21]

2. Es werden verschiedene Arbeitsschritte weitgehend unabhängig voneinander durchgeführt, um Strukturaussagen über den *einen* Fall in *variierender Perspektive* zu gewinnen. Die methodische Perspektivenvariation geschieht, um den „Gegenstand" insgesamt rekonstruktiv erfassen zu können.[22]

3. Bei allen Arbeitsschritten wird zunächst das Prinzip der methodischen *Kontextfreiheit* und der *Sequenzialität* beachtet. Die Sequenzialität ergibt sich aus der temporal-sequentiellen Anordnung von Interakten und der schrittweisen Deutung im Verstehensprozeß in der Sozialwelt selbst. Sie wird nachmodelliert, um die Deutungsleistung der Interakteure zu erkennen. In weiteren wiederholten Durchgängen können Hypothesen aus einem Arbeitsschritt durch Verfahren in einem anderen überprüft werden.

4. Generalisierungen im Vergleich mehrerer Fälle (was hier im Beitrag nicht zu leisten ist) zielen auf *Typenbildung* ab. Es geht dabei nicht um Ideal-Typen im Sinne der Max Weber- Tradition, sondern um *Real-Typen*, die aus dem Daten-Material entdeckend-rekonstruktiv gewonnen werden.

Arbeitsschritte:

1. *Sequentielle Analyse biographischer Daten.* Hier geht es um die Rekonstruktion der Struktur der *gelebten* Lebensgeschichte.

2. *Thematische Feldanalyse.* Hier geht es um die Rekonstruktion der Struktur der *erzählten* Lebensgeschichte anhand der *sequentiellen Segmentierung* des Interviewtextes.

3. Sequentielle *Feinanalyse* einzelner Textstellen. Erlaubt performative (auf die Präsentation und aktuelle Gegenwart im Interview bezogene) und erlebensbezogene (auf die erlebten Ereignisse bezogene) Rekonstruktionen.

4. *Vergleich* der gelebten und der erzählten Lebensgeschichte.

5. Formulierung eines *Strukturtyps*.

1. Die Sequentielle Analyse der biographischen Daten (Der Fall Martin Jaker[23])

Bei der sequentiellen Analyse der *biographischen Daten*[24] werden zunächst die kaum an die Interpretation des Biographen gebundenen Daten (z.B. Geburt, Anzahl der Geschwister, Ausbildungsdaten, Familiengründung und andere Familiendaten, Wohnortswechsel, Einzug zur Wehrmacht, Krankheitsereignisse, Migration) in der zeitlichen Abfolge der Ereignisse im Lebenslauf analysiert. Das einzelne biographische Datum wird bei diesem Analyseschritt zunächst noch unabhängig vom Wissen, das die InterpretInnen aus der erzählten Lebensgeschichte haben, ausgelegt - also auch unabhängig vom weiteren biographischen Verlauf. Auf die Auslegung eines Datums folgt die Auslegung des nächsten, das den InterpretInnen angibt, welchen Weg die BiographInnen tatsächlich eingeschlagen haben. Interpretiert wird zunächst noch ganz unabhängig von Selbstdeutungen und Erzählungen im biographischen Interview.
Die hypothetische Konstruktion eines Lebens in einer konkreten Gesellschaft und historischen Situation erfordert teilweise erhebliche Hintergrundskenntnisse. Je präziser die allgemeinen Kenntnisse über die infrage stehende Gesellschaft sind, desto genauer sind die Hintergrundskonstruktionen, vor denen sich die Fallstrukturen abzeichen. Solches Wissen betrifft die historischen Abläufe und potentiell die gesamte Sozialstruktur (incl. sozial-epidemiologischer Einzelheiten) und Kultur einer Gesellschaft, aber auch entwicklungspsychologische Normalannahmen und ggf. Wissen über medizinische Abläufe in Falle von chronischen Krankheiten.[25] Dieser Analyseschritt dient zur Vorbereitung der Rekonstruktion der Fallgeschichte, bei der die Analyse kontrastiert wird mit den Erzählungen des Autobiographen zu den einzelnen biographischen „Daten". Außerdem liefert er uns eine Kontrastfolie für die Text- und thematische Feldanalyse, bei der wir dann sehen können, welche biographischen Daten wie von den AutobiographInnen erzählerisch ausgebaut und in welcher Reihenfolge präsentiert werden. Die Präsentation der Auslegung der Daten[26] erfolgt in der Reihenfolge der Chronologie der gelebten Lebensgeschichte. Die biographischen Daten wurden ausschließlich aus dem Interview gewonnen.[27]

1.
Zum Familienhintergrund des Biographen:
sein Vater: Stammt aus Gorlice (Galizien), wandert 1902 über Ungarn nach Deutschland (Frankfurt) aus, gelernter Schneider; als Soldat im Ersten Weltkrieg dann vom Militärdienst wegen Zuckerkrankheit befreit.
seine Mutter: stammt aus Grenzhausen (bei Koblenz), ihr Vater war Viehhändler und starb früh, daher bleibt die Mutter der Mutter mit ihren fünf Töchtern allein zurück und zieht bald nach Frankfurt um.
Die älteste Schwester besuchte die höhere Schule und verdient mit Nachhilfeunterricht den Lebensunterhalt. Die Zweitälteste heiratete einen aus Polen stammenden Juden und wandert nach Amerika aus. Die drittälteste Schwester arbeitet als Hausschneiderin. Die Mutter selbst als vierte in der Geschwisterfolge ist Haushälterin bei einem alleinstehende jüd. Mann. Die jüngste Schwester führt den Haushalt der fünf Frauen (Mutter und vier Töchter).
Alle Schwestern der Mutter heiraten, wie sie selbst, galizische Juden.

1902	Heirat der Eltern (in Trier) Vater gründet mit einem seiner Schwager ein Handelsgeschäft (Eier, Butter, Käse)
1903	Geburt der ältesten Schwester, es folgen zwei weitere Schwestern Familie erwirbt ein Wohnhaus in Saarbrücken (Zeitpunkt nicht ganz klar)
1911	**Geburt des Biographen, Martin Jaker**, in Saarbrücken der Vater ist zeitweise Schöffe am Gericht

In welche Familiensituation wird der Biograph hineingeboren und welche Zukunftshorizonte werden damit eröffnet? Dies ist regelhaft die erste Frage zur Erzeugung von Hypothesen zum gelebten Leben.

Martin Jaker ist das vierte Kind, der erstgeborene Sohn einer jüdischen Kaufmannsfamilie. Das Herkunftsmilieu beider Eltern ist ein handwerklich geprägtes „Kleine-Leute" Milieu. Die Mutter stammt aus einer kinderreichen Familie aus dem ländlichen Westerwald bei Koblenz und hat nach dem Tod des Vaters, der dort als Viehändler den Lebensunterhalt der Familie verdient hatte, früh eine Familiensituation erlebt, in der ihre Mutter und die insgesamt fünf Schwestern selbst für sich aufkommen mußten. Lediglich die ältere Schwester hatte eine höhere Schulbildung, die jedoch offenbar nicht in eine entsprechende Berufsausbildung oder Position führte. Nach der Volksschule erhält die Mutter des Biographen keine weitere Ausbildung, sie muß als Hausmädchen und Haushälterin zum Lebensunterhalt der Familie beitragen. Der Vater, gelernter Schneider, ist ein Arbeitsmigrant aus Galizien, der unmittelbar mit seiner Ankunft im Saarland einen Lebensmittelhandel aufmacht und eine deutsche Jüdin heiratet. Beide wollen es zu etwas bringen, deshalb geht der gelernte Schneider mit familiärer Unterstützung in den Handel. Die Aufstiegserwartungen scheinen sich zu erfüllen, denn die wirtschaftliche Situation der Familie - man hat ein Wohnhaus erworben - hat sich bei der Geburt des Biographen im Jahre 1911 vermutlich konsolidiert und im Vergleich zur jeweiligen Herkunftsfamilie ist ein deutlicher ökonomischer und sozialer Aufstieg zu beobachten. Der Vater ist zeitweise Schöffe, also eine öffentliche ehrbare Persönlichkeit, ein anerkannter Bürger der Gemeinde. Das mittelstädtische, in der Grenznähe zu Frankreich liberale Klima Saarbrückens läßt die Optionen offen, sowohl in einer jüdischen

Gemeinde zu leben, wie auch am Kulturleben der deutschen Mehrheitskultur, insbesondere den Bildungsbereichen, zu partizipieren. Für das familiale Erziehungsklima sind religiöse oder brauchtumsmäßige Befolgung des Sabbaths und Varianten koscherer Speisezubereitung von Bedeutung; diese Elemente jüdischen Alltagslebens[28] können nicht ausgeschlossen werden, auch wenn man darüber nichts in den biographischen Daten erfährt. Die Textanalyse muß hier weitere Aufschlüsse geben. Die Wahl eines nicht typisch jüdischen Vornamens, „Martin", könnte darauf hinweisen, daß es sich um ein assimiliertes bzw. assimilationsfreundliches Familienmilieu handelt. Der erstgeborene Sohn und „Benjamin" der Geschwisterfolge wird vermutlich von Schwestern und Eltern verwöhnt. Es lasten allerdings auch stärkere Erwartungen nach einem weiteren Aufstieg und eventuell der Geschäftsübernahme auf ihm als auf den älteren Schwestern. Die Voraussetzungen für einen weiteren sozialen Aufstieg, etwa in Form einer höheren Schulbildung, werden ihm vermutlich ermöglicht. Wenn sie von Martin erfolgreich absolviert werden kann, erscheint die Fortsetzung seines späteren Erwachsenenlebens in den Bahnen einer bürgerlichen Karriere - etwa eines Kaufmanns oder als akademisch gebildeter Professioneller (Arzt, Jurist, Beamter)[29] - möglich. Es muß offen bleiben, ob der erste Weltkrieg, an dem der Vater kurzfristig teilnimmt, die wirtschaftliche Situation der Familie beeinträchtigt; ein Lebensmittel/Eiergroßhandel gehört jedoch vermutlich nicht zu den Krisenbranchen. Kurzum, es läßt sich bis zum Gegenbeweis hypothetisch annehmen, daß Martin in einem geborgenen wirtschaftlich konsolidierten Milieu mit bildungsbürgerlichen Aspirationen aufwächst.

2.	
ab 1920(?)	Besuch des Realgymnasiums
1928	Tod des Vaters
1929	Abitur

Die nächsten Daten zeigen, daß die angenommene formale Bildung für den Sohn der Familie ermöglicht wird und daß er sie auch noch nach dem Tod des Vaters mit Abitur vollenden kann. Nahezu seine gesamte Schulzeit hat er in der politischen Rahmensituation des Saarlandes unter dem Völkerrechtsmandat verbracht; es kann unterstellt werden, daß die Frage der nationalen deutschen Zugehörigkeit nicht nur nachdrücklich in der Schule diskutiert wurde, sondern insgesamt „in der Luft" lag und zur persönlichen Stellungnahme aufforderte. Desweiteren hatte sich innerhalb des deutschen Judentums der jüdische Liberalismus institutionell („Vereinigung für das liberale Judentum" 1908; „Central-Verein deutscher Staatsbürger jüdischen Glaubens" 1893) konsolidiert und religionspolitisch neutral versucht, die Bildung einer jüdischen (nicht unbedingt religiösen) deutschen Identität in den eigenen Reihen und gegenüber der christlichen Mehrheitskultur zu fördern.[30] Die differenzierte Diskussion innerhalb des deutschen Judentums mit ihrem breiten Spektrum zwischen Assimilation und Zionismus hat sicherlich auch den Gymnasiasten Martin in irgendeiner Ausprägung erreicht. Entsprechend den bisherigen Daten läßt sich einmal die Hypothese aufstellen, daß er in seinem sozialen und familiären Umfeld eher einer liberal assimilierten Lebenshaltung nahestand. Zum anderen sind jedoch auch jüdisch-konservative Lebensgrundhaltungen oder auch politisch-zionistische Ziele nicht ausschließbar. Die Schulbildung wird ihm jedenfalls implizit die Werte und Aspirationen des deutschen Bildungsbürgertums nahegebracht haben.

Der Tod des Vaters ist hier lapidar ohne weitere Details gegeben. Es ist möglich, daß der etwa 50jährige an seinem Diabetes mellitus starb, doch warum wird dies für den frühen, also legitimationsbedürtigen Tod, nicht erwähnt? Es kann auch vermutet werden, daß die Detailarmut mit einem für den Biographen problematischen Tod zusammenhängt. Dies wäre etwa der Fall, wenn sich der Vater aufgrund geschäftlicher Probleme im Umkreis der Weltwirtschaftskrise das Leben genommen hat. Die weitere Textanalyse wird hier versuchen müssen, genaueres zu rekonstruieren. In jedem Fall hat für Martin der Tod des Vaters zwei Folgebedeutungen. Zum einen ist potentiell die wirtschaftliche Grundlage der Familie bedroht und möglicherweise die Erwartung im Raum, daß Martin jetzt die ökonomische Rolle des Vaters einnimmt. Zum anderen geht es um die psychischen Folgen; vor allem wenn es sich um einen Problemtod handelt, kann er bei Martin extreme Verunsicherungen und gar Schuldgefühle auslösen. Dies kann hier nur hypothetisch bleiben, jedenfalls trifft der Tod des Vaters den Biographen in der Spätadoleszenz am Ende einer Lebensphase, in der er sich bereits über den künftigen Beruf oder die weitere Berufsausbildung Gedanken zu machen hat. Spätestens jetzt hat er allen Grund, sich im Sinne der Findung einer sozialen Identität und einer beruflichen Planung mit seinem künftigen Erwachsenenleben zu befassen. Emotional-kognitiv gerät dabei jede Überlegung in ein Interpretationsfeld prinzipieller menschlicher Endlichkeit und leiblicher Prekarität; zwei Bereiche, für die traditionell die akademischen Professionen des „religiösen Experten“ (Max Weber) und Arztes vorgesehen sind. Daran müßte sich eine eventuell bereits getroffene Entscheidung, sich wie der Vater weiter im Handel (etwa auch nach einem Betriebswirtschafts- oder Jurastudium) oder im elterlichen Geschäft zu betätigen, messen. Dabei ist jetzt die nicht zwingende Voraussetzung gemacht, daß es dieses Geschäft noch gibt; denkbar wäre auch ein Konkurs oder ein Rückzug der Familie aus dem Geschäft nach dem Tod. Die annehmbare Zwangslage, daß die ökonomische Situation der Familie nun sofort die Geschäftsübernahme durch den Sohn erfordert, ist noch nicht ganz auszuschließen, wenngleich eine allzugroße Notlage der Familie wohl zum Schulabbruch vor dem Abitur geführt hätte. Auf der Linie der bisher unterstellten bildungsbürgerlichen Aufstiegsaspiration läge eindeutig die Aufnahme eines Studiums.

3.	
1929/30	Beginn des Studiums: Breslau ca. ein Semester am Rabbinerseminar
1930	Studienfachwechsel zur Medizin, ein Semester
ab 1930	Studienortwechsel nach Heidelberg, hier 4 Semester Medizin, Physikum Mitglied einer jüdischen, farbentragenden Verbindung
1932	Umzug nach Bad Nauheim in die Wohnung der mittleren Schwester, die dort mit einem Kurarzt verheiratet ist - Schwager/Schwester in Kopenhagen Mutter wohnt dort ebenfalls zeitweise
1932/33	ein Semester Medizin in Frankfurt/Main Kennenlernen der zukünftigen Ehefrau bei Treffen jüdischer Organisation

Die Hypothese, daß ein Studium aufgenommen wird, bestätigt sich. Vielleicht kann auch davon ausgegangen werden, daß die Familie nicht mehr aktiv im Großhandel tätig ist. Überraschend ist nach den bisherigen Annahmen die Wahl des Studienfaches. In den bisherigen Daten läßt nichts auf eine intensivere religiöse Erziehung (z.B. wird die Bar-Mitzwah[31] als „objektives" Datum vom Biographen nicht erwähnt) schließen; allerdings konnten oben auch Annahmen über ein religiöses Familienklima nicht ausgeschlossen werden. Vielleicht sind die bisherigen Annahmen über ein liberales assimiliertes Familienmilieu widerlegt und er selbst oder die Mutter wünschte sich einen geistlichen Beruf. Es könnte sich auch um einen momentanen Entschluß handeln, der im Zusammenhang mit einer persönlichen Krise und Trauerarbeit am Tod des Vaters stehen könnte. Vielleicht wird so ein spezifisches oder allgemeines Schuldgefühl im Zusammenhang mit dem Tod des Vaters bearbeitet. Warum geht er so weit weg nach Breslau? Möglicherweise will der Sohn durch die Wahl des Ortes sich lokal und mental von der Familie distanzieren. Bei dem „Breslauer Rabbinerseminar" (gegründet 1853) handelt es sich um eine konservative, aber nicht orthodoxe Einrichtung, die sich in jener Zeit auch volkshochschulähnlich für ein allgemeines Publikum zu öffnen begann.[32] Dies ließe auf eine eher liberale religiöse Motivation Martins schließen. Der Fortgang zeigt, daß Martin seine Wahl noch vor Ablauf eines Semesters korrigiert. Vielleicht ist die Krise, die die Wahl des Ortes und die Art der Ausbildung motivierten, mittlerweile überwunden. Martin hat vielleicht auch realisiert, daß er sich nicht zum Rabbiner eignet. Denkbar ist auch, daß er von Anfang an gar nicht vorhatte, Rabbiner zu werden, sondern - auch auf Wunsch der Mutter - eine Art jüdisches Bildungssemester an den Beginn seines Studiums stellte und nun seine eigentlichen Intentionen verfolgt und ein Medizinstudium aufnimmt. Auch an dieser Stelle wird eine genauere Textanalyse der Selbstdarstellung notwendig. Der Beruf des Arztes gehört zu den klassischen Berufen, die einen hohen Status und Ansehen in der Bevölkerung - auch in der jüdischen - erwarten lassen; der Beitrag jüdischer Mediziner in der Wissenschaft ist überproportional, der Anteil jüdischer Ärzte ist Anfang der 1930er Jahre relativ hoch.[33] Martin geht zum Studium nicht ins Saarland zurück, sondern wechselt in die ganz durch das Studentenleben geprägte Stadt Heidelberg. Wer nach

Heidelberg ging wollte das „Studentenleben" genießen und gleichzeitig an einer der renommiertesten deutschen Universitäten ausgebildet werden. Er schließt sich einer Jüdischen Verbindung an. Zusammengeschlossen im „Kartell jüdischer Verbindungen" (1914) vertreten sie national-liberale bis deutsch-zionistische Anschauungen in Reaktion auf und Distanz zu einem breiten Spektrum studentischer Verbindungen eher nationaler bis nationalistischer Prägung, in denen Juden größtenteils nicht zugelassen waren.[34] Martin ist in Heidelberg mit Sicherheit einem intellektuellen und praktischen Antisemitismus begegnet; gleichzeitig wurden seine kognitiven Kenntnisse über den Zionismus und möglicherweise auch Identifikationen damit gefördert. Er schließt den vorklinischen Studienabschnitt mit den Physicum erfolgreich ab und setzt das Studium mit dem klinischen Abschnitt in Frankfurt fort. Offenbar hat „Heidelberg" incl. Studentenverbindung jedoch Martin nicht so gebunden - vielleicht sogar abgestoßen-, daß er dort hätte bleiben wollen. Der Studienortwechsel ist möglicherweise auch noch durch die kostenfreie Überlassung der Wohnung der Schwester eine Stunde nördlich von Frankfurt motiviert. Der Schwager, Badearzt in Bad Nauheim, und die Schwester befinden sich offenbar in einer Phase der Existenzgründung in Kopenhagen bzw. einer Vor-Emigrationsphase, haben ihre Wohnung jedoch noch nicht aufgegeben und wollen u.U. weiterhin, daß sie aus Sicherheitsgründen von Martin bewohnt wird. Für eine familiäre Bindung Martins spricht ferner, daß die Mutter ihn zeitweise versorgt. Offenbar führt die Mutter nicht das väterliche Geschäft, möglicherweise, weil ihr die formalen Bildungsvoraussetzungen fehlen, oder weil es nicht mehr existiert. Daß Martin innerhalb einer jüdischen Organisation ein Mädchen kennenlernt, zeigt seine und ihre Verbundenheit zum institutionell präsenten deutschen Judentum, Interesse und Teilnahme an den dort geführten Diskussionen um die Situation und Zukunft der Juden in Deutschland.

4.

Freundin ist Buchhalterin an einer Tankstelle

zum Familienhintergrund der späteren Ehefrau:

Ihre Mutter stammt aus Friedberg, der Vater aus Posen. Die Eltern besitzen ein Hutmoden-Geschäft in Friedberg. Sie hat zwei Schwestern, von denen zum damaligen Zeitpunkt die ältere den elterlichen Haushalt führt und im Geschäft mithilft, während die jüngere zum Gymnasium geht, um ihr Abitur zu machen.

1932/33	mittlere Schwester wandert mit Ehemann (Arzt) von Bad Nauheim nach Kopenhagen aus
1934	Januar Umzug zur Mutter nach Saarbrücken Studienurlaubssemester (Warten auf Studienerlaubnis?) 3monatige Arbeit als Volontär in einer Autowerkstatt
1934	April die späteren Schwiegereltern werden gezwungen, umzuziehen und ihr Haus wird von der NSDAP beschlagnahmt "Verlobte" verliert Arbeit, findet Buchhalterinnenarbeit in einem jüdischen Betrieb in Baden

Das Familienmilieu der Freundin ähnelt seinem eigenen Herkunftsmilieu. Die Freundin hat eine Berufsausbildung auf der Angestelltenebene erhalten und hat eine Stellung inne. Der für sie vorgesehene Lebensweg beinhaltet also nicht einfach ein traditionelles Warten auf eine Ehe. Offenbar ist es für Martin nicht wichtig, eine Freundin zu wählen, die studiert oder eine höhere Schulbildung genoß. Sofern hier bereits der Gedanke einer Lebenspartnerschaft bzw. Ehe gefaßt wird, läßt dies auf ein eher traditionelles Verhältnis von Mann und Frau schließen, in dem der Ehemann formal höher qualifiziert ist als die Frau. Ab 1934 gerät die glatte weitere Berufsausbildung Martins mit den Schwierigkeiten für jüdische Studenten in der NS-Zeit ins Schlingern. Er unterbricht das Studium. Es wird aus den Daten[35] nicht genau sichtbar, warum; denkbar ist, daß er eine Studienerlaubnis für jüdische Studenten beantragt hatte und nicht sofort bekam. Hier ist genauere Textanalyse angebracht. Die Emigration von Schwester und Schwager[36] nach Kopenhagen erzeugt zumindest die Frage, wie sicher eine Zukunft für ihn in Deutschland sein wird und ob Martin nicht auch emigrieren soll. Die Wohnung bei Frankfurt steht nicht mehr zur Verfügung; er beantragt ein Urlaubssemester und geht mit der Mutter ins Elternhaus in Saarbrücken zurück. Vielleicht wartet er auf eine offizielle Erlaubnis weiterzustudieren. Oder er will nachdenken, ob und wie er weiterstudieren will, vielleicht hegt er ebenfalls bereits Auswanderungspläne. Unmittelbare und mittelbare Erfahrungen von Antisemitismus und offenem Boykott gegen Juden im Reich einerseits und zionistische Ideale, verstärkt durch die jüdische Verbindung, mögen hier eine Rolle spielen. Im letzten Fall stünde er unter starkem Gruppendruck, „Haaretz", Palästina als Zielland zu wählen. In der Familie seiner Freundin treten erste massive Verfolgungs- und Vertreibungserfahrungen[37] auf. Auch wenn er selbst - wie durch weitere Textanalyse zu klären sein wird - möglicherweise nicht unter einem objektiven Zwang steht, zu diesem Zeitpunkt das Land zu verlassen, also selber die Wahl hat, gibt es doch auch im Erfahrungshorizont Martins massive Anzeichen, daß Deutschland zunehmend für Juden schwierig wird. Die Lesart, daß seine Arbeit in der Autowerkstatt ein studentischer Ferienjob sei, ist somit eher naiv. Wahrscheinlicher ist, daß sich Martin im Sinne zionistischer Auswanderungsvorbereitungen - in einer Art selbst organisierter „Hachschara"[38] - mit dieser praktischen Arbeit auf eine Auswanderung nach Palästina vorbereitet. Die Art der Arbeit läßt den Rückschluß zu, daß der Biograph erwartete, mit der so gewonnenen „Expertise" im handwerklich-praktischen KFZ-Bereich in Palästina nützlich zu sein, bzw. Arbeit zu erlangen. Andere Wahlmöglichkeiten, etwa Paris - er hat als Saarländer zumindest eine frankophone, wenn nicht frankophile Schulbildung genossen - oder Dänemark, dem Vorbild der Schwester folgend, liegen ihm ebenfalls vor Augen. Die Wahl beinhaltet gleichzeitig eine faktische Entscheidung über die Fortsetzung des Medizinstudiums: geht er nach Paris, Kopenhagen oder etwa London, kann er das Studium fortsetzen. Wenn er sich für Palästina entscheidet, ist dies im Sinne zionistischer Ideale hoch gratifiziert, aber es gibt nicht mehr die Option der Studienfortsetzung. Für diesen Fall müßte sich zeigen, ob der alternative Lebensweg mit der Hauptmotivation zionistischer Orientierung gegenüber dem deutschen bildungsbürgerlichen Ideal einer Arztlaufbahn trägt.

5.	
1934	April Martin Jaker wandert nach Palästina aus (Kapitalistenzertifikat) zunächst Arbeit als ungelernter Arbeiter am Bau Chronische / tropische Amöberuhr und sogenannte Nervenbeschwerden (Zittern; depressive Antriebsschwäche; Persönlichkeitsveränderung); beides wird ärztlich behandelt; **seither** bis in die Gegenwart sowohl chronische Diarrhoe als auch regelmäßiger Gebrauch von Beruhigungsmitteln oder Stimmungsaufhellern Anforderung seiner Verlobten mit Verwandtenzertifikat bei englischer Mandatsmacht Wechsel zum Kibbuz Na'am - Handwerker beim Brunnenbau
1935	Februar Verlobte kommt in Palästina an - Heirat
1935	1. März Bildung des Saarlandes als Teil des Deutschen Reiches[1]

Die Entscheidung, nach Palästina auszuwandern, bestätigt zunächst die Vermutung, daß Martin aufgrund zionistischer Ideale seinen Zielort auswählte. Die Kränkung, in Deutschland trotz seiner bereits erwiesenen Fähigkeiten unerwünscht zu sein, läßt sich gut mit dem sozialen Ideal, in Palästina einer jüdischen Gesellschaft seine ganze Arbeitskraft zur Verfügung zu stellen, verbinden. Wie enttäuschungsfest diese Erwartung ist, mußte sich in den ersten Jahren zeigen. Er unterbricht jedenfalls zunächst und möglicherweise für immer die Fortsetzung der bisherigen Berufsausbildung und künftigen Laufbahn als Arzt und alle weiteren Aspirationen, die in einem deutschen bildungsbürgerlichen Milieu entstehen konnten. Wie intensiv die zionistische Grundeinstellung[40] war, läßt sich nicht sagen. Jede Motivation zwischen den Extremen einer vollständigen Identifizierung mit zionistischen Zielen einerseits und einer bloßen Trotzvorstellung andererseits -wie: „Wenn man mich und uns Juden hier nicht will, geh ich dorthin, wo ich gebraucht werde und willkommen bin.“ - ist denkbar. Die in Palästina vorgefundenen Realitäten stellen allerdings eine Haltung wie letztere auf eine harte Probe. Die Lebensbedingungen sind hart und ernüchternd; vor allem für Akademiker (insonderheit Ärzte) - erst recht für angehende - ungünstig[41]. Es ist ein Welt- und Gesellschaftswechsel in nahezu jeder Hinsicht, ein Transfer von einer hochdifferenzierten Industriegesellschaft und europäischen Kulturgemeinschaft in ein kaum differenziertes, teilweise auf vormodernem Niveau einer Agrargesellschaft stehendes Mandatsgebiet Großbritanniens. Letzteres bedeutete auch - trotz der Hoffnung durch die Balfour Deklaration - vor allem hohe Unsicherheit des politischen Rahmens bis in die Selbstverständlichkeiten (Frieden, ökonomische Sicherheit, Bildung und Erziehung etc.) des Alltags. Die körperlich schwere und ungewohnte Arbeit im heißen mediterranen Klima und die psychische Belastung durch den Verlust oder doch die Aussetzung seiner bisherigen Zukunft, müssen vor allem dann zu einer tiefen Enttäuschung führen, wenn sich der Wunsch, gebraucht zu werden, sozial nützlich zu sein und anerkannt zu werden, nicht auf einem ähnlichen Niveau erfüllt, wie Martin es sich für das alte Leben hatte erhoffen können. Das Auftreten von akuten Krankheiten zeigt die Belastung, die offenbar das Adaptationsvermögen des

Biographen überschreitet. Man kann sagen, Martin durchlebt eine Krise und trotz guten Willens sträubt sich seine ganze Leiblichkeit gegen die neue Lebenssituation. Sofern er auch später nicht die erwartete Gratifikation für seinen Einsatz und den mit der Auswanderung verbundenen Verzicht erfährt, oder es im nicht gelingt, seine Aspirationen zu reduzieren und realistisch den Möglichkeiten anzupassen, ist eine Chronifizierung seiner gesundheitlichen Probleme nicht auszuschließen. Letzteres wird durch den weiteren Verlauf bestätigt, d.h. mit der Migration beginnt für Martin eine zweite Lebensphase die von multiplen chronischen Erkrankungen[42] und fortgesetzter medikamentöser Therapie geprägt ist. Sofern auch später keine volle Adaptation an die neuen Lebensumstände erfolgt, kann erwartet werden, daß sich die gesundheitlichen Probleme im Laufe der nächsten Jahrzehnte steigern. Der Eintritt ins Kibbutz bestätigt weiterhin, daß der Biograph bereit ist, konsequent einen zionistischen Weg zu gehen. Er verpflichtet sich so prinzipiell, ein persönlich entsagungsreiches Leben im Dienste einer zionisitischen sozialistisch orientierten Güter- und Lebensgemeinschaft zu führen. Das alte, in Deutschland entwickelte Lebens- und Berufskonzept eines hoch angesehenen, überdurchschnittlich verdienenden Arztes ist hier nicht vorgesehen oder realisierbar. Ein Bruch der alten Lebenskonzeption ist hier sichtbar und hypothetisch gibt es etwa die Alternativen, daß der Biograph eine ähnliche Gratifikation im neuen System erfährt. Wenn ihm dies nicht zuteilwird oder nicht gelingt, wird er außerhalb des Kibbutz einen anderen Weg suchen und je nach Ausgang dem alten Lebensentwurf vor der Migration nachhängen oder nicht.

Im Bereich der familiären Lebensplanung gelingt es Martin, die in Deutschland begonnene Linie weiterzuverfolgen. Es gelingt ihm schnell, die geltenden Vorschriften überschreitend, daß seine Verlobte offiziell einwandern darf. Zu einem späteren Zeitpunkt nach 1945, im vollen Wissen um das Schicksal der Juden in Europa könnte sich Martin als faktischer Lebensretter seiner Verlobten verstehen. Sie heiraten bald nach der Ankunft. Etwa zur gleichen Zeit schließt sich das Saarland dem Deutschen Reich an. Dies bedeutet, daß für die Mutter und den familiären Hausbesitz in Saarbrücken nun die gleichen, sich stetig verschlechternden Bedingungen bestehen, wie für alle Juden im Deutschen Reich. 1935 werden die Nürnberger Gesetze erlassen, die u.a. die Aberkennung deutscher Staatsbürgerschaft für Juden beinhaltete.

6.	
1935-1936	Aufenthalt und Arbeit der Eheleute im Kibbuz
1935/36	Auswanderung der Familien der älteren und der jüngsten Schwester nach Paris
	Auswanderung der Mutter zur Tochter nach Kopenhagen
1936	Anfang - Verlassen des Kibbuz und Umzug der Eheleute Jaker nach Tel Aviv
	Arbeit am Bau (Biograph)
	Arbeit als Dienstmädchen (Ehefrau)

Die ersten Jahre versuchen die Eheleute, im Kibbutz Fuß zu fassen, was schließlich mißlingt. Offenbar können sie sich nicht auf die ideologischen oder lebenspraktischen Umstände zu ihrer Zufriedenheit einstellen und treten aus dem

Kibbutz aus. Dies ist mehr als ein einfacher Orts- oder Arbeitsplatzwechsel; der Austritt aus einem Kibbutz hat - vor allem in jener Zeit - generell den Charakter einer Konversion, d.h. einer umfasssenden weltanschaulichen und lebensweltlichen Kehrtwende. Endgültig, nur zwei Jahre nach der zionistisch motivierten Auswanderung Martins, ist er mit dem Scheitern der oben angenommenen Zielmotivationen konfrontiert. Das Eintauschen einer Arztlaufbahn gegen einen zionistischen Lebensweg hat nicht funktioniert. Von den Alternativen, jetzt nach Europa oder in die USA „zurückzuwandern", oder in Palästina etwas anderes zu versuchen, wählt er die lokal, juristisch und ökonomisch naheliegendste Möglichkeit. Damit verzichtet er ein zweites Mal auf die Option, sein erfolgreich bis zum Physicum abgeschlossenes Medizinstudium fortzusetzen. Er bewegt sich weiterhin in einem Land, in dem die von ihm gerade „abgewählte" Haltung und Laufbahn eines Zionisten normativ positiv bewertet wird. Seine Möglichkeiten gesellschaftlicher Anerkennung in Palästina sind damit geschmälert. Auf der Seite subjektiver Auseinandersetzung ist Martin bzw. das Ehepaar in der schwierigen Situation, ein Scheitern öffentlich nicht etwa den zionistischen Ideen der Kibbutzbewegung zuschreiben zu dürfen, sondern sich selbst. Gleichzeitig ist die mentale und vor allem faktische[43] Rückkehr zum Punkt vor der Migration nun endgültig verbaut. Sie versuchen, eine neue Existenz in der Geschäfts-Metropole aufzubauen und müssen zunächst Arbeiten annehmen, die weit unter ihrem Qualifizierungsniveau liegen. Dies zeigt, daß es primär ein „Auszug" aus dem Kibbutz und seiner Ideenwelt war und nicht die positive Wahl einer anderen Lebensmöglichkeit. Die in Deutschland gebliebenen Familienangehörigen werden mit den Nürnberger Gesetzen ausgebürgert und damit nahezu zur Auswanderung gezwungen. Wer bleibt, gerät aus der Sicht späteren Wissens von Jahr zu Jahr mehr in Existenznot und in Lebensgefahr. Die Familie der Ehefrau bleibt. Die Familienmitglieder des Biographen wandern aus. Sie werden so Teil einer zweiten Auswanderungswelle nach der von 1933. Das Elternhaus in Saarbrücken wird verkauft und existiert fortan auch als nur ideeller Rückkehrpunkt nicht mehr. Daß niemand sonst aus Martins Familie nach Palästina[44] kommt, kann entweder so gelesen werden, daß Martin mit seiner pro-zionistischen Entscheidung alleine in der Familie stand, oder daß er einer familialen Delegation folgend stellvertretend für alle in dieses Land ging. Es beginnt sich hier ein unterschiedliches Schicksal der beiden Herkunftsfamilien abzuzeichnen, das Leben der Mitglieder aus Martins Familie ist gerettet; sollte es der Familie der Ehefrau nicht gelingen, rechtzeitig auszuwandern, sind sie in höchster Gefahr.

7.	
1936-1948	Obst- und Gemüsegeschäft in Tel-Aviv (mit einem türkisch-sephardischen-Compagnon)
1937/38	älteste Schwester Martin Jakers wandert über Frankreich, Spanien, Portugal in die USA aus
1939	jüngste Schwester Martins wandert weiter nach London
1939	August - Geburt des Sohnes
1942	Deportation der Familie der Ehefrau aus Deutschland letzter Brief der Eltern Sommer 1942 Schwiegermutter in Theresienstadt, Schwiegervater in Auschwitz umgekommen Schwägerin und Ehemann nach Osten (Minsk) transportiert und dort verschollen; jüngste Schwester der Ehefrau wandert, nachdem ihr Mann aus "Schutzhaft" entlassen wurde, in die USA aus
1945	September - Geburt der Tochter
1948	Mai - Staatsgründung des Staates Israel
1948	Geschäftsaustritt Martin Jakers

Martin gründet mit einem sephardischen Juden aus der Türkei einen Gemüseladen, der für zwölf Jahre die Existenz der Familie sichert. Er begibt sich damit wieder auf die Linie seines frühen Herkunftsmilieus, verläßt aber sowohl seinen zionisitschen Lebensentwurf auf Dauer wie auch den eines Mediziner-Lebens. Aus der Sicht eines Juden aus Deutschland wird vermutlich sowohl die Art des Geschäfts, wie auch die Verbindung mit einem Kompagnon solcher Herkunft kaum als milieuadäquat eingestuft. Die Eheleute bekommen einen Sohn; somit verläuft die Familienentwicklung in Palästina erwartbar „normal".
In den europäischen Familienteilen setzt sich die Migration und Vertreibung fort. Die vollständige Familie des Ehemanns kann sich retten. Es ist mit hoher Wahrscheinlichkeit anzunehmen, daß über Briefkontakt zu den Schwiegereltern die Entwicklung in Deutschland genau verfolgt wurde. Vielleicht gab es auch von ihnen ein Hilfsersuchen, dem Martin und seine Frau aufgrund ihrer wirtschaftlichen Lage nicht nachkommen konnten. Der letzte Brief der Schwiegereltern berichtet von einer bevorstehenden „Umsiedlung" nach Theresienstadt[45]. Sie werden wie weitere Angehörige in der Folge ermordet. Wenngleich der Biograph und seine Frau in Tel-Aviv sicherlich seit ihrer Auswanderung über das sich verschlechternde Los und die Lage der Juden in Deutschland, speziell ihrer (Schwieger-)eltern unterrichtet waren und darunter litten, ist es wahrscheinlich, daß die Ermordung der Eltern der Frau und die ihrer Schwester und deren Mannes in Palästina in vollem Umfange erst nach 1945 bekannt wurde. Während das Ehepaar also mit dem Familienaufbau und der eigenen ökonomischen Existenzsicherung befaßt waren, wurden die nächsten Verwandten der Ehefrau umgebracht. Nachdem sie die Wahrheit erfahren haben werden, sind Reaktionen von Trauer und auch starker Schuld auf der Seite der Frau und Martins erwartbar. Sie werden sich nicht nur allgemein, entsprechend einer „survivor's guilt"[46], sondern auch speziell die schwer belastende Frage vorlegen, ob sie alles getan haben, den Eltern zu helfen[47]. Etwa zur gleichen Zeit, also kurz nach dem Ende des

Zweiten Weltkrieges wird die Tochter geboren; der Sohn ist bereits eingeschult. Die Tochter kommt also vermutlich in einer schwierigen Familiensituation größter Trauer oder depressiver Stimmungen zur Welt, die auch ihren Lebensweg tönen könnten. In jedem Fall gilt für beide Kinder, daß sie in einer Familie leben, die kontinuierlich bzw. über lange Jahre in einer emotionalen Ambivalenz lebt, nämlich einerseits des Glücks, gerettet worden zu sein und andererseits der Schuld, womöglich nicht alles zur Rettung der Schwiegereltern getan zu haben. Die familialen Aufbaujahre sind schwer vom Holocaust überschattet und er wird lange Zeit ein belastendes Zentralthema in der Familie[48] sein.
Ab Mai 1948 lebt die Familie in einem jüdischen Staat; die ursprünglichen zionistischen Anschauungen Martins und womöglich auch die seiner Ehefrau haben so vielleicht - trotz einer Abkühlung und Distanzierung - eine gewisse Erfüllung gefunden. Sie mögen denken, daß es sich nun „doch gelohnt hat" zu bleiben, da jetzt eine neues Leben in einem neuen, ihrem Staat beginnen kann. Möglicherweise entsteht jetzt für sie eine Aufbruchstimmung, die zu einer erwerbsmäßigen Neuorientierung oder zum Versuch, sozial aufzusteigen, führt.

8.	
1948	Geschäftseintritt in ein Bekleidungsgeschäft in guter Geschäftsgegend Tel-Avivs (mit einem perfekt deutsch sprechenden Compagnon aus Ungarn) Einzug zum Militär, Dienst in medizinisch-statistischer Abteilung
1952	März - Tod der Mutter in Kopenhagen
1954	25jährige Abiturientenfeier in Saarbrücken, Martin nimmt teil erster Besuch im Nachkriegs-Deutschland danach über die Jahre mindestens drei weitere Besuche (mit Frau, später Tochter) bei einem Freund, der Richter ist/ war

Mit seiner neuen Erwerbstätigkeit bzw. Geschäftseröffnung verbessert sich Martin ökonomisch und sieht vermutlich eine adäquatere soziale Verbindung mit dem aschkenasischen Milieu als zuvor durch den neuen Geschäftspartner. Er verbleibt aber grundsätzlich im Bereich des Einzelhandels, also weit entfernt von der akademischen Berufs- und Lebenswelt. Als Familienvater wird er zunächst vom Militärdienst verschont; nach dem späteren Einzug wird er aufgrund seiner Vorbildung im medizin-nahen Bereich eingesetzt. Das Geschäft stagniert in dieser Zeit, floriert aber, als er nach dem Militär mit seiner vollen Arbeitsleistung verfügbar ist. Der Besuch in Saarbrücken - das Saarland ist wieder in einem politischen Sonderstatus und nicht Teil der neugegründeten BRD - findet bald statt, nur wenige Jahre nachdem Martin das ganze Ausmaß der Shoah einschließlich der Ermordung seiner Familienangehörigen erfahren hatte. Daß die Reise überhaupt und aus diesem Anlaß (25jähriges Abiturjubiläum) stattfindet, läßt zweierlei vermuten. Einmal wird er „die Deutschen" kaum in toto für den Holocaust oder den Tod der Schwiegereltern verantwortlich machen; zum andern läßt sich eine immer noch eine starke Verbundenheit zu seiner deutschen Erziehung und Herkunft unterstellen. Kontakte und regelmäßige Besuche zu einem Freund, der in der frühen NS-Zeit seine Juristenausbildung abschloß und in der BRD Richter war, lassen vermuten, daß er sich nach wie vor mit den ideellen Vorstellungen und dem Ansehen und Habitus deutscher Bildungseliten identifiziert oder auf tragische Weise zugehörig fühlt. Möglich wäre es auch, daß er apologisierende Erklärungen entwickelt, die die Verfolgung und Vernichtung der Juden der Nazi-Führungsschicht zuschreibt und die deutsche Bevölkerung davon ausnimmt. Gleichzeitig lebt er ein Alltags- und Erwerbsleben in Tel-Aviv, das von dieser Welt seiner verlorenen Möglichkeiten weit entfernt ist.

9.	
1950er	myokardiale Ischämie; Herzrhythmusstörungen; Hypertonie regelmäßige Tablettentherapie zur Therapie der koronaren Herzkrankheit (Zeitpunkt unklar)
1960er	chronische Amöbenruhr und psychische Nachfolgeprobleme (Nervosität, depressive Verstimmungen) werden als verfolgungsbedingte Gesundheitsschäden anerkannt; nimmt regelmäßig Herzmittel sowie Schlafmittel, Sedativa und Aufheller
Mitte 1970er	Sohn wird Mathematikprofessor; verheiratet mit zwei Kindern (ungefähre Zeitangabe); Vater der Schwiegertochter ist Medizinprofessor
1978	Bekleidungsgeschäft wird nach zunehmender Unrentabilität geschlossen

Die gut zwanzigjährige Lebensphase bis Ende der siebziger Jahre ist nicht durch klare biographische Daten gegliedert. Sie erscheint in der an dieser Stelle lapidaren Selbstdarstellung[49] quasi monoton und ohne besondere Vorkommnisse. Kann hier ein routinehaftes „Leben wie üblich" unterstellt werden, oder sind bestimmte wichtige, auch zäsurierende Ereignisse nicht auf der Generallinie des Selbstpräsentations-Interesses und „nicht vorzeigbar"? Es spricht einiges für diese Lesart, denn ohne genauere Datenzuordnungen vornehmen zu können, fällt in diese Lebenszeit eine Verschärfung der Gesundheitsprobleme; Martin wird zum Herzpatienten, eine (essentielle oder sekundäre?) Hypertonie wird diagnostiziert. Wenn letztere wahrscheinlich auch keine subjektiven Beschwerden bereitet haben dürfte, sind doch die Symptome koronarer Herzkrankheit mit dem Damoklesschwert eines Herzinfarktes mit Sicherheit wegen kontinuierlicher Medikamenteneinnahme und präventiver Verhaltensvorschriften alltagsbestimmend und alltagsrelevant. Daß sie nur vage benannt sind, könnte einmal auf eine eingeübte Bagatellisierungsstrategie im Coping-Stil schließen lassen; zum anderen paßt das Bild des Herzpatienten - wie generell die genauere Ausarbeitung der chronischen Krankheitsbedingungen, mit denen er lebt - möglicherweise eben nicht in das Haupt-Selbstdarstellungsinteresse; allerdings können diese Lebensumstände im Interview auch nicht ganz ausgeblendet werden. Ein Biograph, der kontinuierlich Psychopharmaka einsetzt, balanciert ein schweres biographisches Problem; als Folge dieser Therapie ist auch eine Medikamentenabhängigkeit nicht auszuschließen, die ihrerseits sozio-psycho-somatische Probleme schafft. Jedenfalls läßt sich für die weitere Entwicklung der Biographie ein deutliches Hervortreten dieser oder weiterer Gesundheitsprobleme erwarten. Familial entwickelt sich das Leben des Sohnes offenbar normal und für die Eltern erfreulich, beruflich ist er sehr erfolgreich. Es kann die Hypothese aufgestellt werden, daß hier ein Delegationsauftrag[50] des Vaters wirksam ist. Dazu paßt auch der Umstand, daß der Sohn in eine extrem von einer Shoah-Überlebens-Thematik geprägte Familie einheiratet. Der Schließung des Geschäfts geht eine jahrelange Phase der Unrentabilität voraus; sie fällt in eine Lebenszeit, in der auch in Israel die normale Pensionierungs- und Rentengrenze bereits um zwei Jahre überschritten ist. Es ist zu erwarten, daß Martin jetzt in Rente geht.

10.	
1979	Halbtagsarbeit in einem Rechtsanwaltsbüro
1979/80	Leukämieerkrankung der Ehefrau wird diagnostiziert
1980/81	Tod der Ehefrau
	Tochter gibt Arbeit als Lehrerin/Kindergärtnerin auf und führt Vater den Haushalt; zuvor wurde ihre Ehe kinderlos geschieden (Zeitpunkt unklar)

Überraschenderweise wählt der Biograph nicht den Ruhestand, sondern arbeitet weiter. Auf die Frage, warum er seine Berufsphase nicht abschließen kann, lassen sich verschiedene Antworten geben. Er fühlt sich möglicherweise noch nicht „reif" für das Rentnerdasein, weil er sein „Ziel" noch nicht erreicht hat; oder er braucht vielleicht auch aus finanziellen Gründen diese laufende Einnahmequelle. Vielleicht ist auch die Gelegenheit, sich im akademischen Umfeld eines Rechtsanwalts zu betätigen, auf der Linie ganz alter und immer noch lebendiger Berufs- und Lebenspläne. Jedenfalls ist es auffällig, daß auch angesichts der jahrzehntelangen gesundheitlichen Probleme die Erwerbskarriere noch nicht zu ihrem Ende kommt.

Die Lebensphase einer fast fünfzigjährigen Ehe endet mit dem plötzlichen, krankheitsbedingten Tod der Ehefrau. Dieser Tod wird für Martin im thematischen Zusammenhang des Todes seiner Schwiegermutter stehen; erneut ist er selbst bzw. seine Herkunftsfamilie vom schwersten Schicksal verschont, es trifft die andere Familienseite. Dies erneuert womöglich die bereits genannte Schuldproblematik gegenüber der Familie seiner Frau.

Die Tochter versorgt dann den Vater als Haushälterin. Anders als beim Sohn ist ihre Familiengründung gescheitert; weiterhin ist es erklärungsbedürftig, weshalb sie eine qualifizierte Berufstätigkeit zugunsten familialer Hilfsleistungen aufgibt. Offenbar ist sie in ihrer beruflichen Leistungsfähigkeit oder Motivation stark beeinträchtigt. Die Vermutung kann geäußert werden, daß hier eine Problemtradierung der von Zwangsemigration und der Shoah betroffenen Elterngeneration (s.o. zur Situation ihres Lebensanfangs unter dem 7. Block biographischer Daten) auf die Tochter stattfand.[51]

12.	
1981/82	Martin findet eine Lebenspartnerin, getrennte Wohnungen
1984	Aufgabe der Arbeit beim Rechtsanwalt
	Arbeit im Büro eines Warenhauses
Mitte 1980er	Angina Pectoris - führt seither Nitroglycerin zur sublingualen Einnahme mit sich
1986/87	Martin Jaker geht endgültig in Rente (75jährig)
seitdem	Besuch von Seniorenclubs und der Seniorenuniversität
	Mitglied in einer Organisation zur Hilfe von Senioren (ehrenamtlich)
1990	Nov/Dez - Dünndarmperforation; Operation am Zwerchfell; Darmoperation; seither keine Diarrhoe mehr
	nimmt regelmäßig Herzmittel sowie Schlafmittel, Sedativa und Aufheller
1991	Februar Interview im Beisein der Tochter

Martin gelingt das Eingehen einer nachehelichen Lebensgemeinschaft. Nach fünfjähriger Tätigkeit beim Rechtsanwalt wird noch einmal die Erwerbstätigkeit verlängert. Offenbar ist für ihn ein Leben ohne Arbeit kaum vorstellbar. Erneut läßt sich die Hypothese bekräftigen, daß sein ganzes Berufsleben an seinen eigentlichen Wünschen vorbeiging und er deshalb diese Lebensphase nicht abschließen kann. Es kommt zu einer Angina Pectoris-Episode, die sich in den Folgejahren nicht wiederholt. Auch nach dem Eintritt in den Ruhestand zeigt sich der Biograph sozial aktiv. Eine akute medizinische Krise im Zusammenhang seiner chronischen Darmerkrankung wird durch Resektion eines Dünndarmabschnitts bewältigt. Er besucht jetzt Kurse an der Seniorenuniversität. Damit schließt sich biographie-konstitutiv ein Kreis, er kehrt an einen „Ort" zurück, den er 1934 für immer verlassen hatte. Er greift so nach mehr als fünf Jahrzehnten einen alten Faden auf und partizipiert - wenn auch eher symbolisch - an der akademischen Welt, die einmal seine Hoffnung und Lebensplanung ausmachte.

Zusammenfassende Strukturhypothesen zum gelebten Leben von Martin Jaker

1. Hypothetisch-rekonstruktiv stellt sich hier ein zweigeteilter Lebenslauf dar. Bis 1933 lebt der Biograph eine Aufstiegsgeschichte als künftiger Mediziner und Angehöriger einer deutschen Bildungselite. Ab 1933 lebt er eine Berufs- und Familienlaufbahn als kleiner, teils erfolgreicher Geschäftsmann in Palästina /Israel. Während in der beruflichen Schiene eine starke Diskontinuität zwischen den beiden Phasen festzustellen ist, verläuft die Gründung einer eigenen Familie entsprechend dem Herkunftsmilieu; allerdings wird auch hier der am formalen Bildungsniveau (Abitur und Studium) gemessene mögliche soziale Aufstieg nicht erreicht. Die zweite Lebensphase ist gleichzeitig geprägt durch sich steigernde multiple chronische Krankheiten.

2. Markiert ist die Zweiteilung des Lebens durch die Auswanderung aus Deutschland nach Palästina und eine anschließende schwere körperlich-seelische Krise von etwa zwei Jahren. Diese Auswanderung ist einerseits eine freie, zionistisch motivierte Entscheidung des Biographen, andererseits ist sie durch die

Politik des Nationalsozialismus erzwungen. Sie ist mit einem Studienabbruch und letztlich der Aufgabe einer möglichen Berufslaufbahn als Arzt verbunden. Es schließt sich eine kurze Zwischenphase mit zionisitscher Zielorientierung an. Die positiv motivierte „Ersatzlaufbahn" eines aktiven, gesellschaftlich gebrauchten und anerkannten Zionisten scheitert allerdings nach nur knapp zwei Jahren als Kibbutzmitglied. Der anschließend realisierte Lebensweg als Händler ist in Kontinuität mit dem Herkunftsmilieu des Biographen, entspricht aber nicht seinem eigenen erfolgreich begonnenen Weg als Arzt; letzterem dürfte er daher als verpaßte Chance nachtrauern. Deutschland, vor allem seine deutsche Erziehung bleiben Bereiche positiver, aber nicht mehr aktueller Identifikation. Er hat sein aktuelles Leben in Israel gelebt, sich aber weiterhin mit einer Vergangenheit und ihren untergegangenen Zukunftshorizonten identifiziert. Er lebt ein anderes Leben als er erwartet hatte und identifiziert sich weiter mit seiner Herkunftswelt. Der Verlust dieses Zukunfthorizontes ist gleichzeitig der Verlust seiner Gesundheit.

3. Durch die Auswanderung hat er sein eigenes und das Leben seiner Ehefrau gerettet. Dies erscheint womöglich als „selbstbezogen" und schuldhaft vor dem Hintergrund der Ermordung der Familie seiner Ehefrau. Es kann beim Biographen und seiner Familie mit einer ausgeprägten Schuldthematik, die in der Shoah wurzelt, erwartet werden.

4. Er hat überlebt, aber vom Leben in Palästina und Israel nicht bekommen, was er erwartet hat, bzw. „eigentlich" hätte bekommen können. Eine solche Enttäuschung ist im Zielland der Migration sozial nicht erwünscht und kaum außerhalb der Familie mitteilbar. Sie hat möglicherweise sozial isolierende Konsequenzen.

5. Die Punkte 3 und 4 produzieren Ambivalenzen im Familienmilieu, die sich auch noch in der Folgegeneration bei Sohn (erfolgreich, angepaßt; Einheirat in Überlebenden-Familie) und Tochter (familiale und berufliche Problemlaufbahn) zeigen. Weiterhin läßt sich annehmen, daß die Identifikation mit Deutschland zwar ambivalent ist, eine positive Sicht Deutschlands aber eher überwiegen wird. Die Identifikation mit Israel ist ebenfalls ambivalent; die negativen Seiten werden zurückhaltender zum Ausdruck gebracht. Eine offene Kritik am Zionismus bzw. seinen eigenen zionistischen Jugendidealen kann kaum erwartet werden, sie wäre mit einem expliziten Eingeständnis des „Scheiterns" seines Lebensweges entsprechend seines ersten Lebensentwurfs verbunden.

Wie stellt sich der Biograph im Interview vermutlich selbst dar?
Bevor wir untersuchen, wie Martin Jaker sich im Interview darstellt, bevor also die Stuktur des erzählten Lebens in den Blick genommen wird, läßt sich aufgrund der biographischen Daten fragen, wie er sich vermutlich selbst präsentieren könnte.

1. Zum einen könnte er versuchen, möglichst explizit den soeben hypothetisch festgestellten Ablauf zu präsentieren. Dies wäre die Geschichte des Scheiterns eines ersten Lebensentwurfs, des Versuchs einer zionistischen Ersatzlaufbahn, die ebenfalls scheitert, und des Aushaltens in einem Land, in dem er sich schließlich arrangiert, den alten Vorstellungen nachtrauernd. Die Schuldproblematik gegenüber der Familie seiner Frau müßte expliziert werden. Vor allem das Krankheitstrajekt würde sich eignen, die Selbstdarstellung als Leidensgeschichte zu profilieren. Da er weiß, daß der Interviewer Professor an einer medizinischen Fakultät ist, kann er hier sogar besonderes Zuhör-Interesse unterstellen. Er könnte dabei versuchen, einige Elemente - etwa das Überleben oder die Entwicklung seines Sohnes - positiv herauszuarbeiten. Alles in allem wäre es jedenfalls eine nüchterne, durchgearbeitete Geschichte.

2. Will er sich dagegen als wichtig und bedeutsam darstellen, könnte er die Auswanderung, die eigengesteuerte Rettung aus der Shoah als positive Tat in den Mittelpunkt stellen; zionistische Motivationselemente könnte er hervorheben. Er müßte dann allerdings das Verlassen des Kibbutzes entsprechend umdefinieren; weiterhin sein und das Überleben seiner Frau so in Relation zur Ermordung der Schwiegereltern setzen, daß er immer noch auf seine Leistung stolz sein könnte; dies erscheint ziemlich unwahrscheinlich.

3. Schließlich könnte er aus der Gegenwartsperspektive eines Studenten an der Seniorenuniversität und eines sich derzeit gesund fühlenden Rekonvaleszenten, versuchen, die Elemente positiver Identifikation seines gelebten Lebens ganz in den Vordergrund zu stellen. Dies würde vor allem seine ersten zwei Lebensjahrzehnte, also die Zeit vor der Emigration aus Deutschland betreffen. Elemente und Dimensionen, auf die er nicht stolz sein kann, könnten, vor allem wenn er sie nicht fremdattribuieren kann, eher ausgeblendet werden. Dies wären vor allem seine zionistischen Ideale, die Krankheitsentwicklung und Details über beruflichen Mißerfolg. Positive Selbstdarstellung in Kontrast zu einem Familienkontext, dessen überlebende Mitglieder nicht in Israel leben, ist für israelische Hörer und in von ihm möglicherweise übernommener israelischer Perspektive möglich. Denkbar ist jedoch auch, daß er eine solche Perspektive nicht einnimmt, die anderen Verwandten beneidet und meint, er habe unverdient den schwersten Weg gegangen. Diesen inklusive der Neidgefühle kann er allerdings einem deutschen nichtjüdischen Interviewer wie dem Autor gegenüber gerade nicht gut hervorheben. Es wird ihm allerdings überhaupt schwerfallen, angesichts der Ermordung der Schwiegereltern im Holocaust, vor der nahezu alles andere Leiden banal erscheint, seine Klagen angemessen zu artikulieren. Allgemeinere eher

positive Argumente über Deutschland und allgemeine, gemäßigt kritische über Plästina und Israel würden ebenfalls auf dieser Linie liegen.

2. Thematische Feldanalyse des Interviews mit Martin Jaker

Beim Auswertungsschritt, der *Text- und thematischen Feldanalyse*, die auf den Arbeiten Aron Gurwitschs, Wolfram Fischers und Fritz Schützes basiert,[52] wird die sequentielle Gestalt des Textes analysiert. Generelles Ziel der Analyse ist herauszufinden, wie sich der Biograph selber präsentiert, welches implizite „Ziel" der Selbstdarstellung er dabei verfolgt, d.h. welches „thematische Feld" er mittels der einzelnen Themen und ihrer textsortenspezifischen Ausarbeitung in sequentieller Abfolge konstituiert.

Zur Vorbereitung der Analyse wird der Interviewtext entsprechend seiner zeitlichen Abfolge nach Segmenten sequenziert, d.h. in Analyseeinheiten gegliedert. Kriterien für die Segmentbestimmung sind: Sprecherwechsel, Textsorte (Argumentation, Beschreibung oder Erzählung und deren Unterkategorien) und Themenwechsel. Es wird vermerkt, an welchen Stellen im Interview, bei welchen Themenbereichen und biographischen Zeitpunkten, der Biograph argumentiert, beschreibt oder erzählt. Das analytische Vorgehen bei der Interpretation der Sequenzierung entspricht der sequentiellen Analyse der biographischen Daten: Dem Aufbau des Textes entsprechend wird Segment für Segment ausgelegt. Jedes einzelne interpretationsbedürftige Segment wird ohne Kenntnis über den folgenden Text auf seine unterschiedlichen Bedeutungsmöglichkeiten hin befragt. Interpretationsbedürftig sind bei diesem Analyseschritt die Art und die Funktion der Darstellung im Interview - und nicht die biographische Erfahrung an sich. So stellt sich etwa bei Beginn der Analyse die Frage, warum der Autobiograph seine Lebenserzählung mit Thema x in Textsorte y so ausführlich (oder knapp) beginnt. Im Unterschied zur Analyse der biographischen Daten und deren Kontrastierung mit den Erzählungen des Autobiographen, bei der Rekonstruktion der Fallgeschichte, wird hier also nicht danach gefragt, welche Bedeutung dieses Ereignis damals für den Biographen hatte. Von Interesse ist vielmehr, welche Funktion dieser Präsentationsanfang heute für ihn hat, weshalb er diese Erfahrung in einer bestimmten Textsorte - etwa einer Argumentation und nicht in einer Erzählung - thematisiert. Die Analyse macht dabei Annahmen über pragmatische „Normalfunktionen"[53] der drei Textsorten. Schließlich ist zu fragen, weshalb das Segment so elaboriert/nicht elaboriert ist, und welches thematische Feld das Thema appräsentiert. Bei jedem Textsegment geht es um das Auffinden der inhärenten Verweisungen auf mögliche thematische Felder und um den hypothetischen Entwurf der jeweils anschlußfähigen weiteren Segmente. Im Fortgang der Analyse zeigt sich dann, welche thematischen Felder vom Biographen ausgestaltet werden, welche sich potentiell anbietenden Bestände dieser Felder nicht entwickelt bzw. nur andeutend thematisiert werden. Ebenso wird klar, welche Felder vermieden werden. Es wird also deutlich, a) welche Themen nicht thematisiert werden, obwohl sie kopräsent sind - und zwar unabhängig von den Selbstdeutungen der Autobiographen, und b) wie der Autobiograph seine Erlebnisse systematisch nur in spezifische Felder einbettet und mögliche andere den Erlebnissen inhärente Rahmungen vermeidet. Ziel der Rekonstruktion innerhalb dieses Arbeitsganges ist das Herausarbeiten des Hauptpräsentationsinteresses qua thematischer Felder. Es geht um die Bildung von Strukturhypothesen zur Generierung des erzählten Lebens im Interview.

SEQUENZIERUNG des Interviews mit Martin Jaker
Eingangserzählung - gekürzte Fassung[54]

1. THEMA: Anfangspunkt der biographischen Erzählung - " Familiengeschichte meiner verstorbenen Frau"

1/2	B: markiert thematischen Anfangspunkt: Familiengeschichte meiner verstorbenen Frau
1/4	Rückversicherung bei I zum Beginn
1/5	I: Bestätigung, daß es ihm überlassen ist und Erklärung zum Ablauf des Interviews
1/18	B: "...wird nichts vergessen..."
1/27	I: Aufforderung anzufangen
1/30	B: Frage, ob Band läuft
1/31	I: Bestätigung

Warum dieses *Thema* an dieser Stelle, in dieser *Textsorte*, in dieser *Länge* und welches *thematische Feld* ist damit verknüpfbar? - dies sind die Standardfragen in diesem Analyseschritt. Der üblicherweise in einem narrativen biographischen Interview interaktiv und kommunikativ meist durch den Interviewer (Formulierung einer narrationsfördernden Eingangsfrage) dominierte Interviewanfang ist hier nicht erkennbar. Es ist vielmehr der Biograph selber, der ohne Aufforderung das Wort ergreift und mitteilt, worüber er sprechen wird und will. Der Interviewer braucht nur zu bestätigen, daß ihm diese Aktivität willkommen ist. Sowohl die Versicherung von Vollständigkeit als auch die Nachfrage, ob das Band läuft, zeigen ebenfalls neben einem starken Eigen-Kontroll- und Eigen-Steuerungsbedarf eine hohe Mitteilungsbereitschaft, wenn nicht gar einen regelrechten Darstellungsdrang. Dies kontrastiert etwas mit der Themenangabe, denn es geht offenbar zunächst nicht um den Biographen selbst, sondern um die Familiengeschichte seiner verstorbenen Ehefrau. Mit dieser Wahl privilegiert der Biograph diese Familienseite. Warum? Eine Lesart - die bereits auf die analysierten biographischen Daten zurückgreift und hier textlich noch keinen expliziten Anhalt findet, weil die Familienthematik nicht spezifiziert ist - ist, daß er sein ganzes Leben als im Schatten der im Holocaust umgekommenen Schwiegereltern und Familienangehörigen seiner Frau darstellen will. Einerseits ehrt er damit das Andenken seiner Frau und ihrer Familienseite, andererseits kann er seine eigene Belastung darstellen. Vielleicht will er auch als früher Emigrant, der selber kaum Feindseligkeiten in Deutschland verspürte und nach seiner eigenen Konzeption „freiwillig" auswanderte, auf diese Weise am historisch wichtigen Thema des Holocaust partizipieren. Auch die implizite Abarbeitung einer Schuldthematik ist denkbar. Vielleicht läßt sich auch über die Familie der Frau die eigene Reputation eher herstellen als durch die eigene. Schließlich kann jemand, dessen Gegenwartsschwelle sich im Tod der Ehefrau konstituiert, einen solchen Anfang wählen. Auch eine Höflichkeitsgeste gegenüber der Frau, deren „Seite“ zuerst abgehandelt wird, bevor er zu sich selbst kommt, könnte dahinterstehen. Schließlich könnte es sein, daß er gar nicht über sich selbst reden kann, weil er sich und seine Probleme angesichts der Geschichte und Familiengeschichte als zu unbedeutend ansieht. Als thematische Felder kommen also „meine Partizipation an der Shoah“; „meine Dankbarkeit gegenüber der Familie meiner Frau“; „mein relativ unwichtiges Leben in Bezug auf Verfolgungserfahrungen in meiner Familie“ u.Ä. infrage. Es kann thematisch erwartet werden, daß jetzt die Ausarbeitung folgt; von der Textsorte wären Bericht und Argementation dafür am ehesten erwartbar.

2. THEMA: **Einstieg ins Interview**		
1/34	Argumentation/Bericht	Anfangspunkt Lebensgeschichte der verstorbenen Frau: Kennenlernen in Bad Nauheim

Das nächste Thema ist jedoch nicht wie angekündigt die Familie der Frau, sondern es geht um das Kennenlernen am Wohnort der Freundin und die Umstände. Von Anfang an ist es dem Biographen also wichtig, seine eigene Relation zu dieser Familie zu betonen. Da hier genau lokal spezifiziert wird, könnte dies als Orientierung für eine Anschlußgeschichte über den Fortgang der Partnerschaft dienen; dann wäre zunächst das Thema Familie der Frau in die zweite Reihe getreten. Thematisches Feld ist jetzt deutlich Partnerschaft oder Ehe. Thematisch erwartbar ist die Fortsetzung in diesem Bereich, etwa als Bericht/Argumentation. Sogar eine Narration, die sich an das Kennenlernen anschließt, wäre denkbar, wenn er sich nicht dem angekündigten, sondern dem Thema „meine Ehe mit dieser Frau“ überlassen könnte.

3. THEMA: **Studium und Auswanderung**		
2/5	Bericht	Studiensemester in Frankfurt Schwester nach Kopenhagen; Schwager ist Arzt Kennlernen der zukünftigen Ehefrau bei einer jüdischen Veranstaltung
2/25	Evaluation	"ich hatte aber schon damals den festen Plan, nach Israel auszuwandern"
2/27	Bericht	Berufssituation der Frau Stellungsverlust durch Zwangsverkauf der Firma an SA-Mann; Neuanstellung im Badischen April 34, Anforderung der zuk. Ehefrau
2/49	Ankündigung	Studium unterbrochen / "spreche später darüber"
3/1	Bericht	Einwanderungs-Zertifikat für Ehefrau

Thematisch beobachtet man ein weiteres Abgehen von „Familie der Ehefrau“ und auch von „eigener Ehe“. Die als Evaluation/Argument vorgebrachte Auswanderungsabsicht steht im Mittelpunkt der beiden Berichte; sie verdeutlichen erst bezüglich seiner Familiensituation, dann für die seiner Frau die Plausibilität der Auswanderung und seinen aktiven Anteil an der Einwanderung seiner Frau nach

Palästina. Als thematisches Feld erscheint hier „meine aktiv betriebene Auswanderung einschließlich der Rettung meiner Frau". Als Anschluß wäre nun eine detailliertere Erzählung über die Auswanderung denkbar, denn der Biograph ist jetzt ganz bei sich und seinen Aktivitäten bzw. seinem eigenen Erleben angekommen.

4. THEMA: Familiengeschichte der Ehefrau		
3/ 14	Eröffnungsformel	zur Geschichte der Familie der Frau
3/ 14	Bericht	Eltern der Frau und deren Berufe Beruf der Frau; Schwester der Frau; Palästina, Heirat; andere Schwester der Frau nach London; in Deutschland verbliebene Familienangehörige
4/ 36	Frage an I:	Mikwe bekannt?
4/ 38	Bericht	Synagoge, Reichskristallnacht, Gedenktafel; Friedhof; Großmutter der Frau
5/ 20	Bericht	Nazis zerstören das Haus, Zwangsverkauf (fremderlebte Geschichte) letzter Brief der Schwiegereltern 1942
6/ 7	Argumentation	Vertreibung der Juden aus Friedberg
6/ 18	Bericht	Deportation der Familie der Frau
6/ 24	I Evaluation	" die geblieben sind, sind alle ums Leben gekommen"
6/ 25	B Schlußformel	alle umgekommen / " soweit die Geschichte meiner Frau"

Die soeben geäußerte Folgehypothese erweist sich als falsch. Der Biograph kann sich nicht seiner Erinnerung an die Auswanderung überlassen und erzählen, sondern kommt nun erneut - oder jetzt erst richtig - auf die zuerst angekündigte Thematik zurück. Die Bedeutsamkeit des Themas verstärkend eröffnet er erneut formell. Rückblickend auf die ersten drei Segmente läßt sich sagen, daß es ihm wichtig ist, vor allem sich selbst im Vordergrund - noch vor der Einhaltung seines „offiziellen" Darstellungs-Planes - zu plazieren. Er wählt dabei die Phase der Emigration aus Deutschland nach Palästina, in der er aktiv, ja in gewisser Weise als Lebensretter für sich und seine Frau erscheint. Im Kontrast zur Interpretation der biographischen Daten, wonach die Auswanderung eine Leidens- und Krisenzeit darstellt, wird hier sein aktiver Anteil positiv akzentuiert. Erst danach kann er auf die Familie der Frau zurückkommen. Auch hier etabliert er in der Textabfolge dieser Berichte und Argumente eine ähnliche Reihefolge: am Anfang steht die Erwähnung der Eheschließung, die Vertreibung und Ermordung der Schwiegereltern und weitere Einzelheiten über die Judenverfolgung und -Vernichtung folgen. Es wird formelhaft abgeschlossen. Versucht man für alle vier Themensegmente ein durchgängiges thematisches Feld zu rekonstruieren, geht es dem Biographen wohl um eine positive Selbstdarstellung vor einem vom Holocaust bzw. der Judenvertreibung gekennzeichneten Familienhintergrund. Nach der Abschlußformel könnte er nun in Berichtsform über seine eigene Herkunftsfamilie sprechen oder über sein eigenes Leben erzählen.

5. THEMA: Familiengeschichte der Frau und wissenschaftliche Untersuchung		
6/27	Argumentation/Bericht	wissenschaftl. Untersuchung über Juden in Friedberg, Zeitungsartikel
7/30	Beschreibung	der Zustand des Friedhofs
7/44	Argumentation/Bericht	Brief an Adenauer
8/22	Schlußformel	"soweit also die Geschichte meiner Frau"

Stattdessen folgt eine argumentativ-berichtende Bedeutungsverstärkung der Familie seiner Frau und allgemeiner der Juden aus ihrem Herkunftsort. Die Verstärkung erfolgt durch Evaluierung der Familie in einem gegenwärtigen und wissenschaftlichen Kontext. Der Biograph vermittelt, daß dies alles nicht in der Vergangenheit versunken ist, sondern von hohem gegenwärtigen und wissenschaftlichen Interesse. Er verallgemeinert so die Familienerfahrung in einem historischen Kontext. Das relativiert eigene persönliche Anteile, sowohl die aktive „Tat" der Auswanderung also auch mögliche eigene Schuld und Trauer; gleichzeitig macht es deutlich, daß der Biograph einem weltgeschichtlichen Geschehen von höchster Relevanz angehören will. Er kann so vermitteln: Ich bin von Bedeutsamkeit als Exemplar, ohne daß ich über mich selbst reden muß (kann). Das thematische Feld einer positiven Selbstdarstellung vor dem Holocausthintergrund, ohne von sich selbst direkt reden zu müssen, ist damit weiter verstärkt. Die Abschlußformulierung wie im Segment 4 wird wiederholt und die gleichen Folgehypothesen wie dort lassen sich wiederholen.

6. THEMA: eigene Eltern		
9/1	Bericht	eigener Geburtstag und -ort ((ein Satz)) Geburtsort der Mutter
9/9	Argumentation/Bericht	Familiengeschichte der Mutter/ "das war natürlich eine ärmliche und arme Familie" (9/31)
9/31	Argumentation	Heirat, Mitgift
9/42	Argumentation/Bericht	Kennenlernen und Heirat der Eltern in Frankfurt (dann Umzug ins Saarland); Vater Schneider, Mutter hausiert mit Kurzwaren; Umzug nach Saarbrücken Geschäftsgründung: Eiergroßhandel

In der Tat wendet sich der Biograph nun seiner Herkunftsfamilie zu. Nachdem er - strukturell in der bereits vorher wahrgenommenen Ordnung: erst „ich", dann die Familie -, nur seinen eigenen Geburtstag und -ort genannt hat, wird berichtend-argumentativ der Aufstieg der Eltern aus „ärmlichen und armen" Verhältnissen zu einer wohlhabenden Geschäftsfamilie dargestellt. Das weitere thematische Feld könnte „der Aufstieg meiner Familie zu Wohlstand und Ansehen" sein. In diesem Sinne könnte er detaillierend fortfahren oder über sich selbst sprechen. Bericht und Argumentation sind erwartbar die sprachpragmatisch adäquaten Textsorten.

7. THEMA: Herkunftsfamilie		
10/22	Argumentation/Bericht	Schwestern, Auswanderung; Mutter zur Schwester
10/52	I Frage	zum Todesdatum der Mutter; Klärung des Todestages (1952 in Kopenhagen)
11/19	Bericht	Auswanderung der Schwestern
11/45	Evaluation	jüngste Schwester hat's schwer verkraftet
11/49	Argumentation/Bericht	Schwäger
12/8	I Frage	zur Geschwisterabfolge
12/10	Argumentation/Bericht	Stellung in der Geburtsfolge Tod des Vaters (1928) Haus in Saarbrücken

Der Biograph bleibt im thematischen Feld seiner Herkunftsfamilie und detailliert zunächst die implizite Frage, wie sie den Holocaust überlebt hat. Dies ist das versteckte Thema dieser Sequenz, und er stellt damit die Auswanderungen und Rettungen seiner vollständigen Familie vor der Shoah im Unterschied zur Familie seiner Frau - von einer Chronologie der Familienentwicklung vollkommen abweichend - an den Anfang. Alle haben überlebt, lediglich die jüngste Schwester hat psychische Folgeprobleme in Kauf zu nehmen. Der Tod des Vaters (1928) noch vor seinem Abitur wird am Ende nur erwähnt. Der Biograph dezentriert sich also auch hier und stellt die Herkunftsfamilie in Relation zum Thema Shoah, thematisches Feld ist „die Rettung meiner Familie vor der Shoah". Thematisch kann er jetzt die Chronologie seiner Familie abarbeiten oder zu sich selbst kommen.

8. THEMA: Studium ((eingelagert Ausstellung/Fotos))		
12/47	Eingangsevaluation	"jetzt zu mir selbst"
12/47	Argumentation/Bericht	Abitur, Studium Breslau/ Frankfurt
13/5	Argumentation	Studienfachwechsel
13/7	Argumentation/Bericht	Studium, Physikum, jüdische Verbindung
13/45		((B zeigt Fotos und kommentiert diese beschreibend))
16/1	Argumentation/Bericht	Ausstellung des Museums in Saarbrücken; Fotos des B. im Museum
16/37		B zeigt weiter Fotos und argumentiert über den Verbleib seines Studienbuches und von Fotos in der Ausstellung und bei seiner Nichte für die Erstellung eines Stammbaums
19/18	Bericht	Studiensituation in Heidelberg
19/31	Argumentation	Beginn des Nazismus: nicht Auschwitz, sondern Boykott 11.4.1933
19/41	Argumentation	über NC für Juden, Studienerlaubnis
20/11	Bericht/Erzählung Evaluation	im SA-Lager/ "Sache hat gereicht" (20/31)
20/34	Argumentation	Studienunterbrechung

Formelhaft angekündigt spricht er jetzt über sich selbst. Seine „Lebensgeschichte" beginnt mit dem Abitur. Es liegt ihm also daran, sich vor allem als Abiturient zu präsentieren. Ein Abiturient ist einer, der die deutsche höhere Schulbildung erfolgreich absolviert hat und ein Universitätsstudium aufnehmen kann. Er hat eine Leistung vollbracht und gehört zur Bildungs- und potentiell Funktionselite Deutschlands. Die Präsentation bezieht sich weiterhin auf eine allgemein „deutsche" und nicht spezifisch jüdische Identitätsdimension. Die ersten zwei Lebensjahrzehnte blendet er aus. Hypothetisch lassen sich für diese Auslassung zwei Richtungen verfolgen. Zum einen mag ihm seine Kindheit auf der Linie seines Selbstdarstellungsinteresses zu unspektakulär, zu normal erscheinen. Er kann dort keine besondere eigene Leistung, schon gar nicht im Blick auf die Holocaustthematik darstellen. Zum anderen könnte es eine problematische oder auch sehr „jüdische" Kindheit und Jugend sein, die er nicht darstellen will. Die Darstellung erfolgt chronologisch argumentativ-berichtend vom Studienanfang in Breslau über Studienwechsel bis zur Heidelberger Zeit. Wo er nach seiner Darstellung „normal" studierte, d.h. nicht durch antisemitische oder nationalsozialistische Vorfälle beeinträchtigt wurde. Er „belegt" die verbale Präsentation durch Photos. Dabei wechselt er aus der Vergangenheit vor 1933 in die Gegenwartszeit und berichtet von einer Ausstellung über Jüdisches Leben in Saarbrücken, auf der ein Teil dieser Fotos zu sehen ist. Wie bereits im Segment 5 verstärkt er damit die allgemeinhistorische Bedeutung und das allgemeine gegenwärtige Interesse, diesmal an seiner eigenen Biographie. Er präsentiert sich selbst nicht so sehr mit seiner individuellen Lebensgeschichte, sondern als ein Beispiel für einen jüdischen Mitbürger einer deutschen Stadt und dann als Emigranten. Gleichzeitig kann er damit nach seiner Zwangsemigration eine gewisse Rehabilitation durch seine Vaterstadt verdeutlichen. Erst nach dieser „Vorbereitung" des Hörers, bzw. Selbstpräsentation als bedeutsam, kommt er auf die nationalsozialistischen Studieneinschränkungen für Juden, den Numerus Clausus zu sprechen. Er plaziert sie auf einem Kontinuum „nationalsozialistischer Antisemitismus" zwischen den symbolischen Eckdaten des Geschäftsboykotts vom 1. April 1933 und Auschwitz, argumentativ deutlich näher beim Boykott als bei der Vernichtung in den Todeslagern. Er kann damit zeigen: Ich habe nichts wirklich „Schlimmes" selber erlebt, aber was ich erlebt habe, hat mir auch gereicht. Er bekommt - begünstigt als 1935 abstimmungsberechtigter Saarländer - zwar die Zulassung zur „nichtarischen Studentenschaft", empfindet jedoch die bürokratische Prozedur vor einem SA-Mann als Demütigung und evaluiert dies als zentral für seinen Auswanderungsentschluß. Dieser Bericht über sein „Vorsprechen" im Lager der SA-Studentenschaft, eingebettet in eine Argumentation über die ersten antisemitischen Anzeichen im Dritten Reich, kommt einer Narration einschließlich der Abschlußevaluation sehr nahe, wird jedoch wie eine „verdichtete Situation" einer historischen Tatsache dargestellt. Das heißt der Erzähler erscheint nicht wirklich als Akteur oder Erleidender in der Geschichte, sondern sie wird so dargestellt wie eine Geschichte, die allgemein für viele so abgelaufen ist. Warum diese Textsorte und keine voll ausgebildete Erzählung? Geht man davon aus, daß er wirklich diese Situation erlebt hat, dann könnte er deshalb die Machtdemonstration der SA, die ihn bestürzte, nicht narrativ darstellen wollen, weil sie zu erniedrigend war und nicht ins Hauptpräsentationsinteresse eines erfolgreichen Studenten paßte. Auch weitere Konsequenzen, etwa die

Beurlaubung und sogar die Auswanderungsentscheidung wird er ungern direkt und explizit damit in Verbindung bringen wollen, wenn er sie als seine aktive Wahl präsentieren will. Der Biograph präsentiert sich hier als einen „normalen" Medizin-Studenten, der zwar antisemitische Anzeichen wahrnahm aber selbst konkret sein Studium hätte fortsetzen können, wenn er es gewollt hätte. Es ist ihm wichtig zu zeigen, daß er als Student die notwendige Leistung erbracht hat und daß er selber kein Opfer, sondern Handelnder war. Damit bereitet er womöglich die Darstellung der - schon vorher eingeführten Emigration - als eigene Entscheidung und nicht aus einer Zwangssituation vor. Sie könnte nun, chronologisch folgerichtig im nächsten Textsegment narrativ ausgearbeitet werden.

9. THEMA: Antisemitismus		
20/45	Argumentation	warum viele nicht auswanderten eigene Auswanderung wegen Studiensituation Antisemitismus, 1 antisem. Schüler - im Krieg gefallen
21/16	I Frage	wie es sich äußerte
21/18	B Argumentation	kleine Gruppe, Neckereien

Der Biograph kann nicht in der unmittelbaren Selbstdarstellung fortfahren. Er entwickelt vielmehr ein Argument über offenen Antisemitismus als Grund zur Auswanderung und weist diese Möglichkeit aus seiner eigenen Erfahrung zurück. Daß der einzige antisemitische Schüler seiner Klasse im Krieg gefallen sei, wirkt fast wie der Versuch, eine „Gerechtigkeit in der Geschichte" darzustellen. Der Biograph hat offenbar ein starkes Interesse, die Alltagswirklichkeit, die er selber noch vor seiner Auswanderung erlebt hat, als kaum antisemitisch darzustellen. Damit entfällt dieses Motiv auch für seine eigene Auswanderungsmotivation. Im thematischen Feld „der von mir kaum wahrgenommene Antisemitismus der Deutschen" liegt generell die Frage nach der Gesamtveranwortung der deutschen Bevölkerung am Genozid an den Juden. Der Biograph könnte in der nächsten Sequenz hier argumentativ weiterfahren oder zu seiner eigenen Lebens-Geschichte zurückkehren.

10. THEMA: Gegenwart und Nationalsozialismus		
21/29	Argumentation/ Bericht	Kontaktaufnahme mit ehemaligem Schulfreund / Jurist/ Richter dessen Position zum NS (Brief) Klassentreffen
23/46	I Frage	zu den Kommentaren des Freundes bezügl. NS-Vernichtungspolitik
23/48	Argumentation	wie viele Deutsche; eigenes Elend, Sorgen; 1. Ehefrau des Freundes an Hunger gestorben; Angst und Unbehagen, über dieses Thema zu sprechen
24/45	Eingangsformel	"eine sehr interessante etwas lustigere Erzählung möchte ich Ihnen erzählen"
24/46	Erzählung	im Weinkeller des Freundes

Das thematische Feld Veranwortung der Deutschen an Genozid und ihre generelle Zustimmung und Beteiligung am Nationsozialismus wird weiter bearbeitet. Sie wird deutlich auf die eigene Erfahrungsperspektive bezogen und mit der Einführung eines Freundes exemplifiziert. In diesem Textsegment sind deutlich

apologisierende Tendenzen spürbar, und der Biograph versucht sogar, das Leiden der deutschen Bevölkerung bzw. seines Freundes zu präsentieren. Da dieser Freund aus Kindertagen als Jurist vermutbar belastet und in das NS-System verstrickt ist, liegt dem Biographen einiges daran, diese Vermutung klar zu widerlegen. Er präsentiert einen verschachtelten Bericht mit allerlei Belegen, wie es der Freund, zu dem er bis heute Kontakt hat, geschafft habe, sich nicht ins Unrechtssystem zu verwickeln. Auf skeptische Interviewernachfrage wird das spezielle und allgemeine Leiden der deutschen Bevölkerung thematisiert.
Abgeschlossen wird die ganze Passage durch eine lustige Anekdote, in der die Tochter des Biographen angesichts des Weinkellers dieses Richters fragte, ob er Weinhändler sei. Diese Geschichte ist bislang die einzige Narration in der Selbstdarstellung (und vorwegnehmend: es ist die einzige in der Eingangserzählung überhaupt). Die Geschichte soll die Harmlosigkeit, Freundschaft und Gastfreundschaft des Richters belegen, die vorher abgegebenen „Erklärungen" zu seiner Systemferne „abrunden". Interessanterweise handelt es sich dabei um eine Geschichte, die die Identität des Richters - aus Kindermund - anfragt oder bezweifelt, er erscheint als etwas (Weinhändler), das er nicht wirklich ist. Dieses Thema paßt wie ein Negativ auf die hypothetisch bereits in den biographischen Daten angenommene Grundproblematik des Biographen selbst: er ist etwas (Händler), als das er nicht erscheinen will.
Als thematisches Feld der ganzen Sequenz erscheint hier „nicht alle Deutschen, selbst nicht alle Juristen, hatten etwas mit dem Nationalsozialismus zu tun", und „in meinem Nahmilieu in Deutschland gab es keinen Antisemitismus, sondern ich (wir Juden) war(en) geachtet". Damit erreicht der Biograph in der Selbstpräsentation argumentativ dreierlei. Zum einen erscheint die Vergangenheit vor der Auswanderung weiterhin positiv und nicht entwertet. Weiterhin ist die gegenwärtige (seit den 50er Jahren) Beziehung zu seinem deutschen Freund bzw. zu Deutschland ebenfalls positiv evaluiert und in einer mentalen (wenn auch nicht wirklich gelebten) biographischen Kontinuität zur Zeit vor der Auswanderung. Die schreckliche Zeit des Holocaust erscheint als „Zwischenspiel", das ihn zwar über die Familienereignisse und Schicksale anderer erreicht hat, nicht aber selbst wesentlich tangiert habe. Drittens ist damit auch die Auswanderung aus diesem thematischen Feld „Antisemitismus" herausgenommen. Sie kann als anders motiviert dargestellt werden. Es kann hier auf die Hypothesen der biographischen Datenanalyse zurückverwiesen werden. Dieses Selbstdarstellungsinteresse hält ihn auf Distanz zur Shoah. Es „schützt" ihn, und fast könnte man sagen, es „entschuldet" ihn und die Deutschen. Die Elemente des Leidens, der erzwungenen Migration und der hohe biographische und leibliche Preis, den er selbst und seine Familie tatsächlich zu zahlen hatten, werden hier nicht präsentiert. Nach dieser „Vorbereitung" und „Klarstellung" kann der Biograph vermutlich seine Lebenserzählung weiterführen.

11. THEMA: Auswanderung und Anfangszeit in Israel		
	(Wiederaufnahme des Erzählfadens von 20/34; Thema 8)	
25/17	Bericht/Argumentation	1934 nach Saarbrücken Ankunft in Israel
	Evaluation	"wie Arbeit finden - ein Mann mit einem 7semestrigen Medizinstudium is gar nix" (25/24) Arbeit in Werkstatt vor der Auswanderung erste Arbeit in Israel; Kibbuz Frau nachgekommen "Sie sollen wissen, daß das nicht auf legalem Wege geschehen is" (26/39)
26/39	Argumentation	Verwandtenzertifikat für Verlobte
27/25	Bericht/Argumentation Evalutation	Ankunft und Arbeit der Frau im Kibbutz/ "darunter gelitten" (27/41)

Tatsächlich nimmt der Biograph den Erzählfaden, den er am Ende des 8. Segments mit seiner Erzählung im Lager der SA-Studentenschaft abgebrochen hatte, chronologisch berichtend und argumentierend wieder auf. Er erreicht nicht die Textsorte der Narration; das heißt generell, daß er sich nicht in die damalige Ereignisabfolge zurückversetzen will, weil er dann die Selbstdarstellung nicht mehr voll kontrollieren kann. Paradox formuliert, er will sich darstellen aber doch nicht wirklich sich und den Zuhörer mit seinen eigenen Erfahrungen konfrontieren. Interessant ist zunächst, daß die Auswanderungsmotivation nicht so deutlich ausgearbeitet wird, daß sie sich hier in der Segmentierung (etwa in einer Erzählung oder einem Argument) überhaupt niederschlägt. In diesem Themenfeld ist ggf. eine Feinanalyse notwendig. Sofort im Kontext seiner Ankunft in Palästina wird evaluativ ein Problem - das Grundproblem - angezeigt: „Wie Arbeit finden - ein Mann mit einem siebensemestrigen Medizinstudium is gar nix“. Auch die vermutliche happy-end-Geschichte der Ankunft der Verlobten und ihre Heirat wird abschließend negativ im Blick auf das schwere Leben im Kibbutz evaluiert. Eine argumentative Darstellung eines eventuell zionistischen Engagements oder einer entsprechenden Identifizierung ist nicht vorhanden. Dies verwundert, und eine entsprechende Zielmotivation war bei der Analyse der biographischen Daten angenommen worden. Offenbar eignet sich eine solche Argumentation nicht für die Selbstdarstellung im thematischen Feld „meine Krise, unsere schwere Zeit nach der Auswanderung“. Vielleicht sind entsprechende negative Bewertungen in der gesellschaftlich-politischen Gegenwartskultur, in der der Biograph lebt, nicht willkommen. Vielleicht hängt er mental noch einigen Elementen des Zionismus an und attribuiert nur sich selbst und seiner körperlichen und geistigen Verfassung die schlechten Erfahrungen, nicht dem politischen Programm. Vielleicht will er auch ein Scheitern seiner zionistischen Emigrationsmotivation nicht sehen oder zugeben. Deutlich genug ist jedenfalls die Enttäuschung formuliert, daß er allenfalls mit seinen fragwürdigen Fähigkeiten als Handlanger und ungelernter Arbeiter, nicht aber als halbfertiger Akademiker in Palästina gebraucht wird. Dies ist das thematische Vorzeichen, unter dem die weitere Selbstdarstellung zu lesen ist, nämlich, nicht als der ankommen zu können, der er ist. Das thematische Feld

„wie ich in Israel als jemand lebte, der für etwas anderes bestimmt war“ ist hier rekonstruierbar. Wenn es nicht korrigiert wird, und ein grundlegendes „Akzeptanzerlebnis“ und eine „Erfolgsgeschichte“ präsentiert wird, dann könnte sich die folgende Gesamtdarstellung in diesem thematischen Feld bewegen. Damit wäre gleichzeitig die alte Identität als deutscher Student mental aufrechterhalten. Die Erfolge des gelebten Lebens unterhalb dieses Qualifikationsniveaus, also im Bereich des Handels, und auf der Familienebene werden dann kaum herausgestrichen werden. Thematisch erwartbar sind Berichte über den weiteren Weg in Palästina. Ob innerhalb dieses Rahmens die Entwicklung der Familiengeschichte in den deutschen Herkunftsfamilien noch einmal aufgegriffen wird oder ob auch die - aus den biographischen Daten bekannte - Trajektentwicklung der chronischen Krankheiten des Biographen innerhalb der Eingangserzählung überhaupt thematisiert werden, ist fraglich.

Wenn sich dies erfüllen sollte, kann auf eine weitere Sequenzanalyse verzichtet werden. Die Sequenzierung der Eingangserzählung wird nun vollständig wiedergegeben:

12. THEMA: Berufliche Etablierung in Israel - Gemüsegeschäft		
28/9	Bericht/Argumentation	Umzug nach Tel Aviv und dortige Arbeits- und Wohnsituation
29/4	Evaluation	"das is sehr interessant"
29/5	Bericht	Verbindung zum Gemüsegeschäft (sephardischer Jude)
13. THEMA: Modegeschäft und Militär		
30/1	Bericht/Argumentation	Geschäftsaustritt, Befreiungskrieg, 30/13 B nicht eingezogen, da Familienvater Geschäftseintritt
30/25	Bericht/Argumentation	Einzug zum Militär - medizinisch-statistischer Dienst
31/1	Bericht	Militär und Geschäft
31/10	Bericht/Argumentation	Compagnon Umstellung der Geschäftsstruktur nach Ausbezahlung des Compagnons
14. Thema: Sprachen		
32/4	Argumentation	Vorteil der Mehrsprachigkeit
33/4	Argumentation	Geschäftsspezialisierung - ohne Konkurrenz
33/28	Bericht/Argumentation	Kurse, akademische Weiterbildung
33/44	Argumentation	oriental. Juden haben keine Angst vor Fehlern/ "das hab ich mir auch angeeignet"
15. THEMA: Tod der Ehefrau und Weiterarbeit nach Geschäftsaufgabe		
(34/3)		
34/9	Bericht/Argumentation	Geschäftsaufgabe Frau wurde krank und starb Arbeit im Rechtsanwaltsbüro
	Evaluation	"mir hat das selbstverständlich sehr viel Spaß gemacht" (34/30) Arbeit im Büro eines Warenhauses
34/39	Argumentation	der Chef hat Vertrauen

16. THEMA: Gegenwart als Rentner		
34/52	Bericht/Argumentation	Gegenwart vielbeschäftigt "anfangs war mir natürlich schwer" (35/1) Seniorenclubs, Seniorenuniversität Organisation zur Seniorenhilfe
37/3	Bericht	ein spezieller "Fall" (älterer Herr) ein anderer hilfebedürftiger Mann; zusammen mit Vater der Schwiegertochter (Professor)
39/4	Endevaluation	"also ich bin mit meiner sogenannten freiwilligen Betätigung, möcht ich fast sagen, mehr beschäftigt wie ich war, als ich im Berufsleben gelebt habe"
17. THEMA: Kinder		
39/6	Eingangsformel	"nun noch zu meiner Familie"
39/6	Bericht	Geburt der Kinder Universitätskarriere des Sohnes Tochter, Ausbildung, Heirat und Scheidung, Haushaltsführung für Vater/B
18. THEMA: Gegenwart		
39/34	Eingangsformel	Anekdote erzählen
39/35	Bericht	Leute fragen nach den Aufgaben der Tochter
39/38	Argumentation	es ist selbstverständlich, daß die Tochter den Haushalt führt
39/46	Eingangsevaluation	"jetzt kommt aber noch etwas Positives auch"
39/47	Bericht	Freundin; deren behinderter Sohn
40/42		markiert Ende der Eingangserzählung anschließender interaktiver Austausch über seine Redegewandtheit
19. THEMA: Andenken		
40/49	B zeigt Andenken aus der Studienzeit und kommentiert diese	
41/12	I Evaluation:	alles mitbringen können
41/13	B Bericht/Argumentation	Problemlos alles mitnehmen können, zeigt und erklärt verschiedene Andenken

Die hier sichtbare Themenentwicklung bewegt sich in Berichten thematisch-chronologisch begonnen bei der Existenzgründung im Handel und endend mit dem Rentenalter. Das Thema „Kinder“ wird - außerhalb der Chonologie - erst ganz zum Schluß aufgenommen. Man sieht die Darstellung einer ökonomisch erfolgreichen Lebensgeschichte eines Mannes, der sich mit den Gegebenheiten arrangiert hat, sich aber nicht damit identifiziert. Sie erreicht an keiner Stelle narrative Ausgestaltung, sondern der Biograph verbleibt immer in der sich selbst distanzierenden und zurücknehmenden Berichtsform. Die beiden angenommenen Problemthemen, der Holocaust und die eigene familiäre Verstrickung einschließlich eventueller Schuldproblematik und die Krankheitsthematik werden nicht mehr aufgenommen. Sie sind symbolisch durch die Eingangssequenzen abgegolten, und sie passen ausgearbeitet nicht in das thematische Feld und die Gesamtintention der Selbstdarstellung. Bezüglich der oben im vorigen Abschnitt aufgestellten Hypothesen, wie sie der Biograph vermutlich selbst darstellen wird, hat sich das letzte Hypothesenset (3.) als richtig herausgestellt. Die thematische Feldanalyse kann nun zusammengefaßt werden.

Zusammenfassende Strukturhypothesen zum erzählten Leben von Martin Jaker

1. Der Biograph will sich interessant und gebildet im Horizont deutscher bildungsbürgerlicher Kriterien darstellen. Dabei versucht, er eine mentale Kontinuität mit seiner Vergangenheit und Deutschland zu präsentieren.
2. Die Darstellung seiner Verbindung mit dem Holocaust setzt ihn hinter die Familie seiner Frau. Damit signalisiert er klar die Wichtigkeit dieses Themenbereichs und der Leidens- und Schulderfahrungen in diesem Zusammenhang, aber er kann sie nicht wirklich ausgearbeitet als etwas darstellen, was ihn selbst betrifft. Um den Preis des Selbstverzichts und der Darstellung seiner eigenen Bedeutungslosigkeit innerhalb dieser Thematik gibt er der Familie seiner Frau den „Vortritt". Vielleicht verspürt er auch angesichts seiner - im Vergleich mit wirklichen Holocaust-Erfahrungen (solchen wie der Familie seiner Frau und der Familie des Schwiegervaters seines Sohnes) - geringen „objektiven" Probleme nicht die Legitimität zu klagen, bzw. kein „Recht" darauf, Probleme zu haben. Jedenfalls erreicht er damit auch eine normalisierende Distanzierung von dem Grauen und die Möglichkeit, sich weiterhin deutscher Mentalität nahe zu fühlen. Entsprechende apologisierende Tendenzen in den Themenfeldern „Antisemitismus der Deutschen" und „die Deutschen und der Nationalsozialismus" sind deutlich ausgearbeitet.
3. Er will sein eigenes, nach der Emigration hinsichtlich der sozialen Anerkennung eher ambivalent bewertetes Leben als erfolgreich und von historisch-exemplarischer Bedeutung präsentieren. Er nennt explizit die Enttäuschung nach der Einwanderung in Palästina, vermeidet jedoch Zuweisungen in Richtung zionistischer Programmatik. Er stellt damit, ohne es intentional zu wollen, die dann ausgebreitete, nach üblichen Kriterien erfolgreiche ökonomische Laufbahn als Händler unter dieses Vorzeichen eines nicht erfüllten Lebensplanes.
4. Er blendet Problemgeschichten um seine Person weitgehend aus und stellt sich von seiner Gegenwartsperspektive als zufriedener, sozial vielbeschäftigter und „nachgefragter" Rentner dar, dem es jetzt sehr gut geht.

3. Feinanalyse einzelner Textstellen des Interviews mit Martin Jaker

Das Verfahren der *Feinanalyse* einzelner Textstellen orientiert sich am Vorgehen der strukturalen Hermeneutik.[55] Hier werden die aus den bisherigen Auswertungsschritten gewonnenen Hypothesen sowohl zur biographischen Bedeutung von Erlebnissen innerhalb der erlebten Lebensgeschichte als auch zur biographischen Gesamtsicht und Gesamtevaluation des Biographen überprüft. Die Feinanalyse ermöglicht desweiteren die „Entdeckung" bisher unerklärter Mechanismen und Regeln der Fallstruktur.

Die Auswahl der Textelemente aus dem Eingangs- oder Nachfrageteil des Interviews kann entsprechend offener Fragen aus den vorangegangenen Arbeitsschritten vorgenommen werden. Dabei geht es darum, Hypothesen zu be-

währen bzw. zu widerlegen und um die Verfolgung von Einzelfragen. Auch formale Kriterien, wie der „Anfang der Interviewinteraktion“ oder „die erste Narration“ haben sich als Auswahlkriterium bewährt.
Eine detaillierte Textanalyse kann aus Umfangsgründen hier nicht mehr demonstriert werden; es sollen einige Textstücke präsentiert und kurz ausgelegt werden, die das bisher Gesagte weiter vertiefen oder modifizieren können. Es geht um die drei vorher als Problemfoci identifizierten Themen: Emigration (1. + 2. Text), Krankheit (3. Text) und Holocaust (4. Text). Die Textbeispiele sind dem Nachfrageteil entnommen.

1. Text ((62/ 50-63/ 27)):
J: natürlich ist mir das jahrelang nachgegangen,
I: ja
J: oder wie ich Ihnen am Anfang meiner Dings
gesagt habe, von mir, was is ein Mann der ein Studium, ein **Medizin**-Studium,
I: ja
J: unterbrochen hat,

Es wird über etwas gesprochen, das eine jahrelange Belastung darstellte. Er zitiert sich dann selbst und nimmt Bezug auf die Eingangserzählung. „Dings“ zeigt, daß er nicht genau weiß, wie er seinen „Text“ nennen soll: „Lebensgeschichte“ oder „Darstellung“; mit „Dings“ tritt er einen Schritt zurück und blickt distanziert-zitierend auf das, was er vorher von sich sagte. Explizit wiederholt er die Entwertungserfahrung aus der unmittelbaren Nach-Migrationszeit.

J: hätte ich, sagen wir mal mit dem Moment wo ich nach Israel gegangen bin, nach Palästina gegangen bin,, da bin ich auch in den spleen hereingefallen,, körperliche Arbeit zu tun, oder

Er eröffnet jetzt zum erstenmal seine damalige Motivation, er wollte körperlich Arbeiten, um das Land „zu erobern“; dies entspricht einer zionistischen Programmatik, die bislang in der Analyse nur unterstellt, aber nicht ausgearbeitet wurde. Weiterhin distanziert er sich aus der heutigen oder generell Nach-Migrations-Erfahrung von dieser Programmatik und nennt sie „spleen“; der Ausdruck „hereingefallen“ signalisiert eine Fremdattribution: „Ich bin verführt worden“, oder: „Ich war so dumm, daß ich dem auf den Leim ging“.

das war doch die Grundidee,
I: ja
J: des Zionismus, den Juden vom, Kaufmannsein
wegzubringen, / / hmhm / / oder vom Akademikersein, wegzubringen, daß die Mutter sagt im voraus, wissen Sie, das hat gestern jemand sehr als Witz erzählt, daß dieser Vierjährige, das ist mein Arzt, und dieser Dreijährige das ist mein Rechtsanwalt, weil sie schon im voraus weiß, also, die werden alle Akademiker werden, da- der Grundgedanke des Zionismus war, den Juden zurückzubringen, zum Boden, sagen wir mal so, oder zur persönlichen Arbeit, der Kampf gegen die arabische Arbeit,, ja, da hat- gab es ja sehr schlimme Kämpfe grade in (Nes Zion?) weil die großen, ( ) Besitzer haben die billigen arabischen Kräfte benutzt, und das hieß, Eroberung- Kibbuz (Schabada) heißt Eroberung, der jüdischen Arbeit,,

Hier wird argumentativ und historisch über die zionistische Bewegung in Palästina geredet; er macht mit verschiedenen Mitteln deutlich, daß er lebensgeschichtlich und von seiner heutigen Einstellung her in Distanz dazu steht.

J: also ich bin auch in diesen Film- spleen hereingefallen, und hab es vorgezogen in, im Kibbuz zu arbeiten statt jemals an- aufgegeben, aufgegeben, verloren, verloren, was du weißt weißt du, / / hmm / / ja, ich sag bin nicht dümmer geworden durch mein Studium, ja

Hier wird die Evaluation wiederholt und verstärkt. „Film-spleen" signalisiert, daß er sich hier auf etwas eingelassen hat, was mehr mit einer Wunschrealität als mit seinem wirklichen Leben zu tun hatte. Der Abbruch „statt jemals an-" - denkbar ist hier „statt jemals anderes zu versuchen" oder: „statt jemals anzufangen wieder zu studieren" -, das Zerbrechen der Satzstruktur und die Iterationen von „aufgegeben" und „verloren" bringen aktuell seine damalige Verzweiflung und folgenreiche Misere zum Ausdruck. Er versucht zu reparieren und normalisiert, indem er darauf hinweist, daß ihm sein als Student erworbenes Wissen ja geblieben ist und ihm das Studium nicht geschadet habe.

((.....))
J: ja, ich bin ja jetzt schon fast 56 Jahre im Land,
I: ja
J: aber eh, dieser Schock, den ich eigentlich haben sollte, oder hätte haben sollen, was ich verloren haben, ist mir dadurch, daß ich in diesen, in diesen-, Zug mit hereingekommen bin zur körperlichen Arbeit suchen zu gehen, / / hmhm / /

Auch diese Formulierung versucht, zu normalisieren, aber es wird doch sichtbar, daß ein „Schock" erlebt wurde, auch wenn er damals kognitiv und handelnd durch die zionsitische Programmatik körperlicher Arbeit nicht subjektiv wahrgenommen wurde. Der Verlust anderer Möglichkeiten ist offenbar nur aus späterer Perspektive wahrnehmbar.

J: sonst hätte ich doch viel klüger machen können, / / hmhm / / ja, ich hätte sagen wir mal sitzen können zwei drei Monate Hebräisch lernen können, / / hmhm / / und versucht ein Posten auf einer Bank zu kriegen, also irgendwie / / hmhm / / aber das galt damals als schmählich, / / hmm / / das galt- ah!, der will sich drücken, / / hmm / / ja, und der Mann war fein, der Arbeiter war, ja, ja, also s war alles, alle akademische Arbeit war verpönt im Grunde.
((Jeckenwitze))
J: das is ein typischer Witz, aber damals war, die akademische Arbeit oder, auch die, Angestelltenarbeit, galt als verpönt, während die köperliche Ar- und, auch noch mehr, der Gehalt eines Arbeiters am Bau,, war bei weitem höher als der Arbeiter der bei einem Anwalt gearbeitet hat, und selbst wenn er ein hoher Anwalt war, / / hmhm / /
((Jeckenwitze))

Hier werden nicht wahrgenommene „klügere" Alternativen zu seinem tatsächlichen Lebensweg durchgespielt. Die häufige Zitation von sogenannten Jeckenwitzen normalisiert und federt die Darstellung der Probleme ab; sie belegt gleichzeitig per Folklore seine kollektiv geteilte Lebensproblematik und Tragik, als Akademiker nicht gebraucht worden zu sein.

J: (4) aber, jetzt kommt die Geschichte,,, //hm// diese,, //hm// dieser Schock,, der Umstellung, und des Ganzen, hat natürlich meine Nerven //hmhm// nicht unberührt gelassen ja, und, bei meinem Anfang auch Gesundheitsschaden, der einerseits, auf etwas beruht was, sehr viele hier bekommen haben,, erstens mal gabs hier etwas, was es heute gar nicht mehr gibt fast alle haben Furunkulose bekommen,, aber nicht ein Furunkel sondern eins nach dem zweiten, aber sehr viele haben bekommen das was man chronische Amöbenruhr, //hmhm// genannt hat, und die ist als er- verfolgungs-bedingt, anerkannt worden, //hmhm// und die hab ich auch gehabt, die hat auch meine Frau gehabt, // hmhm//

Nach einer Pause kommt er nun doch expliziter auf die faktische „Schock"-Erfahrung zurück. Er bringt hier deutlich gesundheitliche Probleme, die er und seine Frau zeitlebens hatten, mit diesem Schock in Verbindung. Was sich hinter „meine Nerven" verbirgt, wird nicht ausgearbeitet; deutlicher ist er bei der chronischen Amöbenruhr. Es erscheint ihm offenbar weniger heikel, darüber zu sprechen als über psychische Probleme. Es wird weiter unten auf diesen Punkt zurückzukommen sein.

Doch wieso spricht er überhaupt über dieses offenbar unbequeme Thema? Darüber kam möglicherweise die vorausgegangene Textpassage Aufschluß geben. Folgendes ging dem eben analysierten Segment *voraus.*

2. Text, dem 1. unmittelbar vorangehend :
((60/ 30-62/ 49))
I: Eh, nochmal eh, als, als junger Mann, man studiert Medizin und hat ja die Vorstellung ich will Arzt werden und das mußten Sie ja aufgeben, war es schwer?
J: Passen Sie auf (2) Zippi,,, sprich du, das was du gestern zu mir sagtest

Es wird sichtbar, daß die Thematik der aufgegebenen Medizinerlaufbahn und eine Argumentation darüber vom Interviewer angefordert werden. Interessant ist, daß der Biograph die Antwort an die Tochter, die während des Interviews anwesend war, und die bislang nur zuhörte, delegiert. Er wählt damit einmal erneut den Stil, nicht über sich selbst zu sprechen. Allerdings macht er durch diese Delegation die nun erwartbare Aussage besonders bedeutsam, ja objektiv. Vielleicht kann er auch - falls jetzt ,wie in der Frage unterstellt, wirklich ein Problem thematisiert wird - selber dieses Problem gar nicht präsentieren, weil es ihn zu sehr quält.

((.....))
F: auch das Leben, nachher, ist da zum Beispiel, wenn mein Vater, in Deutschland sogar, fertig geworden wäre, hätt er gewesen heute ein berühmter Arzt, hätt gut gelebt, vielleicht nicht so nervös wie er ist, vielleicht hätt er Nervosität seine Kinder nicht weitergegeben, / / hmm / / das sind viele Sachen, das wir heute in zweite generation ((engl. gesprochen)), wie sagt man in Deutsch?
I: Generation
J: Generation
F: eh mitmachen, mitmachen
J: der Herr ist Professor
I: ( )
F: ja ich weiß, nein (ich sag auch was ich nicht weiß), so sage ich ich glaube daß mein Vater, ohne daß er vielleicht nicht weiß und will vielleicht nicht sagen, hat viel, Komplexe, ((hebräisch))
J: Komplexe
F: ist nicht das richtige W ort gibt noch ein W ort vorher, eh: ((hebr.))
J: Komplexe,, eh, Minderwertigkeitskomplexe,
F: Minderwertig-komplexe, und das, obwohl er konnte weiterkommen, er hat ein guten Kopf gehabt das ist- zwar er sagt das selbst, aber wenn ich das sag hört sich das anders an,, er konnte viel weiter kommen,, und ich glaube daß, er hat viel- und daß er mußte anfangen von dem- eh, von dem Boden, von dem Boden und im Kibbuz, ja, und- ich glaube das geht nach ihm hinter, und
J: geht nach ihm nach
F: nach,
I: ja
((.....))
F: er hat sich gemußt wieder von Anfang an aufbauen,
((.....))
J: ich hab sie das erzählen lassen weil,
I: ja
J: weil sie das gesagt hat, weil das stimmt,
I: ja

Es zeigt sich hier deutlich, daß familienintern die Lebensproblematik des Vaters, seine nicht erfüllte Lebenserwartung, Arzt zu werden, als Familienproblem erkannt und diskutiert wird. Dabei wird auch in diffuser Weise angesprochen, daß die Familie, vor allem die Kinder unter dem Vater zu leiden hatten. Es wird gleichzeitig Verständnis geäußert und die Problematik wird nicht der Person des Vaters direkt zugerechnet, sondern der Migration und implizit („second generation") dem Holocaust. Erst nach dieser stellvertretenden „Aussage" der Tochter, die der Vater am Ende verfiziert, bringt er es fertig, so über sich selbst zu sprechen, wie eingangs (1. Text) analysiert.
Es soll nun wieder an seine Darstellung von der Amöbenruhr angeschlossen werden.

3. Text. ((65/47-74/41))

J: das war eine fast- verstehn Sie das ist genauso, wie ein Kind, wenn es auf die Welt kommt, Gelbsucht hat,
I: ja
J: das Kind muß sich an die Bazillen //hm// gewöhnen und wird krank //hm// das ist eine ganz natürliche Erscheinung,//hm// so ist die tropische Amöbenruhr ist einfach die Umstellung,//hmm// auf das hiesige Klima denn wir leben ja, in einem ganz anderen Klima wie in Europa, haben sehr viele Amöbenruhr bekommen, die ihre Nachfolgen bis zum heutigen Tage haben,//hmhm// ich könnte sogar sagen, ich bin vor sechseinhalb Wochen,,, an, einer Bauchfellentzündung, operiert worden,, ich bin hundertprozentig sicher daß das sogar damit zu tun hat daß, die Empfindlichkeit des Darms, eine Folge ist von der Amöbenruhr, die ich damals gehabt hab, und die ewig- eh jahrelange eh: Nachfolgen hat, deshalb wird sie auch als verfolgungsbedingt, verrechnet so auch die Nervengeschichte,,//hmhm// und ich bekomme ein Gesundheitsschaden des(halb),//hmhm// ja
I: Die Amöbenruhr, die ham Sie gleich eh in den ersten Jahren-
J: so, ziemlich ja gleich das ist der ganze Sinn der Sache,
I: jaja
J: ja
I: gleich als Sie ins Land eh reinkamen,
J: ja, die Menschen haben das alle bekommen, so in den- diese typische Aliya[56], nicht die- nach dem Weltkrieg,
I: jaja
J: die ist alle gekommen 34 35 36, das sind- ist eigentlich die jeckische Alia,
I: ja
J: dann nach dem Weltkrieg, nach 45,
I: ja
J: da sind gekommen aus allen Ländern,
I: jaja
J: auch die Deutschen die sich gerettet haben aus dem,
I: ja
J: Konzentrationslager,
I: ja
J: aber die typische jüdische Aliya, ist gekommen 34 35 36, ja,

Eingepackt in orientierende und normalisierende medizinische und historische Details, die alle sagen sollen: „Mir ging es wie vielen anderen deutschen Einwanderern der Migrationswelle der dreißiger Jahre“, kann er von seiner chronischen Darmerkrankung sprechen und erwähnt erneut psychische Probleme. Merkwürdig ist die Formulierung „das ist der Sinn der Sache“ - sagt er hier objektiv, daß die eigentliche Bedeutung seiner Migration „Krankheit“ war? Er aktualisiert die Darstellung durch einen breiten Hinweis auf die kürzliche Darmoperation, die faktisch als Heilung dargestellt wird. Damit relativiert er rückwirkend sein jahrzehntelanges Leiden, erklärt es für nicht so wichtig.

I: Und, und was meinen Sie mit Nerven- eh Problemen?
J: Sehr viele haben Nervenprobleme bekommen, eh, bei mir hat man das ganz komisch (gesehen) daß sich meine ganze Persönlichkeit geändert hat, ja, aber der Facharzt den ich hier hatte, der hat es auch zurückgeführt, auf das, und das ist (ziemlich wahr), daß wir sehr deutsch-national, nochmal in demselben Sinne wie ich damals gesagt habe,
I: ja
J: groß geworden sind, daß es für uns einfach, schwer war, Deutschland zu verlassen, denn in was sind wir groß geworden,, wir sind groß geworden in deutscher Kultur,
I: ja

Der Interviewer besteht hier auf dem Thema psychische Erkrankungen. Der Biograph geht darauf ein und normalisiert gleich vorweg, daß er nicht alleine damit stand, sondern sehr viele Einwanderer ähnliche Probleme hatten. Dabei kann er weiter eine ärztliche Diagnose zitieren, die sein Problem als „typisch deutsch“ darstellt. Seine Krankheit ist, Deutschland nicht verlassen zu können. Seine Identifikation mit deutscher Kultur, die wir oben in den beiden vorangegangenen Analyseschritten rekonstruiert haben, wird hier explizit, verobjektiviert als Krankheitsdiagnose für seine psychische Erkrankung präsentiert.

J: und wie ich Ihnen sagte (abfidul) selbst wenn heißts immer, selbst wenn wir,, acht Jahre Französisch und Englisch gelernt haben,
I: ja
J: ja, so sind wir immer, auf die Schwächen, der Charaktere dieser Völker zurückgeführt worden und auf die Stärke, und auf das Großsein und Heldensein des Deutschtums= hingewiesen worden,//hmhm// ja, ich hab zum Beispiel in meiner letzten Klasse,, einen philosphischen, eh Kurs mitgemacht,//hm// da wurden auch solche Fragen gestellt,//hmm// alles ging immer wieder auf das Deutsch-Nationale, ja,
I: ja
J: das steht sehr schön in meinem Abiturzeugnis, Jaker hat für die in der philosophischen Arbeitsgemeinschaft aufgebrachten Fragen ein sehr großes Verständnis aufgebracht,, sehr schön, ja//hmm// ich hab noch so ein ich weiß schon nicht mehr was in meinem Abiturzeugnis stand,
I: ja

Er berichtet, daß „man“ in Palästina als Deutscher identifiziert wurde und daß dies ein Problem war. Seine tatsächliche Identifikation wird durch den Rückgriff auf den gymnasialen Schulunterricht einerseits fremdattribuierend belegt und andererseits abschließend („ich weiß schon nicht mehr...“) relativiert.

J: ja, aber,,, das hat auch viele Menschen hat dieser Unterschied- denn in was sind sie gekommen,, sie sind in Wirklichkeit, in ein, Land der (Gefangenen) gekommen,
I: hmm
J: schauen Sie, das muß man sehr berücksichtigen,, wenn ich heute- damals sagen wir, nach Dänemark ausgewandert wäre,
I: hmm
J: so hätte ich mich in sehr kurzer Zeit,, wenn ich mich überhaupt auf einen Arbeitsplatz hätte halten wollen,, der dänischen Sitte und Gebräuche annehmen müssen,
((.....))
J: oder, Sie fallen aus der Gesellschaft heraus,
((ca. 20 Zeilen Ausführungen über die ungebrochene Bedeutung der nationalen Herkunft der jüdischen Einwanderer))
J: und wie ich vercompagnont war, von 36 bis 48 mit diesem türkischen Juden, hunderte ham mich gefragt, wie kann denn das sein, daß ein Jecke zusammen ist mit einem Frenk und ihr vertragt euch, / / hmhm / / ja,
I: ja
J: hunderte haben mich gefragt,, also an wen hätte man sich hier akklimatisieren können, und das war schwer,,
I: hm hmhm
J: ja das war schwer, und nervlich haben alle Menschen darunter gelitten, zumal man noch über die Jeckes als erstes gelacht hat,,
((Jeckenwitz))

Die Probleme des Biographen mit seiner deutschen Herkunft werden als generelle Probleme des gesellschaftlichen Zusammenlebens und seiner Geschäftskarriere dargestellt und verallgemeinert mit psychischen Erkrankungen in Verbindung gebracht.

J: ich werd Ihnen noch mehr sagen,, wie ich am Bau gearbeitet hab,, das war doch im ersten Jahr meines Hierseins, und hab Mörtel, auf der Schulter raufgetragen auf ein Gerüst da war keine Treppe an dem Neubau, ja
I: ja
J: da hat man gerufen von oben so, Jecke, bring det, ma hat nich gerufen Martin, Jecke, bring det,
I: hmhm
J: mich hat das gar nicht beleidigt, ich hab mir gedacht ich pfeif mich was, ja, aber sehr viele Menschen sind, zusammengebrochen, ( )
((Witz über einen Jecken, der nach fünfzig Jahren in Israel immer noch kein Hebräisch kann, weil er nicht auswandern will.)) ((über Martins Schwierigkeit, Hebräisch zu lesen))

Immer wieder kommt ihm dabei die Anfangssituation in Erinnerung; über die genaueren Umstände seiner psychischen Erkrankung will er offenbar dabei nicht reden, sondern er stellt offensichtlich abwiegelnd und normalisierend dar, daß ihm persönlich das nichts ausgemacht habe.

I: Eh, Sie mußten sich dann eh in ärztliche Behandlung begeben wegen der Nerven, oder...?
J: ja, selbstverständlich war ich in ärztlicher Behandlung= sowohl wegen dem wie auch wegen dem,
I: hmm, und wann
J: und damals gab-
I: wann hat das, eh, die die Nervenprobleme, wann ist das aufgetreten zum ersten Mal?
J: auch ziemlich, ziemlich gleich am Anfang
I: ganz schnell, ja
J: ziemlich gleich am Anfang, / / hmhm / / ja, ziemlich gleich am Anfang,
I: und was, was hat man mit I- was hat man Ihnen gegeben, Medizin oder-
J: Mittel gegeben, selbstverständlich- gabs damals da
I: Beruhigungsmittel oder was?
J: ja, ja Beruhigungsmittel/ / hmm / / (1)
I: Eh, was, was waren das für Symptome, können Sie sich noch erinnern eh
J: das war einfach Nervosität,
I: ja
J: Zittern der Hände,
I: ja,
J: ja, Nervosität, nix machen wollen,
I: ja ja
J: nix andres machen wollen,
I: ja
J: so wie einer aus der Laufbahn rausgeschmissen wär,

Der Interviewer insistiert und muß Schritt für Schritt, fast wie in einer Arzt-Patienten-Interaktion die Darstellung einiger Details der psychischen Erkankung hervorbringen. Zuletzt wird beschreibend deutlich - nie kommt es zu einer Narration - daß es sich bei dem Biographen um eine depressive Symptomatik handelte, bei der er sich der neuen Lebens- und Arbeitssituation verweigerte. Das Bild eines, der aus seiner Laufbahn geworfen wurde steht am Ende.

J: kann doch nicht sein,
I: ja
J: daß jemand aus seiner Laufbahn rausge- sag(en wir) mal man wär gewesen ein ganz, es gibt doch auch es gab doch wie sagt man in Deutschland genannter, n ewiger Student, / / hmhm / / der hat sich um das Studium so gekümmert wie gar
I: ja
J: nichts, / / hmhm / / aber ich, trotz meines eh, eh Sein in
I: ja
J: einer Studentenverbindung,
I: ja
J: ja, ich habe doch prima Zensuren herausgebracht,
I: ja
J: ich habe (dal) ((dann halt zu einem Wort zusammengelaufen in der Eile)) mein Studium ernstgenommen,
I: ja
J: ja, und ich kann von mir sagen,, 50% von dem was ich noch (in Erin-) weiß ich noch bis heute, / / hmhm / /
((ca. 5 weitere Zeilen über seine Fachkompetenz))

Der Biograph legitimiert sich hier mit seinen Leistungen als Student, er habe als guter Student sein Studium ernst genommen und verdeutlicht implizit am Schluß, daß er letztlich bis heute auf diesem Wege geblieben sei, also „normal" sei und nicht aus der Bahn geworfen.

I: ja. Und, ehm, nur noch mal, weils halt so vom eh, gesundheitlichen wichtig ist, daß das Bild vollständig ist, eh hat, hat es dann auch aufgehört oder,
J: nein, das ging mir eigentlich bis heute,
I: also es kam (1) immer (1) mal
J: ich nehme auch bis zum heutigen Tage häufig,, eh, oder mal Beruhigungstabletten oder auch mal umgekehrt, eh:
I: zum zum,
J: zum Anspornen,
I: eh zum Aufhellen und Anspornen, also
J: ja ich hab das immer zuhaus, ich brauch kein Arzt dazu,
I: ja
J: ich weiß s allein,

Hier wird deutlich, daß der Biograph bis heute regelmäßig gleichzeitig verschiedene Psychopharmaka einnimmt. Sie werden in der Folge auch namentlich genannt und es wird der Einnahmemodus genauer beschrieben. Dies alles geschieht in normalisierender Weise. Der Biograph vermeidet alles, sich selbst bzw. seine Gesundheit „als Problem" darzustellen.

I: eh, wie ist es bluthochdruckmäßig, ist das kontrolliert oder?
J: nein (1) schauen Sie, blutdruckmäßig das ist eine Sache des Herzens, aber das hat nix mit eh:, verfolgungsbedingt zu tun,
I: ja
J: ich habe Angina Pectoris aber ein wie sie nennen das eine stabile,
I: ja
J: ich nehme meine Pillen dazu seit Jahren
I: ja
J: und habe gar keinerlei Beschwerden,

Überraschenderweise wird hier die Bluthochdruckproblematik ausdrücklich als etwas dargestellt, das nicht mit der Einwanderung in Verbindung steht, sondern „mit dem Herzen". Dies kann so gedeutet werden, daß der Biograph seine „nervlichen" Probleme, also seine psychische Erkrankung mit der Einwanderung in Verbindung bringt. Anders seine Herzprobleme, die jetzt erst genannt werden. Vielleicht nimmt er in seiner Laien-Äthiologie hier rein körperliche Ursachen an. Dies und auch das Faktum der nun nahezu beiläufigen Erwähnung einer Angina Pectoris nach einem bereits zweistündigen Gespräch würde zur bisherigen Strategie der problemreduzierten bzw. normalisierenden Krankheitsdarstellung passen.

I: Wann ist das diagnostiziert worden, diese Angina pectoris?
J: e:h, schon Minimum, nein ich hatte früher etwas ähnliches eh, das ist, ein bißchen kompliziert, das nennt man auch in der Medizin Ischämia,,
I: ja
J: das heißt eh, ein nicht zu regelmäßigen Puls,
I: ja
J: aber, dann ist ungefähr vor zwei Jahren, aufgetreten daß ich öfters mal Schmerzen hier hatte,
I: hmhm
J: und auch hier, ganz typisch,
I: ja,
J: und es war, eine Angi( )- ich hab dann Pillen bekommen seit der Zeit is so nennen es auch die Ärzte, stabile Angina pectoris, ich hab zwar immer etwas bei mir wenn mir für unter die Zunge wenn was sein sollte= nie gebraucht,
I: hmm
J: is **ganz** stabil gebli- aber ich nehme regelmäßig vor dem Essen und nach dem Essen ein Herzmittel wie Tausende von anderen Menschen und hab niemals irgendetwas (braucht)
I: ja
J: ich war auch nicht in der Tätigkeit= ich kann alles machen auch die Treppe rauflaufen= meine Freundin wohnt aufm 4.Stock, und das eh is gar nix eh
I: hmm ja
J: also ich hab gar keinerlei Beschwerden,, in der Hinsicht
I: hmm also ( ) un-
J: aber zum
I: unter Kontrolle
J: Beispiel (2) in der Diät, esse- eh versuche ich immer, wenig Salz, wir essen (teils / fast)
I: ja ja
salzlos-
F: ( ) richtig gelernt, das-
I: ja
J: und fettlos, das eh, gehört zu der Diät die da is

Er setzt die normalisierende Darstellung fort und kommt im gleichen Tenor dann im nächsten Abschnitt auf die Heilung seiner chronischen Darmerkrankung und Peritonitis durch eine Operation zu sprechen.

J: und interessanterweise,,
I: hmm
J: ich habe **jahrelang**,,, unter Durchfällen gelitten,, aber nicht so wie andre Leute zehnmal am Tag= einmal am Tag,
I: ja
J: ich hab mir aber nix draus gemacht, weil das war, hat mich ja nicht gestört einmal am Tag, seit der Operation,
((....))
is das ganze Problem vorbei,
((....))
J: und eh, ich hatte ne Perforation,
I: hmhm
J: und ein, Bauchfellentzündung, und eine Gangrän am Dings, mir is n Stück rausgenommen worden und eh, ich führe das hundertprozentig auf diese- **damals** gehabte Amöbenruhr,
I: hmhm
J: denn das ist der Sinn, daß er verfolgungsbedingt ist, daß das nicht in eins zwei Jahren ausgeheilt ist, sondern daß die Folgen sich da, nach(folgen)
I: Das ist jetzt erst vor kurzem gewesen diese...
J: jetzt am 11., am 11. Dezember,
((ca. 20 Zeilen *Erzählung* über die erfolgreiche Operation und Wiederherstellung der Gesundheit))
I: ((kommt nicht zu Wort))
J: und nie wieder Durchfälle,
((.....))
J: ,,, also muß das schon jahrelang in mir gesteckt haben irgendwie
(1)
I: Und vom Darm ist n Stück entfernt worden dann ( )?
J: ja, is n Stück entfernt ja,

Der Text zeigt, daß der Biograph die normalisierende Darstellung fortsetzt. Er plausibilisiert sie als Heilung und liefert dazu eine Narration der medizinischen Operation. Alles in allem ist es erstaunlich, wie gut es dem Biographen gelingt, bei der Fülle medizinischer und gesundheitlicher Probleme, die durch das Insistieren des Inverviewers zum Vorschein kommen, diese zunächst *nicht* und dann als etwas *Normales* darzustellen. Dies entspricht voll den Thesen zur Selbstdarstellung in der thematischen Feldanalyse.

Es soll nun zuletzt noch die Behandlung des Holocaustthemas verdeutlicht werden.

((4. Text: 75/33-79/46))
I: Noch ne andre Sache eh, würde mich interessieren, Sie waren ja dann hier in Israel beschäftigt, eigene Familie aufzubauen, der erste Sohn wurde geboren und in Deutschland tobt dieser Krieg, werden die Juden verfolgt von den Nazis, erstens was haben Sie erfahren in der Zeit, was haben Sie später erfahren, wie war es für Sie?
J: (Lassen Sie sich sagen) das ist eine sehr interessante Sache,,, natürlich hat man, auch nicht alles gewußt,,//hmm// man hat immer solche Stücke erfahren, und man hat hier,, jetzt könnt ich sagen mit Recht damals hab ich gesagt zu meinem Bedauern, andauernd solche Trauerkundgebungen gemacht, wenns um irgendetwas-
I: öffentliche Veranstaltungen
J: ja, solche, Aufzüge, ja, so wie Demonstrationen ja,
I: ja
J: sodaß Leute gesagt haben, gibts denn im jüdischen Volk keine Freudenplätze, ja, automatisch ist alles immer in diese, Trauerstimm- da waren Demonstrationen, gegen England daß England keine Juden reingelassen hat,
I: ja
J: da wa- hat man gehört von de- der, Konferenz in (E) da ham Sie doch bestimmt von gehört wo alle Länder geschwätzt und geschwätzt und geschwätzt haben aber kein Land war bereit Juden aufzunehmen, ne Trauerkundgebung, da war die Geschichte mit den (Weis), da war doch andauernd ne andere, Kommission,, ja, jedesmal hat ma Proteste gemacht, das ganze Land war in einer ständigen Stimmung von,, eh von Verzweiflung, und von Ding= freudige Ereignisse gabs gar keine, selbst die **paar** Freudenfeste die bei den Juden waren, hat man auch unter((wegge?))strichen,, ja, sodaß immer damals waren immer waren alles lauter Trauertage, ja, alles was vorkam= da hats nich gefehlt, weil alle- jedes halbe Jahr ham die Engländer doch gemacht n neuen- dann kam doch etwas andres, dann kam doch der sogenannte Widerstandskrieg,,, da konnte eigentlich niemand,, sich eh, ganz herausziehen,,

Die allgemeine Formulierung des Interviewers läßt offen, ob der Biograph zu dem Hauptthema seiner Familie, nämlich dem Tod seiner Schwiegereltern sprechen will. Dies geschieht zunächst auch nicht; es werden allgemeine historische Probleme der damaligen Zeit dargestellt. Dann folgt die Verwicklung des Biographen als Akteur in den Widerstandskrieg.

J: zum Beispiel eines Tages kam das war in dem Gemüsegeschäft, kam irgendeiner zu mir,,, und sagt hör mal, dein Gemüsegeschäft ist zwischen der, (Bograshov) und der (Scholem Alejchem)straße, in der Ben Jehuda- alle meine Geschäfte waren in der Ben Jehuda,,, du bist der Vermittler zwischen der Haganah- Sie wissen was die Haganah-
I: ja
J: und der Bevölkerung, der Laden ( ) ich will dir sagen warum, wir wollen nicht mit jedem ( ), du dich ham wir ausgesucht,, du bist- zu dir wird der Haganah-, Mann kommen,
I: hmm hmm
J: wird sagen heute steht irgendeine Aktion (bevor), und du wirst, die andern (Geschäfte)
I: weitersagen
J: an dir werden sie nich denken und sie kennen keinen (Menschen) du bist ein, ein Nachbar, das ist alles, du wirst das sein, keiner konnte sich aus dieser Sache ganz rausziehn,,

Die „Heldengeschichte" eines Informanten der Haganah wird blumig als Narration dargestellt; sie soll zeigen, daß der Biograph etwas getan hat und von historischen Ereignissen betroffen war. Sie verdeckt dabei möglicherweise in ihrer Eloquenz die entscheidende Auslassung, nämlich daß er bzw. er und seine Frau nichts für die Schwiegereltern haben tun können.

((.....)))
J: ja, das, das heißt, das ganze Land war doch ständig in Spannung,, da kam doc jeden Tag was anderes vor, da hat die Haganah eine Brücke gesprengt, da is n Auto gefahren, in die (Kilia) wo die Engländer ihr Dings haben, und, haben gesagt sie kommen vom Telefonamt ham die Leiter hingestellt ham ( ) dann sind sie weggegangen frühstücken wie sie gesagt ham dann ist der ganze, der ganze Bau da in die Luft gegangen, Sie wissen doch was passiert ist in Jerusalem mit dem King-David-Hotel,
I: ja
J: wo man die Hälfte in die Luft gesprengt hat
((ca. 40 Zeilen weitere allgemeine Ereignisse aus der Zeit des Befreiungskrieges und Bombardierung Tel-Avivs durch Italien, wobei Fensterscheiben des Geschäftes des Biographen zu Bruch gingen))

Der Biograph verbleibt nur in den Problemen der politischen Geschichte und des „aufregenden" Alltags in Tel-Aviv. Er kommt nicht auf seine Familie und den Holocaust zu sprechen. Der Interviewer muß dies schließlich explizit einführen:

: das, das war das, was, hier einen am meisten natürlich beschäftigt hat, diese Unruhe hier-
J: ah ja, das eben dann
I: und dann kommen die Nachrichten aus Europa zusätzlich noch dazu
J: kommt noch dazu, wa-
I: was man (erst) nachträglich erfahren hat, also die die Eltern der, Ihrer Frau sind ja im im Lager umgekommen
J: alle sind- ihre letzte Nachricht, der im Jahre 42 kam, dieser Brief existiert,
I: ja
J: der is ( )
I: ja
J: Sie wissen daß man seine Verwandten alle einschreiben lassen kann,
I: ja
J: und wenn man irgendwas Normales hat, Bilder ham wir nicht hingeschickt das war blöd,
I: ja
J: aber **diesen** Brief ham wir ihnen geschickt weil, er war zwar ausgeschnitten von den Na- von der Zensur,
I: ham sie abgeschickt
J: aber da stand genau drin, wir werden bald unsre Adresse wechseln müssen, aber wir wissen nicht wohin, ((unklar, wer an wen den Brief geschrieben hat?)) sie kamen alle dann meis- ich habe gehört, daß die Leute kamen in ein Sammellager nach Darmstadt
I: ((setzt an))
J: und von dort wie gesagt ist die Mutter gekommen nach Theresienstadt, man behauptet sie sei dort vom Typhus gestorben, der Vater ist nach (Oi)schwitz is umgekommen vergast worden, und die älteste Tochter mit ihrem Mann, sind nach dem Osten transportiert worden die meisten dort, sind in der Gegend von Minsk erschossen worden,
I: hmhm. Das ham Sie aber alles ((Tochter sagt etwas unverst.)), das haben Sie erfahren nach dem, eh nach dem Kriegsende,
J: viel viel später, viel viel später viel viel später,
I: Da waren Sie dann schon auf der Welt.
F: ja
J: viel viel später ham wir das erfahren,, eh, da gibts doch in Deutschland dieses Büro in eh, in der Nähe von Stuttgart,,
((ca. 10 Zeilen Bericht über die Namen und Schicksal der Familienmitglieder der Ehefrau))

J: das war so, die, letzte Eisenbahn ((1,5)) ja, da stimmen nur einige kleine Daten nicht das hab ich dann alles verbessert, ((3)) aber das darf man nicht vergessen daß hier sagen wir mal die ersten 10 Jahre, doch ganz bestimmt, oder bis 48 ((Tochter dazwischen kurzer Wortwechsel mit I wegen Müll)), und was noch wichtiger ist, dann gabs doch gleich unsre Toten, ((weiter obiger Wortwechsel um Aschenbecher)) eh das, dann gabs doch gleich unsre Tote, ein armer Staat, und soviel eh, (Gefallene) und soviel Verletzte,, ja, ich weiß gar nicht wieviel es hier seit dem Krieg= ich red schon nicht von den Toten die sind ( ) tot= aber die eh, ((sucht nach dem Wort))
I: Kriegsversehrte sagen wir da,
J: ja ja,, ja wir nennen sie (nachim), sind) aber wieviel sind im Rollstuhl und kriegen bis zum heutigen Tag eine Wohnung-
F: Kriegsverletzte
J: ja, Kriegsverletzte, einen,, einen, Helfer, die haben ( ) einen Rollstuhl und kriegen noch ein Helfer dazu, was soll denn der kleine Staat alles bezahlen,,, und, das kann man mit Ruhe sagen, einer hat einmal gesagt, an Ereignissen fehlt es uns nicht,, aber da kann man wirklich mit Recht ihm sagen,, wenn Sie jetzt Television anmachen, gibts da irgendwas zum Freuen ((fragend))
((weitere 10 Zeilen zu den allgemeinen Problemen im Land heute))
J: (1,5) das ist die Stimmung unsres Landes aber das war, von Anfang an,
((7 Zeilen zu allgemeinen Problemen zwischen Juden und Arabern in Tel-Aviv von 1936))
J: also bei uns war ständig, immer war Spannung, dabei (muß ich sagen) solche Nerven hat der Mensch nicht (2)

Die ganze Passage zeigt, daß der Biograph ausschließlich in gefühlsneutraler, berichtender, fast buchhalterischer Weise das Schicksal seiner Familie darstellen kann. Er formuliert keinerlei Emotionen in diesem Themenbereich. Die seltsamen, thematisch nicht passenden Interaktionen der Tochter unterstreichen die Artikulationsschwierigkeiten aller angesichts dieses Familienproblems. Sehr schnell lenkt der Biograph ab - sich dabei verstärkend wiederholend - auf die allgemeine „Spannung" in Palästina und dem gegenwärtigen Israel. Er ist nicht in der Lage, eigene Leiden in Zusammenhang mit dem Holocaust oder auch mögliche Schuldgefühle zu thematisieren.
Die Analyse einzelner Textstellen wird hier abgebrochen.

4. Abschließende Kontrastierung der Analyseergebnisse

Zusammenfassend läßt sich sagen, daß die Analyse einzelner Textstellen im letzten Abschnitt die vorher erstellten Perspektiven weiter erhärtet hat. Es soll nun noch versucht werden, die erlebte und die im Interview dargestellte Lebensgeschichte thetisch kondensiert zu kontrastieren.

1. Es liegt eine deutliche Spannung zwischen dem erlebten Leben und dem nach dem Abitur erwarteten (=nicht gelebten) Leben. Das nicht gelebte Leben bleibt als Maßstab relevant und bestimmt die normalisierende, Probleme ausblendende Selbstdarstellung im Interview.

2. Die eigenen Auslegungs- und Bewertungskriterien des Biographen erlauben ihm kaum, seine gelebte Lebensgeschichte durchweg positiv wahrzunehmen.

3. Es herrscht eine ambivalente Identifikation mit seinem Leben, seinem Land Israel und seinem früheren Leben und Herkunftsland Deutschland vor. Israel

bedeutet Leben aber auch das Ende einer erwarteten Biographie als Arzt für ihn; Deutschland bedeutete den sicher erwarteten Tod, enthielt aber auch die reale Möglichkeit, Arzt zu werden.
4. Im Rahmen seiner ambivalenten Identifikation (nicht der zu sein, der er sein will, nicht dort zu leben, wo er eigentlich hingehört) entwickelt der Biograph multiple chronische Krankheiten. Er kann damit und dabei sein gelebtes Leben in einer Balance halten, die alte Identifikationen der Vor-Migrationszeit und sein faktisch arrangiertes Leben in Israel als Händler vereinbaren lassen.
5. Der Biograph balanciert nach äußeren Kriterien sehr erfolgreich den Verlust einer Biographie durch den Aufbau eines neuen Lebenslaufs; letzterer wird aber nicht vollständig in seine erzählbare Biographie integriert.
Will man zum Vergleich mit weiteren (Migrations-)Biographien einen Typus formulieren, geht es um einen, der in Israel angepaßt und enttäuscht als jemand (kleiner Kaufmann) lebte, der für etwas anderes (Arzt) bestimmt war. Die Migrationsbiographie ist klar zweigeteilt und zeigt eine Spannung einer bis heute aufrechterhaltenen vor-migrativen Identifikation mit der Kultur des Herkunftslandes zu einem differenten aktuell gelebten Leben nach der Migration. Diese Spannung wird durch die Entwicklung von chronischer Krankheit gelebt und ausbalanciert. Seine ist gleichzeitig seine relative Gesundheit, die eine Brücke herstellt zwischen den heterogenen Identifikationen und antagonistischen Gesellschaften, in denen er lebte. In der Selbstpräsentation können dabei genau die zentralen Themenbereiche der Krankheit und der persönlichen Verbindung zur Shoah nicht thematisiert werden, weil dies eine positiver oder vollere Identifikation des Biographen mit seiner vormigrativen Identifikationen mit deutschen Werten und Kultur erfordern würde. Eine solche Umorientierung ist dem Biographen nicht gelungen und offenbar durch die Eigenarten und Zeitgeschichte der beiden Gesellschaftssyteme, in denen er lebte, nicht gegeben worden.

Fußnoten

[1] Vgl. Fischer-Rosenthal 1995b; Rosenthal 1995; Fischer-Rosenthal/Rosenthal 1995.

[2] Vgl. ausführlich Fischer-Rosenthal 1995a.

[3] Vgl. zur Moderne Bauman 1992; Alheit 1994; zur Funktionalisierung Luhmann 1980, 1981, 1989, 1992.

[4] Vgl. zur Individualisierungsthese Beck 1986; Beck/Beck-Gernsheim 1994.

[5] Vgl. zur Insitutionalisierung von Normalbiographien und zur Biographisierungsthese Kohli 1985, 1986; Alheit 1990a; 1990b; 1995; Brose/Hildenbrand 1988; Fischer-Rosenthal 1995d; 1995e.

[6] Vgl. zum Thema Biographie und Krankheit allgemein Uexküll 1981; Jaspers 1973; Blankenburg 1986; zur biographischen Selbstpräsentation von rheumatoiden Arthritikern und Dialysepatienten Fischer 1982; 1985, 1986a; 1986b; sowie Fallrekonstruktionen von psychiatrischen Patienten Riemann 1987; von schizophrenen Jugendlichen Hildenbrand 1983; 1988; von einer Multiple Sklerose-Patientin Grote 1987; von einer extrakorporalen Befruchtung Rießbeck 1988; von Colitis ulcerosa-Patienten Bauer-Wittmund 1992.

[7] Vgl. Glaser/Strauss 1967.

[8] Vgl. Fischer/Kohli 1987; Fischer 1989; Fischer-Rosenthal 1995c, 44-57.

[9] Vgl. hierzu theoretisch und empirisch Rosenthal 1995.

[10] Vgl. Bruner 1987; Ochberg 1994.

[11] Vgl. Fischer-Rosenthal 1995c, 57ff.; Rosenthal 1990, 1992a; 1992b; Schütze 1989.

[12] Fritz Schütze hat die Technik des narrativen Interviews in die Diskussion gebracht, vgl. Schütze 1976a; 1976b; 1977; 1983; 1984; 1994; vgl. die Darstellung Hermanns 1995.

[13] Vgl. auch Schelling 1985; Zacher 1988.

[14] Die sog. Lebenslaufforschung oder Lebensverlaufsforschung befaßt sich hiermit, vgl. Meyer 1987.

[15] Vgl. zum Gesamtthema „Biographien in Deutschland“ den gleichnamigen Sammelband von Fischer-Rosenthal/Alheit 1995.

[16] Uexküll 1981; Uexküll/Wesiack 1988, 387ff.

[17] Vgl. hierzu vorbildlich Adler/Hemmeler 1989; der Kontrast zur weitverbreiteten nur rudimentär zu nennenden Anamnesepraxis wird bei der Lektüre dieses Werkes besonders deutlich.

[18] Vgl. hierzu Fischer 1982, 23-32; Strauss 1975, 1-67; Strauss/Corbin 1988.

[19] Vgl. Fischer-Rosenthal/Rosenthal 1995; die spezifische Zusammenstellung der einzelnen Arbeitsschritte geht weitgehend auf jahrelange Lehr- und Forschungstätigkeiten von Gabriele Rosenthal zurück; sie wurde weiterhin kontinuierlich seit 1988 erprobt und verfeinert in von ihr und dem Autor durchgeführten Schulungen und Seminaren von QuaText, Institut für qualitative Sozialforschung e.V. in Berlin; vgl. im einzelnen Rosenthal 1987, 119-244; Rosenthal 1995, 186-226; zur biographischen Erzählanalyse Fischer 1978; prinzipiell zur hermeneutischen Strukturanalyse Oevermann 1991; 1993; Oevermann u.a. 1979; 1980; ein Beispiel aus dem medizinischen Bereich Leber/Oevermann 1994; vgl. allgemein zur Methode der Fallrekonstruktion Hildenbrand 1995.

[20] Vgl. Fischer 1978.

[21] Der Begriff narratives Interview ist mittlerweile inflationär, er wird hier spezifisch nur für Interviews gebraucht, die Narrationen methodisch hervorlocken. Es handelt sich um eine elaborierte spezifische Gesprächstechnik, die man nicht einfach „kann“, sondern die genauso erlernt werden muß wie Gesprächstechniken in Psychotherapien. Grundlegend zum Narrationsbegriff Labov/Waletzky 1973; zum narrativen Interview Schütze s. Fußnote 12; eine kondensierte Zusammenfassung der Interviewmethode, auf die hier nicht eingegangen werden kann, in Rosenthal 1995; Fischer-Rosenthal/Rosenthal 1995.

[22] Vgl. zum Problem der Perpektivität bereits Mead 1927/1959.

[23] Der Name des Biographen ist anonymisiert. Es handelt sich um ein biographisches Interview aus einem Projekt zur Thematik „Traumatisierte Lebensläufe und Hypertonie" in Israel, das 1989 an der Ben-Gurion-Universität in Beer-Sheva begonnen wurde. Besonderen Dank schulde ich meinen dortigen Gastgebern, dem kürzlich nach schwerer Krankheit verstorbenen Aaron Antonovsky und Dan Bar-On; die DFG hat das Vorhaben dankenswerterweise durch ein Reisestipendium untersützt. Ebenso danke ich dem Direktorium des Zentrums für Psychosomatische Medizin und dem FB Humanmedizin der Justus-Liebig Universität, die mir im Winter 1989/ 90 ein Forschungssemester ermöglichten. Dipl. Soz. Martina Schiebel hat sich als Wissenschaftliche Mitarbeiterin im WS 91/92 dankenswerterweise an der Datenaufbereitung und diskursiven Interpretation des Interviews beteiligt. Vgl. Fallrekonstruktionen aus dem gleichen Projekt-Zusammenhang Fischer-Rosenthal 1991; 1992.

[24] Vgl. Oevermann u.a. 1980.

[25] Dies spricht einmal für interdisziplinäre Forschungsgruppen; zum andern wird keinesfalls gefordert, daß vor Beginn der Untersuchung ein enzyklopädisches Wissen bestehen muß, es ist vielmehr möglich und sinnvoll, relevantes Hintergrundwissen fortlaufend nach Bedarf zu erarbeiten.

[26] Bei der ursprünglichen Analyse, die diesem Beitrag zugrundeliegt, wurde wie üblich von notiertem Einzel-Datum zu Einzel-Datum vorangeschritten; wegen des begrenzten Beitragsumfangs und der außerordentlichen Vielzahl der Daten werden für die Präsentation größere Segmente gebildet; das Gesamtergebnis stimmt mit der ursprünglichen sequentiellen line-by-line-Analyse überein.

[27] Für bestimmte Fragestellungen und je nach Archivierungslage von Personaldokumenten sind für diesen Arbeitsgang auch Archivrecherchen relevant.

[28] Dies Problem ergibt sich prinzipiell für jegliche implizite Alltagskultur, sie ist kaum durch biographische Daten präsentiert.

[29] Zur beruflichen Situation deutscher Juden vor und zum Beginn der NS-Zeit vgl. Plum 1988b.

[30] Vgl. Plum 1988a, 40-42.

[31] Rituelle Aufnahme des Jungen in die Gemeinde, der ein Phase religiöser Unterweisung vorausgeht; vergleichbar mit der christlichen Konfirmation oder Erstkommunion.

[32] Ab 1934 wurden allgemeinbildende Vorlesungen und Kurse für Gasthörer angeboten, vgl. Benz 1988, 96f.

[33] In der Vollkszählung vom Juni 1933 machen 5557 jüdische Ärzte 11% aller Ärzte in Deutschland aus; zur schnellen Verdrängung und Berufsverbote für Ärzte im „Dritten Reich" vgl. Plum 1988b, 282-292; Leibfried/ Baader/ Schultz 1987; Kümmel 1993; Kröner 1993.

[34] Vgl. Plum 1988a, 43-47.

[35] Es gab seit dem 25. April 1933 einen Numerus Clausus für jüdische Schüler und Studenten; Martin wurde zum Sommersemester 1933 zugelassen.

[36] Seit 1933 gab es zunehmende Berufseinschränkungen für jüdische Ärzte; z.B. Erlaß des Vertretungsverbots arischer und nichtarischer Ärzte bei Kassenbehandlung am 10. August 1933; Verlust der Kassenzulassung 17. Mai 1934; ab 5. Februar 1935 war der Ariernachweis gesetzlich Voraussetzung für die Zulassung zur Arzt- und Zahnarztprüfung; Runderlaß des Reichsfinanzministers über die Erwünschtheit der Auswanderung von Juden und Erhebung einer Reichsfluchtsteuer (vgl. zu den gesetzlichen Maßnahmen des NS-Staates gegen Juden insgesamt Benz 1993, 739ff.); insgesamt sind aus Deutschland und Österreich schätzungsweise 9000 Ärzte emigriert, vgl. Kröner 1993, 78.

[37] Vgl. insgesamt Plum 1988b.

[38] Durch die „Hechalutz", eine jüdische Pionierorganisation (seit 1918), veranstaltete Vorbereitung für die Auswanderung von 18-35jährigen nach Palästina, vgl. Wetzel 1988, 454ff.

[39] Nach dem 1. Weltkrieg war das Saarland unter Völkerrechtsmandat; in der Volksabstimmung stimmten 90% für den Anschluß.

[40] Vgl. hierzu Wetzel 1988, 431; bereits 1933 gab es mit 37000 jüdischen Auswanderern eine erste

Emigrationswelle aus Deutschland,bevorzugt ins benachbarte europäische Ausland; bis 1936 nahm Palästina 34700 deutsche Einwanderer auf, a.a.O. 417; 447.

[41] Vgl. Wetzel 1988, 448.

[42] Vgl. generell Strauss 1975.

[43] Laut Erlaß des Reichsführers SS und Chefs der Deutschen Polizei vom 21.10.1937 wurden Emigranten (Personen, die nach dem 30.1.1933 das Land aus politischen Gründen verlassen hatten) bei der Rückkehr verhaftet.

[44] Die legale Einwanderung war bis 1938 möglich; danach schloß England praktisch die Grenzen und die „Aliyah B“, die illegale Einwanderung begann; vgl. Bauer 1989, 58ff..

[45] Ab Juni 1942 begannen die Deportationen deutscher Juden nach Theresienstadt.

[46] Vgl. Niederland 1980.

[47] Vgl. zur Frage der jüdischen Reaktion und Reaktionen speziell aus Palästina die Untersuchung Bauer 1989, 164ff.; 200ff.

[48] Gegenwärtig entwickelt sich ein Interesse auf die Auswirkungen dieser Familienkonstellationen auf die zweite und dritte Generation (s. Dan-Baron 1995; Rosenthal 1994b); auch am Fallbeispiel gibt es genügend Hinweise in der Biographie des Sohnes, der in eine Überlebenden-Familie einheiratet, und der Tochter, die die Auswirkungen der Shoah als Familienthema verdeutlichen. Im einzelnen kann dem jedoch in diesem Beitrag nicht nachgegangen werden.

[49] Auf die Besonderheiten der Selbstpräsentation wird in den nächsten beiden Abschnitten einzugehen sein; es ist jedoch wichtig, die scheinbare Datenarmut dieser Lebensphase nicht etwa auf das tatsächlich ereignislose gelebte Leben zurückzuführen, sondern sie auf das Präsentationsinteresse zu befragen.

[50] Zum Konzept vgl. Stierlin 1982.

[51] Vgl. zu diesem Problem familialer Tradierung über drei Generationen im Zusammenhang der Shoah Bar-On 1995; Rosenthal 1994b.

[52] Gurwitsch 1974; Fischer 1982; Schütze 1983.

[53] Vgl. hierzu vor allem Kallmeyer/Schütze 1977.

[54] Die numerische Markierung bezieht sich auf Seiten- und Zeilenangabe des Transkripts; das gesamte Transkript ist 85 Seiten lang; das Interview dauerte ca. zwei Stunden. Die ursprüngliche Sequenzierung ist etwas feiner, sie umfaßt mit 31 identifizierten thematischen Segmenten für Eingangserzählung (19 Themensegmente auf gut 41 Transkriptseiten) und Nachfrageteil 7 Seiten. Da für die thematische Feldanalyse nur die Sequenzierung der Eingangserzählung relevant ist, wird die Sequenzierung des Nachfrageteils hier nicht wiedergegeben.

[55] Vgl. Oevermann 1983.

[56] Hebräischer Ausdruck für Einwanderung.

Literatur

Adler, R./Hemmeler, W. (1989): Praxis und Theorie der Anamnese, 2. Aufl., Stuttgart: G. Fischer.

Alheit, P. (1990a): Biographizität als Projekt. Bremen: Universität (Werkstattberichte „Arbeit und Bildung“, 12).

Alheit, P. (1990b): Alltag und Biographie. Studien zur gesellschaftlichen Konstitution biographischer Perspektiven. Erw. Neuaufl. (Werkstattberichte des Forschungsschwerpunkts Arbeit und Bildung, Bd. 4) Bremen: Universität Bremen.

Alheit, P. (1994): Zivile Kultur. Verlust und Wiederaneignung der Moderne. New York/ Frankfurt: Campus.

Alheit, P. (1995): Changing Basic Rules of Biographical Construction. Modern Biographies at the End of the 20th Century. In: A. Weymann / W. Heinz (Hg), Biography and Society.

Interrelationships between Social Structure, Institutions and the Life Course. Weinheim: Deutscher Studienverlag i.V.
Bar-On, D. (1995): Fear and Hope. Three Generations of the Holocaust. Cambridge: Harvard University Press.
Bauman, Z. (1992): Moderne und Ambivalenz. Das Ende der Eindeutigkeit. Hamburg: Junius.
Bauer, Yehuda (1989): Jewish Reactions to the Holocaust. Tel-Aviv: MOD Boooks.
Bauer-Wittmund, Th. (1992): Patientenkonzepte zur Ätiologie der Erkrankung und deren Einbindung in den biographischen Entwicklungsprozeß, am Beispiel von Patienten und Patientinnen mit Colitis ulcerosa. Inaugural-Dissertation Fb Humanmedizin Universität Gießen.
Beck, U. (1986): Die Risikogesellschaft. Auf dem Weg in eine andere Moderne. Frankfurt: Suhrkamp.
Beck U./ Beck-Gernsheim, E. (Hg)(1994): Riskante Freiheiten. Individualisierung in modernen Gesellschaften. Frankfurt: Suhrkamp.
Benz, W. (Hg)(1988): Die Juden in Deutschland 1933-1945. München: Beck.
Blankenburg, W. (1986): Biographie und Krankheit. In: K.-E. Bühler (Hg), Zeitlichkeit als psychologisches Prinzip. Köln: Janus-Presse, 85-123.
Brose, H.-G./ Hildenbrand, B. (1988): Vom Ende des Individuums zur Individualität ohne Ende. Opladen: Leske & Budrich.
Bruner, J. (1987): Life as Narrative. In: Social Research, 54 (19): 11-32.
Fischer, W. (1978): Struktur und Funktion erzählter Lebensgeschichten. In: Kohli (Hg), Soziologie des Lebenslaufs, 311-336.
Fischer, W. (1982): Time and Chronic Illness. A Study on the Social Constitution of Temporality. Berkeley (Eigenverlag) - Habilitationsschrift Fakultät für Soziologie Bielefeld 1992.
Fischer, W. (1985): Prekäre Leiblichkeit und Alltagszeit. Kontingenz und Rekurrenz in der Zeiterfahrung chronisch Kranker. In: Fürstenberg, F./ Mörth, I. (Hg), Zeit als Strukturelement von Lebenswelt und Gesellschaft. Linz: Trauner, 237-257.
Fischer, W. (1986a): Alltagszeit und Lebenszeit in Lebensgeschichten von chronisch Kranken. In: Hurrelmann, K. (Hg), Lebenslage, Lebensalter, Lebenszeit. Weinheim: Beltz, 157-171.
Fischer, W. (1986b): Soziale Konstitution von Zeit in biographischen Texten und Kontexten. In: Heinemann, G. (Hg), Zeitbegriffe. Freiburg: Alber, 355-377.
Fischer, W. (1989): Perspektiven der Lebenslaufforschung. In: Herlth, A./ Strohmeier, K.P. (Hg), Lebenslauf und Familienentwicklung. Opladen: Leske & Budrich, 279-294.
Fischer-Rosenthal, W. (1991): Erfahrung, lebensgeschichtliche und körperliche Gestaltung von Krisen.In: W. Glatzer (Hg), 25. Dt. Soziologentag in Frankfurt 1990. Die Modernisierung moderner Gesellschaften. Opladen: Westdeutscher Verlag, 89-91.
Fischer-Rosenthal, W. (1992): Über-Lebensgeschichte. Von Danny, der doch kein Priester wurde und Micki, der kein Jude war. In: Psychosozial 15 (H. 59/50), 17-26.
Fischer-Rosenthal, W. (1995a): Zum Konzept der subjektiven Aneignung von Gesellschaft. In: U. Flick u.a. (Hg), Handbuch qualitative Sozialforschung. 2. Aufl., München: Psychologie Verlags Union, 78-89.
Fischer-Rosenthal, W. (1995b): Biographische Methoden in der Soziologie. In: U. Flick u.a. (Hg), Handbuch qualitative Sozialforschung. 2. Aufl., München: Psychologie Verlags Union, 253-256.
Fischer-Rosenthal, W. (1995c): Schweigen - Rechtfertigen - Umschreiben. Biographische Arbeit im Umgang mit deutschen Vergangenheiten. In: Ders./ Alheit, P. (1995), 43-86.
Fischer-Rosenthal, W. (1995d): The Problem With Identity: Biography as Solution to Some (Post)Modernist Dilemmas. in: Comenius (Utrecht) 1995.
Fischer-Rosenthal, W. (1995e): From „Identity" to „Biography". On the social construction of Biography and the question of social order in modern times. In: Kashti, I. (Hg), The Problem of Jewish Identity today. Tel-Aviv/New York, im Druck.
Fischer, W./Kohli, M. (1987): Biographieforschung. In: Voges, W. (Hg), Methoden der Biographie- und Lebenslaufforschung. Opladen: Leske & Budrich, 25-49.

Fischer-Rosenthal, W./Alheit, P. (Hg)(1995): Biographien in Deutschland. Soziologische Rekonstruktionen gelebter Gesellschaftsgeschichte, Opladen/Wiesbaden: Westdeutscher Verlag.
Fischer-Rosenthal,W./Rosenthal, G. (1995):Narrationsanalyse biographischer Selbstbeschreibungen. In: Hitzler, R./Honer, A. (Hg), Sozialwissenschaftliche Hermeneutik. Opladen: Leske & Budrich (utb), im Druck.
Flick, U. u.a. (Hg)(1995): Handbuch qualitative Sozialforschung. 2. Aufl., München: Psychologie Verlags Union.
Glaser, B./ Strauss, A.L. (1967): The Discovery of Grounded Theory. Chicago: Aldine.
Grote, Chr. (1987): Chronische Krankheit als biographisch relevante Krise. Diplomarbeit Fakultät für Soziologie, Universität Bielefeld.
Gurwitsch, A. (1974): Das Bewußtseinsfeld. Berlin/ New York: deGruyter.
Haupert, B. (1991): Vom narrativen Interview zur biographischen Typenbildung. In: Garz, D. / Kraimer, K. (Hg.): Qualitativ-Empirische Sozialforschung. Opladen: Westdeutscher Verlag, 213-254.
Hermanns, H. (1995): Narratives Interview. In: Flick u.a. 1995, 182-185.
Hermanns, H./ Tkocz, C./ Winkler, H. (1984): Berufsverlauf von Ingenieuren. Biographieanalytische Auswertungen narrativer Interviews. Frankfurt: Campus.
Hildenbrand, B. (1983): Alltag und Krankheit. Stuttgart: Klett-Cotta
Hildenbrand, B. (1988): Krankheit und Geschichtlichkeit des menschlichen Daseins. Fallbezogene Überlegungen zum Verhältnis von anthropologischer Psychiatrie und sinnverstehender Soziologie, in: Fundamenta Psychiatrica 4: 239-250.
Hildenbrand, B. (1995): Fallrekonstruktive Forschung. In: Flick u.a.(Hg) Handbuch 1995, 2. Aufl., 256-259.
Jaspers, K. (1973): Der Lebenslauf, in: Ders., Allgemeine Psychopathologie, 9. Aufl. Berlin: Springer, 566-593.
Kallmeyer, W./Schütze, F. (1976): Konversationsanalyse. Studium Linguistik, 1, 1-28.
Kallmeyer, W./Schütze, F. (1977): Zur Konstitution von Kommunikationsschemata der Sachverhaltsdarstellung. In: Wegner, D. (Hg), Gesprächsanalysen. Hamburg: Büske, 159-274.
Kohli, M. (Hg)(1978): Soziologie des Lebenslaufs. Darmstadt/ Neuwied: Luchterhand.
Kohli, M. (1981): Wie es zur „biographischen Methode" kam und was daraus geworden ist. In: ZfS 10: 273-293.
Kohli, M. (1983): Biographieforschung im deutschen Sprachbereich. ASI-News 6, Beiheft „Qualitative Ansätze in der Forschungspraxis", 5-32.
Kohli, M. (1985): Die Institutionalisierung des Lebenslaufs. In: KZfSS 37: 1-29.
Kohli, M. (1986): Gesellschaftszeit und Lebenszeit. Der Lebenslauf als Strukturwandel der Moderne. In: J. Berger (Hg), Die Moderne - Kontinuitäten und Zäsuren. Soz.Welt. SB 4, Göttingen: Schwartz, 183-208.
Kohli, M. (1988): Normalbiographie und Individualität. Zur institutionellen Dynamik des gegenwärtigen Lebenslaufregimes. In: Brose/ Hildenbrand 1988, 33-53.
Kohli, M./Robert, G. (Hg)(1984): Biographie und soziale Wirklichkeit. Stuttgart: Metzler.
Koller, H.- Chr./ Kokemohr, R. (Hg) (1994): Lebensgeschichte als Text. Zur biographischen Artikulation problematischer Bildungsprozesse. Weinheim: Deutscher Studienverlag.
Kröner, H.-P. (1993): Die Emigration von Medizinern unter dem Nationalsozialismus. In:
Bleker, J./ Jachertz, N. (Hg), Medizin im „Dritten Reich". 2. erw. Aufl. Köln: Deutscher Ärzte-Verlag, 78-86.
Kümmel, W.F. (1993): „Die Ausschaltung" - Wie die Nationalsozialisten die jüdischen und die politisch mißliebigen Ärzte aus dem Beruf verdrängten. In: Bleker, J./ Jachertz, N. (Hg), Medizin im „Dritten Reich". 2. erw. Aufl. Köln: Deutscher Ärzte-Verlag, 70-77.
Labov, W./Waletzky, J. (1973): Erzählanalyse: Mündliche Versionen persönlicher Erfahrung. In: Ihwe, J. (Hg), Literaturwissenschaft und Linguistik, Bd. 2. Frankfurt: Athenäum, 78-126.
Leber, M./ Oevermann, U. (1994): Möglichkeiten der Therapieverlaufsanalyse in der objektiven Hermeneutik. In: Garz, D. (Hg), Die Welt als Text. Frankfurt: Suhrkamp, 383-427.

Leibfried, S./ Baader, G./ Schultz, U. (1987): Berufsverbote nach 1933. In: Baader, G./Schultz, U. (Hg), Medizin und Nationalsozialismus. Tabuisierte Vergangenheit - ungebrochene Tradition? 3. Aufl. Frankfurt: Mabuse Verlag, 165-178.

Luhmann, N. (1980): Gesellschaftliche Struktur und semantische Tradition. In: Ders., Gesellschaftsstruktur und Semantik, Bde. 1, Frankfurt: Suhrkamp, 9-71.

Luhmann, N. (1981): Wie ist soziale Ordnung möglich? In: Luhmann, N.: Gesellschaftsstruktur und Semantik, Bd. 2., Frankfurt: Suhrkamp, 195-285.

Luhmann, N. (1989): Individuum, Individualität, Individualismus. In: Luhmann, N.: Gesellschaftsstruktur und Semantik, Bd. 3., Frankfurt: Suhrkamp, 149-258.

Luhmann, N. (1992): Beobachtungen der Moderne. Opladen: Westdeutscher Verlag.

Matthes, J./ Pfeiffenberger, A./ Stosberg, M. (Hg)(1981): Biographie in handlungswissenschaftlicher Perspektive. Nürnberg: Sozialwissenschaftliches Forschungszentrum.

Mayer, K.-U. (1987): Lebenlaufforschung. In: Voges, W. (Hg), Methoden der Biographie- und Lebenslaufforschung. Opladen: Leske & Budrich, 51-73.

Mead, G.H. (1927/1959): The Objective Reality of Perspectives. In: Ders., The Philosophy of the Present. La Salle, Ill.: Open Court Publ., 161-175; dt. in: Ders. Philosophie der Sozialität. hg. v. H. Kellner, Frankfurt: Suhrkamp 1969, 213-228.

Niederland, W.G. (1980): Folgen der Verfolgung: Das Überlebenden-Syndron - Seelenmord. Frankfurt: Suhrkamp.

Ochberg, R. (1994): Life Stories and Storied Lives. In: The Narrative Study of Lives, Vol. 2, Josselson, R./ Lieblich, A. (Eds), Sage: Newbury Park, 113-144.

Oevermann, U. (1983): Zur Sache: Die Bedeutung von Adornos methodologischem Selbstverständnis für die Begründung einer materialen soziologischen Strukturanalyse. In: Friedeburg, L.v./ Habermas, J. (Hg), Adorno-Konferenz 1983. Frankfurt: Suhrkamp, 234-289.

Oevermann, U. (1991): Genetischer Strukturalismus und das sozialwissenschaftliche Problem der Erklärung der Entstehung des Neuen. In: Müller-Doohm, S. (Hg), Jenseits der Utopie. Frankfurt: Suhrkamp, 267-336.

Oevermann, U. (1993): Die objektive Hermeneutik als unverzichtbare methodologische Grundlage für die Analyse von Subjektivität. Zugleich eine Kritik an der Tiefenhermeneutik. In: Jung, Th./ Müller-Doohm, S. (Hg), „Wirklichkeit" im Deutungsprozeß. Frankfurt: Suhrkamp, 106-189.

Oevermann, U. u.a. (1979): Die Methodologie einer objektiven Hermeneutik und ihre allgemeine forschungslogische Bedeutung in den Sozialwissenschaften. In: H.-G. Soeffner (Hg), Interpretative Verfahren in den Sozial- und Textwissenschaften. Stuttgart: Metzler, 352-4434.

Oevermann, U. u.a. (1980): Zur Logik der Interpretation von Interviewtexten. In: Heinze, Th./ Klusemann, H.W./ Soeffner, H.-G. (Hg), Interpretationen einer Bildungsgeschichte. Bensheim: päd extra, 15-69.

Ohli, H.P. (1984): Analyse von Lebensverläufen. Biographieforschung. Kohortenanalyse, Life-Event-Daten. Bibliographie 1981-1983. Bonn: Informationszentrum Sozialwissenschaften.

Ohli, H.P./Legnaro, A. (1987): Analyse von Lebensverläufen. Biographieforschung. Kohortenanalyse, Life-Event-Daten. Bibliographie 1984-1986. Bonn: Informationszentrum Sozialwissenschaften.

Osterland, M. (1983): Die Mythologisierung des Lebenslaufs. Zur Problematik des Erinnerns. In: Baethge, M./ Essbach, W. (Hg), Soziologie: Entdeckung im Alltäglichen. Frankfurt: Campus, 279-290.

Plum, G. (1988a): Deutsche Juden oder Juden in Deutschland. In: Benz 1988, 35-74.

Plum, G. (1988b): Wirtschaft und Erwerbsleben. In: Benz 1988, 268-313.

Riemann, G. (1987): Das Fremdwerden der eigenen Biographie. München: Fink.

Rießbeck, K. (1988): Extracorporale Befruchtung - die Rettung eines weiblichen Lebensentwurfs? Diplomarbeit Psychologie, Universität Erlangen-Nürnberg

Rosenthal, G. (1987): „Wenn alles in Scherben fällt" Von Leben und Sinnwelt der Kriegsgeneration. Opladen: Leske & Budrich.

Rosenthal, G. (Hg) (1990): „Als der Krieg kam, hatte ich mit Hitler nichts mehr zu tun". Zur Gegenwärtigkeit des „Dritten Reiches" in erzählten Lebensgeschichten. Opladen: Leske & Budrich.

Rosenthal, G. (1992 a): Das kollektive Schweigen zu den Nazi-Verbrechen. Bedingungen der Institutionalisierung einer Abwehrhaltung. In Psychosozial, 15 (3), 22-33.

Rosenthal, G. (1992 b): Antisemitismus im lebensgeschichtlichen Kontext. Soziale Prozesse der Dehumanisierung und Schuldzuweisung. In: Österreichische Zeitschrift für Geschichtswissenschaften, 3 (4): 449-479.

Rosenthal, G. (1993): Erzählbarkeit, biographische Notwendigkeit und soziale Funktion von Kriegserzählungen. Zur Frage: Was wird gerne und leicht erzählt. In: BIOS Sonderheft „Der lange Schatten. Widerspruchsvolle Erinnerungen an den Zweiten Weltkrieg und die Nachkriegszeit aus der Mitte Europas. 1939-1989" hg. v. K. Hartewig. Opladen: Leske & Budrich, 5-24.

Rosenthal, G. (1994 a): Die erzählte Lebensgeschichte als historisch-soziale Realität. In: Alltagskultur, Subjektivität und Geschichte. Zur Theorie und Praxis von Alltagsgeschichte, Hg. Berliner Geschichtswerkstatt, Münster: Westfälisches Dampfboot, 125-138.

Rosenthal, G. (1994 b): Zur Konstitution von Generationen in familienbiographischen Prozessen. Krieg, Nationalsozialismus und Genozid in Familiengeschichte und Biographie. In: Österreichische Zeitschrift für Geschichtswissenschaften, 5, H. 4.

Rosenthal, G. (1995): Erlebte und erzählte Lebensgeschichte. Frankfurt: Campus.

Rosenthal, G. (in press): National Identity - Identity Diffusion - Mulitcultural Autobiography? Theoretical concepts of biographical constitution grounded in case resonstructions. In: Allwood, J. / Junefelt, K. (Ed.): Sociocultural Aspects of National Identity. Stockholm

Schelling, A.W. (1985): Lebensgeschichte und Dialog in der Psychotherapie. Göttingen: Vandenhoeck & Ruprecht.

Schütz, A. (1971): Wissenschaftliche Interpretation und Alltagsverständnis menschlichen Handelns. In: Ders.: Gesammelte Aufsätze, Bd. I. Den Haag: Nijhoff, 3-54.

Schütz, A./ Luckmann, Th. (1979): Strukturen der Lebenswelt. Bd. 1. Frankfurt: Suhrkamp.

Schütze, F. (1975): Sprache - soziologisch gesehen. 2 Bde. München: Fink.

Schütze, F. (1976 a): Zur Hervorlockung und Analyse von Erzählungen thematisch relevanter Geschichten im Rahmen soziologischer Feldforschung. In: Arbeitsgruppe Bielefelder Soziologen (Hg), Kommunikative Sozialforschung. München: Fink, 159-260.

Schütze, F. (1976 b): Zur linguistischen und soziologischen Analyse von Erzählungen. In: Internationales JB für Wissens- und Religionssoziologie, Bd. 10. Opladen: Westdeutscher Verlag, 7-41.

Schütze, F. (1977): Die Technik des narrativen Interviews in Interaktionsfeldstudien. Arbeitsberichte und Forschungsmaterialien Nr. 1 der Universität Bielefeld, Fakultät für Soziologie.

Schütze, F. (1981): Prozeßstrukturen des Lebenslaufs. In: Matthes, J. u.a. (Hg), Biographie in handlungswissenschaftlicher Perspektive. Nürnberg: Sozialwissenschaftliches Forschungszentrum, 67-156.

Schütze, F. (1982): Narrative Repräsentationen kollektiver Schicksalsbetroffenheit. In: Lämmert, E. (Hg), Erzählforschung. Ein Symposion. Stuttgart: Metzeler, 568-590.

Schütze, F. (1983): Biographieforschung und narratives Interview. In: Neue Praxis 3, 283-293.

Schütze, F. (1984): Kognitive Figuren des autobiographischen Stegreiferzählens. In: Kohli/ Robert 1984, 78-117.

Schütze, F. (1987a): Das narrative Interview in Interaktionsfeldstudien. I. Studienbrief der FernUniversität Hagen. Kurseinheit 1. FB Erziehungs-, Sozial- und Geisteswissenschaften.

Schütze, F. (1987b): Symbolischer Interaktionismus. In: Sociolinguistics 1, Berlin/ New York: de Gruyter.

Schütze, F. (1989): Kollektive Verlaufskurve oder kollektiver Wandlungsprozeß. Dimensionen des Vergleichs von Kriegserfahrungen amerikanischer und deutscher Soldaten. In: BIOS 2, 31-109.

Schütze, F. (1992): Pressure and Guilt: War experiences of a young German soldier and their biographical implications. In: International Sociology 7, 187-208; 347-368.

Autorenverzeichnis

PD Dr. Bernhard Strauß
Christian-Albrechts-Universität
Klinik für Psychotherapie und Psychosomatik
Universitätsnervenklinik
Niemannsweg 147
24105 Kiel

Dr. Bernhard Schmitz
Max-Planck-Institut
Forschungsbereich Psychologie
Lentzeallee 94
1495 Berlin

Dipl.-Psych. Klaus Ackermann
Eberhard-Karls-Universität
Psychiatrische Universitätsklinik
Arbeitsgruppe Sucht- und Alkoholismusforschung
Osianderstr. 22
72076 Tübingen

PD Dr. Dr. Toni Faltermaier
Lehrstuhl für Psychologie
Philosophische Fakultät
der Universität Augsburg
Universitätsstraße 10
86135 Augsburg

Prof. Dr. Philipp Mayring
PH Ludwigsburg
Pädagogische Psychologie
Postfach 220
71602 Ludwigsburg

Prof. Dr. Wolfram Fischer-Rosenthal
TU Berlin
Institut für Soziologie
Dovestr. 1
10587 Berlin

www.ingramcontent.com/pod-product-compliance
Ingram Content Group UK Ltd.
Pitfield, Milton Keynes, MK11 3LW, UK
UKHW040024200726
13854UKWH00001B/354

9 783930 096404